清史論集
（一）

莊吉發著

文史哲學集成
文史哲出版社印行

國家圖書館出版品預行編目資料

清史論集 / 莊吉發著. -- 初版. -- 台北市 ：
　文史哲，民 86
　　　冊 ； 公分. -- (文史哲學集成 ；388-389)
　含參考書目
　ISBN 957-549-110-6(第一冊：平裝) . --
ISBN 957-549-111-4(第二冊：平裝)

　1.中國 - 歷史 - 清（1644-1912）- 論文，
講詞等

627.007　　　　　　　　　　　　86015915

文史哲學集成 ㊚

清 史 論 集 (一)

著　　　者：莊　　　吉　　　發
出 版 者：文　史　哲　出　版　社
登記證字號：行政院新聞局版臺業字五三三七號
發 行 人：彭　　　正　　　雄
發 行 所：文　史　哲　出　版　社
印 刷 者：文　史　哲　出　版　社
　　臺北市羅斯福路一段七十二巷四號
　　郵政劃撥帳號：一六一八〇一七五
　　電話 886-2-23511028・傳眞 886-2-23965656

實價新臺幣三八〇元

中華民國八十六年十二月初版

清 史 論 集

(一)

目 次

清史論集

目　次

清史論集

出版説明

我國歷代以來，就是一個多民族的國家，各民族的社會、經濟及文化等方面，雖然存在著多樣性及差異性的特徵，但各兄弟民族對我國歷史文化的締造，都有直接或間接的貢獻。滿族以邊疆部族入主中原，建立清朝，一方面接受儒家傳統的政治理念，一方面又具有滿族特有的統治方式，在多民族統一國家發展過程中有其重要地位。在清朝長期的統治下，邊疆與內地逐漸打成一片，文治武功之盛，不僅堪與漢唐相比，同時在我國傳統社會、政治、經濟、文化的發展過程中亦處於承先啓後的發展階段。蕭一山先生著《清代通史》敘例中已指出原書所述，爲清代社會的變遷，而非愛新一朝的興亡。換言之，所述爲清國史，亦即清代的中國史，而非清室史。同書導言分析清朝享國長久的原因時，歸納爲二方面：一方面是君主多賢明；一方面是政策獲成功。《清史稿》十二朝本紀論贊，尤多溢美之辭。清朝政權被推翻以後，政治上的禁忌，雖然已經解除，但是反滿的情緒，仍然十分高昂，應否爲清人修史，成爲爭論的焦點。清朝政府的功過及是非論斷，人言嘖嘖。然而一朝掌故，文獻足徵，可爲後世殷鑒，筆則筆，削則削，不可從闕，亦即孔子作《春秋》之意。孟森先生著《清代史》指出，「近日淺學之士，承革命時期之態度，對清或作仇敵之詞，既認爲仇敵，即無代爲修史之任務。若已認爲應代修史，即認爲現代所繼承之前代。尊重現代，必並不厭薄於所繼承之前

代，而後覺承統之有自。清一代武功文治、幅員人材，皆有可觀。
明初代元，以胡俗爲厭，天下既定，即表章元世祖之治，惜其子
孫不能遵守。後代於前代，評量政治之得失以爲法戒，乃所以爲
史學。革命時之鼓煽種族以作敵愾之氣，乃軍旅之事，非學問之
事也。故史學上之清史，自當占中國累朝史中較盛之一朝，不應
故爲貶抑，自失學者態度。」錢穆先生著《國史大綱》亦稱，我
國爲世界上歷史體裁最完備的國家，悠久、無間斷、詳密，就是
我國歷史的三大特點。我國歷史所包地域最廣大，所含民族分子
最複雜。因此，益形成其繁富。有清一代，能統一國土，能治理
人民，能行使政權，能綿歷年歲，其文治武功，幅員人材，既有
可觀，清代歷史確實有其地位，貶抑清代史，無異自形縮短中國
歷史。《清史稿》的既修而復禁，反映清代史是非論定的紛歧。

　　　歷史學並非單純史料的堆砌，也不僅是史事的整理。文學研
究者和檔案工作者，都應當儘可能重視理論研究，但不能以論代
史，無視原始檔案資料的存在，不尊重客觀的歷史事實。治古史
之難，難於在會通，主要原因就是由於文獻不足；治清史之難，
難於在審辨，主要原因就是由於史料氾濫。有清一代，史料浩如
烟海，私家收藏，固不待論，即官方歷史檔案，可謂汗牛充棟。
近人討論纂修清代史，曾鑒於清史範圍既廣，其材料尤夥，若用
紀、志、表、傳舊體裁，則卷帙必多，重見牴牾之病，勢必難免，
而事蹟反不能備載，於是主張採用通史體裁，以期達到文省事增
之目的。但是一方面由於海峽兩岸現藏清代滿漢文檔案資料，數
量龐大，整理公佈，尚需時日；一方面由於清史專題研究，在質
量上仍不夠深入。因此，纂修大型清代通史的條件，還不十分具
備。近年以來，因出席國際學術研討會，所發表的論文，多涉及
清代的歷史人物、文獻檔案、滿洲語文、宗教信仰、族群關係、

人口流動、地方吏治等範圍，俱屬專題研究，特選其中十六篇，彙集成書，題爲《清史論集》，分爲兩集，雖然只是清史的片羽鱗爪，缺乏系統，不能成一家之言。然而每篇都充分利用原始資料，尊重客觀的歷史事實，認眞撰寫，不作空論。所愧的是學養不足，研究仍不夠深入，錯謬疏漏，在所難免，尚祈讀者不吝教正。

一九九七年十二月　莊吉發

4　清史論集

他山之石——清初君臣口述明史

一、前　言

明史與清史重疊的部分，時間較長。談清史，要從清太祖努爾哈齊時期說起，他統一女眞諸部，滿洲崛起。明神宗萬曆四十四年（1616），建立金國，年號天命，他在位十一年（1616—1626）。皇太極繼承汗位後，改明年爲天聰元年（1627）。天聰十年（1636）五月，改國號爲大清，年號崇德，崇德八年（1643），皇太極崩殂，福臨繼立，改明年爲順治元年（1644）。清太祖、太宗在位時期，明清之間，時戰時和，互相對峙。明思宗崇禎十七年（1644），即順治元年，歲次甲申。是年三月，流寇李自成陷北平，崇禎皇帝自縊死，南明福王、唐王、桂王先後即位，抗清復明運動，如火如荼。順治十八年（1661），即永曆十五年，桂王被執後，鄭成功仍奉永曆正朔，志在恢復。康熙二十二年（1683），即永曆三十七年，鄭克塽降清，恢復事業，終告失敗。

滿洲崛起以後，與明朝處於敵對的狀態下，歷時甚久。滿洲入關後，滿漢關係易位，滿洲以征服者的姿態，定鼎京師，民族矛盾，更加激化。滿漢之間的相互攻訐，不可盡信。但因清初諸帝喜讀歷史，熟諳明朝掌故，清世祖順治皇帝目覩興廢，明朝艱難締造的國家基業，未及三百年而成丘墟，能不有「吳宮花草，晉代衣冠」之歎！清聖祖康熙皇帝、清世宗雍正皇帝、清高宗乾隆皇帝三人統治時間長達一三四年（1662—1795），他們成熟

而且有系統的政治思想，對當時及後世的影響，都很深遠，他們
對明朝施政得失的評論，也相當中肯。清初君臣評論明朝史事的
範圍很廣，舉凡官書史料，典章制度，地方吏治，社會經濟，學
術思想，歷史人物，人主勤惰，宦寺朋黨，民心士氣等等，均與
一代盛衰興亡攸關。清初君臣都能以前車覆轍爲殷鑒，朝乾夕惕，
孜孜圖治，充分說明清初君臣爲了國家的長治久安，頗能以明朝
施政得失爲警惕。清初君臣注視明史的焦點，不可輕忽。清初君
臣口述明史的談話記錄，散見於《起居注冊》、《上諭檔》、《
清實錄》、《清文老檔》等等，爲明代史研究提供了極爲豐富的
輔助資料。他們對明代史的評論，有其客觀性，具有一定的參考
價值，正所謂「他山之石，可以攻玉」。

二、考鏡得失——《明史》的纂修與評論

清初諸帝不僅重視《明史》的纂修，他們對明朝歷史的評論，
也有一定的客觀性。康熙皇帝講求經史，熟悉掌故，他對《明史》
的纂修，尤其愼重。他認爲「作史之道，務在秉公持平，不應膠
執私見，爲一偏之論，今特與諸臣言之，脩史者宜令知此意。」
①康熙二十二年（1683）十一月初十日，康熙皇帝召見大學士李
霨等人，詢問所修《明史》的進度。李霨奏稱：「草木已有大略，
自萬曆以後，三朝事繁而雜，尚無頭緒，方在參酌。」康熙皇帝
說：「史書永垂後世，關係最重，必據實秉公，論斷得正，始無
偏詖之失，可以傳信後世。」②康熙二十三年（1684）三月二十
一日，康熙皇帝面諭大學士明珠等云：「爾等所修之書，往日告
成呈覽，朕萬幾之餘，講求經史，無多暇晷，而成書盈帙，堆積
几案，一時急於披閱，未得從容研索，體驗於身心政事。今聞《
明史》將次告成，若將已成者，以次進呈，亦可徐徐繙閱，考鏡

得失，不致遺漏。」③康熙皇帝認為《明史》是永垂後世的史書，必須據實秉公，方能考鏡得失。

康熙二十九年（1690）二月初三日，康熙皇帝御乾清門聽政時，面諭大學士徐元文等云：「爾等所進《明史》，朕已詳閱，編纂甚佳，視宋元諸史遠過矣。史書最關緊要，纂輯之時，務宜考核精詳，不可疏漏，史書必身親考論，方能洞曉。」④康熙皇帝認為「明代萬曆以前之事，皆有定論，尚可從容。若萬曆以後，去今尚近，見聞足以傳信，即朕亦多有知之者，應先行編纂，恐日久年遠，更難考據。」大學士阿蘭泰奏稱：「萬曆以後之事緊要，恐日久失實，應速令修纂。」⑤康熙皇帝與大學士阿蘭泰等人都認為纂修《明史》，最忌疏漏，萬曆以下，時代較近，應先行編纂，由近及遠，否則日久失實，更難考據。

康熙三十一年（1692）正月間，因纂成《明史》底稿，以次進呈御覽。大學士伊桑阿等奏請康熙皇帝御製論贊，康熙皇帝認為「史書關係後世褒貶，務須公平論斷，萬幾雖有少暇，明代歷朝史書，焉能遍覽，為之論定，令漢大臣實學明識者，從公酌定，勿以《元史》任意撰次，以致失實。」⑥纂修《明史》館臣將所編本紀、列傳進呈御覽，康熙皇帝披覽後，交給熊賜履閱看，熊賜履具簽奏繳，對明太祖、成祖本紀，多所駁論。康熙三十一年（1692）正月二十六日辰時，康熙皇帝御乾清門聽政，諭大學士伊桑阿等云：

> 朕思明洪武為創業之君，功德甚盛。如宣德則為守成令主，雖時殊事異，皆能於一代之中奮發有為，功德垂後，各盡為君之道。朕亦一代之主也，孜孜圖治，夙夜靡寧，惟期無曠萬幾，致臻上理。若於前代賢君，苛求疵隙，評論是非，不特朕素無此才，無此本領，且亦並無此心。朕自顧

於古昔聖王，不能企及，安敢輕論勝國誼辟耶？如欲撰洪
武、宣德諸論贊，朕當指示詞臣重加稱美，倘使苛謫貶刺，
非朕所忍爲也。至於開創時佐命之臣，文武各有功績，列
傳內紀文臣事蹟，踰於武臣，則持論失平，烏可爲信史？
編纂史書，雖屬史官之事，而當朕之時，脩成《明史》，
有一失當，則咎將歸朕⑦。

康熙皇帝認爲本紀論贊，不可苛謫貶刺，文武諸臣列傳，持論亦
不可失平，方可成爲信史。他明白指出，「當朕之時脩成明史，
有一失當，則咎將歸朕。」康熙皇帝對纂修《明史》的殷切期望
及勇於負責的態度，不言可喻。康熙四十三年（1704）十一月
二十六日，康熙皇帝頒降上諭一道，其要點如下：

《明史》關係極大，必使後人心服乃佳。《宋史》成於元，
《元史》成於明，其中是非失實者多，是以至今人心不服。
有明二百餘年，其流風善政，誠不可枚舉。今之史官或執
己見者有之，或據傳聞者亦有之，或用稗史者亦有之，任
意妄作，此書何能盡善。孔子，聖人也，猶言知我者，其
惟春秋乎？罪我者其惟春秋乎。孟子又言，盡信書則不如
無書。當今之世，用人行政，規模法度之是非，朕當自任，
無容他諉，若《明史》之中，稍有一不當，後人將歸責於
朕，不可輕忽也。是以朕爲《明史》作文一篇，爾等可曉
諭九卿大臣⑧。

元人修《宋史》，明人修《元史》，頗多失實，以《宋史》、《
元史》爲殷鑒，《明史》不可重蹈覆轍，必須使《明史》盡善盡
美，方能使人心信服，否則便是盡信書不如無書，後人必然歸罪
於清人。康熙皇帝爲《明史》所作御製文中有一段內容說：「《
明史》不可不成，公論不可不探，是非不可不明，人心不可不服，

關係甚鉅，條目甚繁。朕日理萬幾，精神有限，不能逐一細覽，
即敢輕定是非，後有公論者，必歸罪於朕躬，不畏當時而畏後人，
不重文章而重良心者此也。卿等皆老學素望，名重一時，《明史》
之是非，自有燭見，卿等衆意爲是即是也，刊而行之，偶有斟酌，
公同再議，朕無一字可定，亦無識見，所以堅辭以示不能也。」
⑨康熙皇帝對纂修《明史》具有強烈的使命感，他重視是非公論，不
堅持己見的客觀態度，尤其值得肯定。

　　雍正十三年（1735）十二月二十七日，因總裁大學士張廷
玉等具奏《明史》稿本告成，乾隆皇帝降旨，略謂《明史》卷帙
繁多，恐其中尚有舛訛之處，准其展限半年，在此期間，由總裁
張廷玉等率同纂修各官再加校閱，有應改正者，即行改正，然後
交由武英殿刊刻⑩。

　　在《明史》稿本告成以前，康熙皇帝已多次指出它的疏漏。
康熙四十八年（1709）十一月十七日，康熙皇帝面諭大學士云：
「正統間事，史書所載，不能明確，其在沙漠，嘗生一子，今有
裔孫，見在旗下。」⑪康熙五十六年（1791）十一月二十四日，
康熙皇帝在乾清宮東煖閣召見大學士、學士、九卿等，在談話中
提及《明史》的問題，他說：「朕素不看《明史》，偶一翻閱，
嘉靖年間，倭寇爲亂，不能平，後滿洲征服，至今倭刀、倭挽等
物，現存禁內，而《明史》不載，可見《明史》僞妄，不足信也。」
⑫

　　乾隆皇帝想看史可法與多爾袞往來書信，軍機大臣遵旨查閱
各書，查明《八旗通志》、《宗室王公表傳》等書，俱載多爾袞
致史可法書，至於史可法答書，祇稱，其語多不屈，未將原書載
入。《明史·史可法傳》，並不敘多爾袞致書事，至外間書坊及
藏書之家，一時未能查得⑬。由史可法列傳可以看出《明史》的

疏漏。

　　乾隆年間，因訪求遺書，並編纂《欽定四庫全書》，所以對
《明史》的改訂也是不遺餘力。乾隆三十九年（1774）八月初
五日，《寄信上諭》指出，「明季末造，野史甚多，其間毀譽任
意，傳聞異詞，必有詆觸本朝之語，正當及此一番查辦，盡行銷
燬，杜遏邪言，以正人心，而厚風俗，斷不宜置之不辦，此等筆
墨妄議之事，大率江浙兩省居多，其江西、閩粵、湖廣，亦或不
免，豈可不細加查核。」⑭乾隆皇帝認爲《明史》內蒙古、滿洲
等人名、地名、官名，對音訛舛，譯字鄙俚，因此，乾隆皇帝諭
令查改《明史》。他說：「《明史》乃本朝撰定之書，豈轉可聽
其訛謬，現在改辦《明紀綱目》，著將《明史》一併查改。」⑮
《明史》人名、地名等專有名詞的對音，多倣照遼金元國語解之
例譯改挖補。例如，將人名「卓禮克兔」改爲「卓禮克圖」。乾
隆四十二年（1777）五月十三日，《內閣奉上諭》對明英

　　前因《明史》內於蒙古人地名音譯未眞，特命館臣照遼金
　　元史例，查核改訂，並就原板扣算字數刊正，其間增損成
　　文，不過數字而止，於原書體例，無多更易。茲因所進簽
　　之英宗本紀，如正統十四年巡撫福建御史汪澄棄市，並殺
　　前巡按御史福建紫文顯，同時殺兩御史，而未詳其獲罪之
　　由，不足以資論定。又土木之敗，由於王振挾主親征，違
　　眾親出，及敵鋒既迫，猶以顧戀輜重，不即退軍，致英宗
　　爲頟森所乘，陷身漠北，乃紀中於王振事不及一語，尤爲
　　疎略。雖本紀爲全史綱領，體尚謹嚴，而於帝王政刑征伐
　　之大端，關係國家隆替者，豈可拘泥書法，闕而不備，致
　　讀者無以考鏡其得失。蓋緣當時紀事，每多諱飾，又往往
　　偏徇不公，而《明史》修自本朝，屢淹歲月，直至朕御極

> 以後始克勒成一書。其時秉筆諸臣因時代既遠，傳聞異辭，
> 惟恐涉冗濫之嫌，遂爾意存簡括，於事蹟要領，不能臚紀
> 精詳，於史法尚未允協⑯。

由於《明史·英宗本紀》尚未允協，故命英廉、程景伊、梁國治、
和珅、劉墉等將原本逐一考覈添修，必須使首尾詳明，辭義精當，
仍以次繕進，俟欽定後重刊頒行。比較現存乾隆四年（1739）
刻本與乾隆四十二年（1777）英廉等奉敕重修本，可以了解添
修的文字。例如明英宗正統十四年（1449）五月庚子條，刻本
原文云：「巡按福建御史汪澄棄市，並殺前巡按御史柴文顯。」
⑰重修本改為「巡按福建御史汪澄坐失機，前御史柴文顯匿不奏
賊並逮誅。」⑱同年秋七月己丑條，刻本原文云：「瓦剌也先寇
大同，參將吳浩戰死，下詔親征。吏部尚書王直帥群臣諫，不聽。」
⑲重修本改為「衛拉特額森寇大同，參將吳浩戰死。王振挾帝親
征。吏部尚書王直帥群臣諫，不聽。」⑳八月辛酉條，刻本原文
云：「次土木，被圍。」㉑重修本改為「次土木，諸臣議入保懷
來，王振沮之，被圍。」㉒由此可知乾隆四十二年（1777）補纂
本，並非扣定字數挖補人名、地名或官名譯字，而是另行添修重
刊，《明史》從順治年間開始纂修，經歷康熙、雍正，至乾隆四
十二年（1777），始告完成，前後歷時一百二十餘年，清朝纂
修《明史》的態度，確實十分慎重。

三、文獻足徵──《明實錄》與《明史》並存

清初纂修《明史》，主要是依據明代各朝實錄，但明實錄並
不齊全。順治五年（1648）九月，因缺少天啟甲子、丁卯即天
啟四年（1624）、七年（1627）兩年實錄及戊辰年即崇禎元年
（1628）以後事蹟，曾令內外衙門查送㉓。順治八年（1651）

閏二月，大學士剛林等又具奏天啓四年（1624）、七年（1627）六月實錄及崇禎一朝事蹟俱缺，奏請「宜敕內外各官，廣示曉諭，重懸賞格，凡鈔有天啓、崇禎實錄，或有彙集邸報者，多方購求，期於必得，或有野史外傳集記等書，皆可備資纂輯，務須廣詢博訪，彙送禮部，庶事實有據，信史可成。」㉔康熙二十二年（1683）八月二十八日，康熙皇帝御乾清宮聽政時，曾詢問牛鈕等人關於所修《明史》的進度。牛鈕等人奏稱：「嘉靖以前，已纂修過半，萬曆朝事蹟甚多，天啓朝實錄有殘缺，崇禎朝無實錄。」㉕必須要有實錄，則事實方有所依據，然後《明史》可成，可見保存實錄的重要性。

康熙二十六年（1687）四月十二日，康熙皇帝御乾清門聽政時，曾與大學士王熙等人就明實錄問題提出討論。《起居注冊》記載君臣談話的內容，頗為詳盡，其中有一段對話如下：

上曰：「爾等看所修《明史》曾參看實錄否？」王熙奏曰：「臣等未曾參看。」上曰：「所修《明史》，文字固好，但此事關係重大，若不參看實錄，虛實何由得知？他或可以文章逞能，修史直書實事，豈宜以空言文飾乎？如明朝纂修《元史》，限期過迫，以致要緊事務，盡行遺漏，且議論偏僻，甚為不公。《明史》修完之日，應將實錄珍存，令後世有所考據。從來論人甚易，自處則難，若不觀己之所行，徒輕議古人，雖文詞可觀，亦何足道？朕嘗博覽群書，凡古之聖帝明王，未敢漫加褒貶。」王熙奏曰：「臣等將現修《明史》同明朝實錄參看，如有舛錯，擬簽進呈御覽。」上曰：「朕將現所修進呈史書，留內觀覽，爾等將底稿同明朝實錄參觀，如有舛錯，擬簽來奏，朕亦參覽焉！」㉖

引文中「《明史》修完之日，應將實錄珍存」，《清聖祖仁皇帝實錄》改爲「俟《明史》脩成之日，應將實錄並存。」將明代歷朝實錄與《明史》並存，令後世有所考據，對保存史料，搶救古籍，作出了重要貢獻。

康熙二十九年（1690）二月初三日，康熙皇帝御乾清門聽政時，面諭大學士徐元文等人云：「朕於明代實錄，詳悉披覽，宣德以前，尚覺可觀，宣德以後，頗多紕謬，僞字亦不少，弗堪寓目。」徐元文等人奏稱：「明代實錄，中葉以後，文筆愈覺不堪，所載之事，往往不見首尾。」㉗康熙皇帝後來指出，「朕遍覽明朝實錄，但將科抄寫入，並未錄實事，即如成祖修京城之處，尚未記一字，史臣但看野史記錄，錯誤甚多。」㉘明朝實錄不僅頗多疏漏，其記載失實之處，也是不勝枚舉。康熙三十一年（1692）正月二十九日辰時，康熙皇帝御乾清門聽政，部院各衙門官員面奏政事後，大學士伊桑阿等以熊賜履閱看《明史》議論偏僻，具摺子題參。康熙皇帝指出明朝實錄的缺失，他說：

> 朕自沖齡，即在宮中博覽經史，明實錄曾閱數過，見其中立言過當，紀載失實者甚多，纂修《明史》，宜詳加斟酌。如弘治中，太后思念崇王，欲令朝見，此亦情理之常，且所封之地，初不甚遠，而一時大臣及科道官員交章爭執，以爲不可，至云人民騷擾，國勢動搖。時已有旨宣召崇王，竟因人言而止。書曰：「以親九族，九族既睦。」若藩王就封，必不可召見，則自古帝王所云睦族之道謂何？又正德實錄午朝罷後，于御道得匿名文簿一卷，傳旨詰問，百官皆跪于丹墀，時仆而暴死者數人，暍而病死者尤眾。雖夏月天時炎熱，何至人多暴卒，此皆當時之臣言其主太甚耳！且行間將士每披堅執銳，戮力于烈日之中，未聞因暑

而至死，豈朝堂之上病暍若斯之甚耶？所云盡信書，不如
無書，正此之謂矣㉙。

明朝宣德以下實錄，或記載失實，或立言過當，引用實錄，必須
斟酌。但就纂修《明史》而言，明朝實錄仍是不可或缺的重要官
書。康熙三十一年（1692）正月二十六日，康熙皇帝御乾清門
聽政時，曾面諭大學士等云：「明實錄及紀載事蹟諸書，悉應彙
輯收貯，日後《明史》告成，新編之史，與舊著之書，可並存之，
以俟公論於天下後世，向年面諭徐元文，亦曾及此，爾等識之。」㉚
將舊著明朝實錄與新編《明史》同時並存，以俟天下後世公論，
康熙皇帝的態度是公正的。

政權轉移之際，文物多有流失，順治、康熙年間，已屢次提
及明朝實錄殘缺不全的情況。乾隆年間，因查辦違礙書籍，明朝
實錄等資料竟有被銷燬者。例如乾隆五十三年（1788）十一月
間，江蘇省解送違礙書籍共二百五十三箱，安徽解送違礙書籍二
十四箱，江西省解送違礙書籍六箱，軍機處即開列應行銷燬各書
清單進呈御覽，其中包含明朝實錄六本，明朝寶訓十七本，《崇
禎疏鈔》一百三十二本，《明帝后紀略》四本㉛。明朝實錄等書，因
文字涉及違礙，觸犯禁忌而被乾隆皇帝銷燬，較之乃祖康熙皇帝
的珍藏明朝實錄，其保存史料的功過，實有霄壤之別。

四、本紀論贊──褒貶明朝的皇帝

本紀是傳統史書中記載帝王大事的專文，其餘事蹟則詳於列
傳或志書，以編年為體，是史書的大綱，始於開國之君，以一帝
為一紀㉜，各作論贊，以褒貶其功過。從《明史》本紀論贊及清
初君臣的談話，有助於了解明代歷朝君主的賢明昏暴及其施政得
失。

　　明太祖朱元璋，《滿文老檔》作「朱太祖」。清太宗天聰三
年（1629）十一月十五日，《滿文老檔》記清太宗皇太極致遼
東紳衿軍民諭中有「爾朱太祖原係僧人，賴天眷佑，起爲皇帝也。」
㉝清世祖順治皇帝十分推崇明太祖，順治三年（1646）三月，繙
譯《明洪武寶訓》書成，順治皇帝因寶訓一書，彝憲格言，深裨
治理，故撰御製序文，載於編首，譯成滿漢文字，刊刻頒行㉞。
順治十年（1653）正月，順治皇帝幸內院，閱讀《通鑑》後，
詢問大學士陳名夏等人云：「上古帝王，聖如堯舜，固難與比倫，
其自漢高以下，明代以前，何帝爲優？」陳名夏等奏稱：「漢高、
文帝、光武、唐太宗、宋太祖、明洪武，俱屬賢君。」順治皇帝
又進一步詢問：「此數君者又孰優？」陳名夏奏稱：「唐太宗似
過之。」順治皇帝頗不以爲然，他認爲「豈獨唐太宗，朕以爲歷
代賢君，莫如洪武，何也？數君德政，有善者，有未盡善者，至
洪武所定條例章程，規畫周詳，朕所以謂歷代之君，不及洪武也！」
㉟明太祖所定條例章程，規畫周詳，建立完備的典章制度，使後
世可以遵循。因此，順治皇帝認爲明太祖所定制度，盡善盡美，
實爲歷代賢君所不及。

　　康熙朝君臣對明太祖也是推崇備致，康熙二十六年（1687）
七月二十四日辰時，康熙皇帝御瀛台勤政殿聽政，大學士伊桑阿
等奏稱：「今諭九卿諸臣一日兩至乾清門，有應商議之政，以便
咨詢。臣等謹念古時人君五日一聽政，即以爲甚勤，明朝創業之
洪武及宣宗，勤於政事，稱爲賢君，至今贊揚，亦不過五日一聽
政。今皇上日日聽政，天下雖極昇平，猶不少有間輟，乃自古未
有者。」㊱御門聽理政事，不能間輟，明太祖五日一聽政，就是
一位勤於政事的賢君。

　　康熙三十六年（1697）正月二十二日辰時，康熙皇帝御暢

春園內澹寧居聽政，面諭大學士伊桑阿等人云：「觀《明史》洪武、永樂所行之事，遠邁前王，我朝現行事例，因之而行者甚多，且明代無女后預政，以臣凌君等事。」康熙皇帝又指出，「元人譏宋，而明復譏元，朕並不似前人，輒譏亡國也，惟從公論耳！」㊲譏諷亡國，醜化勝朝，歷代皆然。康熙皇帝頗不以爲然，「惟從公論」，態度客觀，因爲清初的許多典章制度，主要就是因襲明太祖所制定的條例章程。

雍正元年（1723）九月十九日，《起居注冊》記載一則上諭，述及一段往事云：「朕近於聖祖仁皇帝所遺閉匣中檢得未經頒發上諭一道，以明太祖崛起布衣，統一方夏，經文緯武，爲漢、唐、宋諸君之所未及，其後嗣亦未有如前代荒淫暴虐亡國之迹」等語㊳。明太祖雖然崛起布衣，但他經文緯武，雄才大略，遠邁漢唐。《明史》本紀論贊，就是史館詞臣秉承康熙皇帝的訓示撰寫定稿的。其中明太祖本紀贊語云：

> 太祖以聰明神武之資，抱濟世安民之志，乘時應運，豪傑景從，戡亂摧強，十五載而成帝業。崛起布衣，奄奠海宇，西漢以後所未有也。懲元政廢弛，治尚嚴峻。而能禮致耆儒，考禮定樂，昭揭經義，尊崇正學，加恩勝國，澄清吏治，修人紀，崇風教，正後宮名義，內治肅清，禁宦豎不得干政，五府六部，官職相維，置衛屯田，兵食俱足。武定禍亂，文致太平，太祖實身兼之。至於雅尚志節，聽蔡子北歸。晚歲憂民益切，嘗以一歲開支河，暨塘堰數萬，以利農桑，備旱潦。用此子孫承業二百餘年，士重名義，閭閻充實。至今苗裔蒙澤，尚如東樓、白馬，世承先祀，有以哉㊴！

明太祖乘時應運，崛起布衣，豪傑景從，統一方夏，繼元政廢弛

之後，治尚嚴峻，制禮作樂，澄清吏治，閭閻充實，奠定明朝二百餘年的基業。明太祖雄才大略，就是典型的創業君主。康熙皇帝對明太祖的推崇，可謂褒獎猶恐不及，無暇指謫。雍正皇帝就不以全面的肯定，雍正五年（1727）十一月初十日，大學士張廷玉奉到上諭，在上諭中有一段話說：「朕覽明太祖所著《洪武寶訓》一書，詞義周詳，告誡諄切，所以教其子孫臣庶者，亦費苦心。但明太祖起自布衣，奄有天下，雖姿性過人，而其識見尚局於卑隘之習，故規模未臻於廣大，蓋緣文過其實，故言行多不能相符，而議論自相矛盾者有之。」⑩國家草創，規模粗具，雍正皇帝以言行、議論相責難，確實過於嚴苛。

　　明太祖在位三十一年（1368—1398），明成祖在位二十二年（1403—1424），明成祖躬行節儉，知人善任，其雄武才略，同符明太祖，威德遐被，四方賓服，幅員之廣，則遠邁漢、唐。在清初君臣心目中，明成祖也是一位雄才大略的賢君。明成祖崩殂以後，仁宗繼位，《明史》仁宗本紀論贊有一段記載說：「在位一載，用人行政，善不勝書。使天假之年，涵濡休養，德化之盛，豈不與文、景比隆哉！」⑪明仁宗雖然在位只有一年（1425），但他的施政，幾可比美漢代文景之治。明宣宗是明代的第五個皇帝，年號宣德，在位十年（1426—1435）。他也是一位賢君，康熙皇帝常把明宣宗和明太祖相提並論。他認為「明洪武為創業之君，功德甚盛，如宣德則為守成令主，雖時殊事異，皆能於一代之中奮發有為，功德垂後，各盡為君之道。」⑫《明史》宣宗本紀論贊云：

　　　　仁宗為太子，失愛於成祖。其危而復安，太孫蓋有力焉。
　　　　即位以後，吏稱其職，政得其平，綱紀修明，倉庾充羨，
　　　　閭閻樂業，歲不能災。蓋明興至是歷年六十，民氣漸舒，

蒸然有治平之象矣。若乃強藩猝起，旋即削平，掃蕩邊塵，
狡寇震慴，帝之英姿睿略，庶幾克繩祖武者歟㊸！

明初經過六十年的休養生息，民氣漸舒。明宣宗又是一位賢君，
在位期間，綱紀修明，倉庾充足，閭閻樂業，蒸然有治平之象。
明太祖爲創業之君，功德極盛；明宣宗爲守成令主，功德垂後，
都能各盡爲君之道。

明孝宗是明朝第十個皇帝，年號弘治，在位十八年（1488
—1505）。在清初君臣心目中，明孝宗也是一位賢君。順治十
七年（1660）六月初六日，禮部奏稱：「明之孝宗，仁恭節用，
任賢圖治，憂勤惕勵，始終不渝。」㊹明宣宗就是一位任賢圖治
的守成令主。雍正初年，因曾靜遣其徒張熙投書，勸說總督岳鍾
琪謀反。雍正皇帝在他所頒諭旨中指出曾靜逆書內「孔廟既燬，
朱祠復災」，無關君德。諭旨中有一段話說：「孔廟不戒於火，
唐、宋皆有之，明弘治時，被災尤甚，弘治非明代之賢君乎？若
以此爲人君之不德所致，則將來叛逆之徒，必藉此煽動人心，至
有縱火焚燬以及各府州縣文廟者。」㊺雍正皇帝也肯定明孝宗是
一位賢君。《明史》孝宗本紀論贊云：

> 明有天下，傳世十六，太祖、成祖而外，可稱者仁宗、宣
> 宗、孝宗而已。仁、宣之際，國勢初張，綱紀修立，淳樸
> 未漓，至成化以來，號爲太平無事，而晏安則易耽怠玩，
> 富盛則漸啓驕奢。孝宗獨能恭儉有制，勤政愛民，兢兢於
> 保泰持盈之道，用使朝序清寧，民物康阜。易曰：「无平
> 不陂，无往不復，艱貞无咎。」知此道者，其惟孝宗乎㊻！

明代成化以來，經過一段晏安富盛之後，明孝宗獨能恭儉有制，
勤政愛民，使朝序清寧，民物康阜，確實頗悉治道。明代二百七
十六年，傳十六世，除了明太祖、成祖外，可稱爲賢君者只有仁

宗、宣宗、孝宗而已。統計賢君在位時間，包括：明太祖三十一
年（1368—1398），明成祖在位二十二年（1403—1424），明
仁宗在位一年（1425），明宣宗在位十年（1426—1435），明
孝宗在位十八年（1488—1505），合計共八十二年，將近三分
之一長的時間，是在賢君的統治之下，使政治不致惡化，誠屬難
能可貴。

五、良知良能——王守仁的思辨功夫

清初君臣談論明朝史事的範圍很廣，舉凡學術思想、典章制
度、社會經濟、地方吏治等方面，多留下了一些談話紀錄。清初
君臣不僅喜歡褒貶明朝皇帝的功過，也常評論明代人物，尤其對
王守仁的學說，頗多討論。王守仁（1472—1529），餘姚人，
弘治進士，學者稱陽明先生，晚年專言致良知之說。

康熙十八年（1679）十月十六日早，康熙皇帝御乾清門聽
政，侍讀學士崔蔚林將他所繕寫的《大學格物誠意辨》及中和、
位育、時中、天人等學說進呈御覽。康熙皇帝召崔蔚林入懋勤殿，
詢問說：「王守仁之說何如？」崔蔚林奏稱：「王守仁致良知三
字亦不差。良知即明德，致，是推致，就篤行上說，是王守仁用
過學問思辨之功，認得良知真切，方能推致，若以此解《大學》
致知二字，卻解不去。《大學》致知，乃明善之義，是方去求認
此良知。若以致知為致良知，則少明善一段工夫矣！」康熙皇帝
又詢問說：「據爾言，兩人之說俱非耶？」崔蔚林奏稱：「原與
臣意不合。」④

康熙十八年（1679）十月二十六日辰時，刑部尚書黃機、
都察院左都御史魏象樞等人遵旨進呈所作詩文。康熙皇帝召魏象
樞入懋勤殿，詢問：「王守仁學問何如？」魏象樞奏稱：「守仁

專言致良知，不及良能，是言知不言行，雖其意謂致即是行，然非《大學》致知之意。」康熙皇帝認為「蔚林所見與守仁亦相近。」⑧

　　康熙二十二年（1683）四月初九日巳時，康熙皇帝御乾清宮，講官牛鈕、陳廷敬、孫在豐進講〈六三困于石〉等節後，侍讀湯斌遵旨進呈所著文十篇、詩十首。康熙皇帝展閱所進詩、文，閱至〈學言篇〉時，康熙皇帝令湯斌解釋篇中大意。湯斌奏稱：「自周子至朱子，其學最為純正精微，後學沈溺訓詁，殊失程、朱精意。王守仁致良知之學，返本歸原，正以救末學之失。但語或失中，門人又以虛見失其宗旨，致滋後人之議。」⑭

　　康熙二十八年（1689）九月十八日辰時，康熙皇帝在乾清門聽政，他對大學士王熙等人說：「許三禮、湯斌、李光地俱言王守仁道學，熊賜履惟宗朱熹，伊等學問不同。」大學士王熙奏稱：「道學之人當涵養性情，若各立門戶，各持意見，互相陷害結黨，何云道學？」康熙皇帝認為「意見若能持久，亦自不妨，但久之彼自變易其說耳！」⑤探討明代的理學，或姚江學派的學說，清初君臣的批評，確實不可忽略。

　　在康熙皇帝的心目中，明朝並無著名文章家。康熙三十三年（1694）七月二十一日，康熙皇帝御乾清門聽政時指出，「韓菼所作時文，實屬無敵，不但今人所作時文無能及之，即明朝來有名文章家，亦未有勝於韓菼者。朕於韓菼之文，曾經遍閱，立意奇巧，措辭甚為出色。」大學士王熙、張玉書奏稱：「明朝如唐順之、歸有光等所作文章雖工，未有如韓菼之深通暢快者，或遇一題不能即有一篇恰好文字，看來韓菼所作時文甚痛快。」⑤作時文必須立意奇巧，措辭出色。歸有光等人所作文章，雖然工整，但並不痛快。

　　明朝文章習氣，表現在本章方面，就是文字冗長。康熙二十三年（1684）三月二十一日，康熙皇帝御乾清門聽政時，召滿洲大學士勒德洪、明珠等至御座前，面諭云：

> 文章貴於簡當，即施日用如章奏之類，亦須詳要。明朝典故，朕所悉知，如奏疏多用排偶蕪詞，甚或一、二千言。每日積至滿案，人主詎能盡覽，勢必委之中官，中官復委于門客及名下人。此輩何知文義，訛舛必多，遂奸弊叢生，事權旁落，此皆文字冗穢，以至此極也㊿。

明朝奏疏，文字冗長，影響行政效率，甚至使君權旁落。

　　康熙四十年（1701）五月二十五日早，康熙皇帝御乾清門聽政。御史杜之昂條奏邵雍後裔授爲博士等三事，御史魏壽期條奏漢中府田糧等三事。康熙皇帝披覽本章後諭云：

> 所奏六本，俱極冗長，奏章字數，俱有定額，此本字多逾格，凡言事，但期明決，如將無用文章濫入何益？李光地、張鵬翮凡有奏事，俱極簡當，其節略大旨甚善。明之末年，凡事俱用四六對偶之文，數衍甚長，人主倦於披閱，委之太監，以致極壞事，今即欲將邵雍後裔授爲博士，但須明白，不數言便了㊼。

明朝奏章，文字冗長，又用四六排偶蕪詞，以致人主倦於披閱。明末皇帝不僅倦於披覽奏章，尤倦於講讀。康熙十九年（1680）三月二十三日，因詹事府等衙門議覆科臣余國柱條奏皇太子出閣讀書。大學士李霨奏稱：「皇太子出閣講讀，係從來大典。」康熙皇帝諭以「與其循典禮虛文有慊爲學工夫，不如嚴勵訓習之有益。且觀故明末季，雖遵行此典，無一精通學問之主。」㊼皇太子的教育，極爲重要，但明朝末年，並不重視，已流爲虛文。康熙四十二年（1703）四月二十三日，康熙皇帝御暢春園內澹寧

居聽政時，曾面諭大學士馬齊等人云：「明末之君，多有不識字者，遇講書，則垂幔聽之。」⑤明末皇帝當不至於不認識常用字，但因垂幔聽講，不重視教育，所以未能精通學問，對文字冗長、四六排偶的奏章，就不免倦於批閱了。

六、竊弄國柄──明季太監肆橫的惡跡

　　清初君臣對明代太監亂政，討論頗多。康熙皇帝自己說過，崇禎末年，「去朕降生之年十有一載，明萬曆時太監，以及官員，朕俱曾任使，伊等曾向朕奏過。」⑤又說：「朕自沖齡，即每事好問。明時太監，朕皆及見之，所以彼時之事，朕知之甚悉。」⑤康熙三十三年（1694）閏五月十四日，康熙皇帝御暢春園內澹寧居聽政，面諭大學士伊桑阿等人云：「朕觀古來太監，善良者少，要在人主防微杜漸慎之於始。苟其始縱容姑息，侵假事權，迨其勢既張，雖欲制之，亦無如何。如漢之十常侍，唐之北司，竊弄威權，甚至人主起居服食，皆為所制，此非一朝一夕之故，由積漸使然也。」大學士伊桑阿奏稱：「太監善類絕少，歷代多受其害，惟我皇上法度嚴明，貽謀深遠，此輩止令灑掃服役，毫不假以辭色，真得防微杜漸之道，超越前古萬倍。」大學士阿蘭泰奏稱：「皇上凡事乾綱獨斷，不稍假借，所以此輩畏法，不敢橫行。」康熙皇帝又說：「太監原屬陰類，其心性與常人不同，有年已衰老，而言動尚若嬰兒，外似謹厚，中實叵測。」大學士王熙奏稱：「太監心性，果與眾不同，終不可用。」⑤清初君臣對太監心性的分析，得到共識，太監心懷叵測，終不可用，必須防微杜漸。

　　明朝太監，竊弄威權，惡跡昭彰，國家深受其害，對政治產生了嚴重的負面作用。天聰八年（1634）九月初一日，滿洲兵

部和碩貝勒岳託差遣大凌河所俘獲的蒙古人，寫書一封，藏於靴內，往說錦州蒙古多爾濟哈談等四人。《清太宗文皇帝實錄》初纂本記載密函內容云：

> 蒙古貝子盡屬我國，爾等如離群孤雁，雜入漢人之中，雖漢人亦有審機者，知明朝將衰，歸我者如流水，爾等豈不知之，所謂天時者。明朝皇帝不知人民死亡殆盡，尚自驕盈，大臣貪財欺詐者甚多。又令太監分布各省，欺凌武官，索取財物。自古有興有亡，豈明國子孫百世爲君乎？考歷代帝王，無傳二十世者，今乃明朝將亡之時⑲。

明朝太監，分佈各省，欺凌武官，索取財物，文武百姓，深受其害。袁崇煥的冤死，就是太監陷害忠良的一則故事。

袁崇煥，字元素，東莞人，萬曆四十七年（1619）進士。爲人慷慨，負膽略，好談兵，頗知軍事，奉命鎮寧遠。崇禎元年（1628），清兵數十萬，分道入龍井關、大安口，越薊州而西。袁崇煥急引大軍，千里赴援，入護京師。但因京畿驟遭清兵來犯，都人怨謗紛起，指摘袁崇煥縱敵擁兵，朝士亦誣陷袁崇煥引敵脅和，將爲城下之盟。同年十二月召對，被縛下獄。康熙年間，修《明史》時，始爲袁崇煥平反，還其清白。《明史‧袁崇煥傳》有一段記載說：「會我大清設間，謂崇煥密有成約，令所獲宦官知之，陰縱使去。其人奔告於帝，帝信之不疑。十二月朔，再召對，遂縛下詔獄。」⑳皇太極設間經過，《清太宗文皇帝實錄》初纂本記載較詳，其原文云：

> 袁崇煥、祖大壽復聚敗兵於城東南角下營，豎立柵木。我兵將戰，乃近前一步列陣。上與貝子率從人少許，視其堅暇，見無隙可乘，縱得入，傷我兵而勝敵人，無益，且任其支持，不過我昨所潰敗之兵耳，遂不戰而回。先是，副

將高鴻中、參將鮑承先、寧完我、大海榜式等,與先得二
太監時同坐臥,撤兵之日,高鴻中、鮑承先各依上所授計
坐近二太監,故作耳語狀,言今日撤兵,乃上之計也,頃
見上單騎向敵,又敵營二人旋至上前,交語久之方去,想
是袁都堂與我通謀,大事目下可就矣!時楊太監佯臥,切
記於心。二十九日,縱楊太監入京城,遂將高鴻中、鮑承
先之言,盡奏於明朝皇帝,召袁崇煥入城磔之,祖大壽大
驚,率部下兵奔回錦州⑥。

《三國志通俗演義》第四十五回〈三江口曹操折兵,群英會蔣幹
中計〉是一則戲劇性很濃厚的反間計,皇太極熟讀《三國志通俗
演義》,靈活運用,竟使袁崇煥冤死,反間成功。皇太極的反間
計,就是蔣幹中計故事的翻版。《明史‧袁崇煥傳》記載說:「
初,崇煥妄殺文龍,至是帝誤殺崇煥。崇煥死,邊事益無人,明
亡徵決矣。」⑥

順治元年(1644)十月間,戶科給事中郝傑已指出,「刑
餘宦寺,特備灑掃,供使令耳,從不敢於大庭廣眾之中,與朝臣
齒。明洪武時,中官不許識字,誠慎之也,輓末寵任廠衛,遂貽
杜勳、閻思印、邊永清等開門迎賊之禍。」⑥順治二年(1645)
六月間,禮部左侍郎孫之獬亦稱,「故明宦官杜勳,嚇君惑眾,
傾民社稷。」⑥康熙皇帝認為「太監心性雖殊,若人主英明,此
輩何由弄權。朕聞明季諸君,將本章批答委之司禮監,禮監委之
名下。此輩素無學問,不知義理,凡事安能免於舛謬。聞有一主,
偶行殿上失足,眾太監歸罪於石,議笞石數十。又偶乘馬而墮,
亦議責馬數十板,闇昧若此,宜為此輩窺伺愚弄也。」⑥康熙皇
帝再度指出,「明季事蹟,卿等所知,往往皆紙上陳言,萬曆以
後所用內監,曾有在御前服役者,故朕知之獨詳。」他又說:「

明季所行，多迂闊可笑，建極殿後階石，高厚數丈，方整一塊，
其費不貲，採買搬運至京，不能昇入午門。運石太監參奏此石不
肯入午門，乃命將石綑打六十御棍。崇禎嘗學乘馬，兩人執轡，
兩人捧鐙，兩人扶鞦，甫乘，輒已墜馬，乃責馬四十，發苦驛當
差。馬猶有知識，石何所知，如此舉動，豈不發噱。總由生於深
宮，長於阿保之手，不知人性物理故也。」⑯拿石頭出氣，是皇
帝和太監的童稺行為，確實迂闊可笑。

　　清初君臣對明季太監如劉瑾、魏忠賢等人的惡行，知之甚詳。
其中魏忠賢是肅寧人，《明史》記載魏忠賢的出身，「少無賴，
與群惡少博，不勝，為所苦，恚而自宮，變姓名曰李進忠，其後
復姓，賜名忠賢。」⑰天啓年間，宮中稱呼魏忠賢為老伴，凡事
都由魏忠賢掌控。康熙四十二年（1703）四月二十三日辰時，
康熙皇帝御暢園內澹寧居聽政，將魏忠賢的惡行告知大學士馬齊
等人云：「太監魏忠賢惡跡，史書僅書其大略，並未詳載。其最
惡者，凡有拂意之人，即日夜不令休息，逼之步走而死；又併人
之二大指，以繩拴而懸之於上，兩足不令著地，而施之以酷刑。
明末之君多有不識字者，遇講書，則垂幔聽之。諸事皆任太監辦
理，所以生殺之權，盡歸此輩。」大學士張玉書奏稱：「此明之
所以至於敗亡也。」⑱乾隆皇帝也認為明朝的敗亡，為太監禍國
殃民所致。乾隆四十七年（1782）四月十七日，《內閣奉上諭》
云：

　　　　昨于養心殿存貯各書內，檢有《明朝宮史》一書，其中分
　　　　類敍述宮殿樓台及四時服食宴樂，並內監職掌宮闈瑣悉之
　　　　事，卷首稱蘆城赤隱呂毖較次。其文義猥鄙，本無足觀。
　　　　蓋明季寺人所為，原不堪採登冊府，特是有明一代，秕政
　　　　多端，總因奄寺擅權，交通執政，如王振、劉瑾、魏忠賢

之流，俱以司禮監秉筆，生殺予奪，任所欲爲，遂致阿柄
下移，乾綱不振。每閱明代宦官流毒事蹟，殊堪痛恨。即
如此書中所稱司禮監掌印秉筆等，竟有秩尊視元輔，權重
視總憲之語。以朝廷大政，付之刑餘，俾若輩得以妄竊國
柄，奔走天下，卒致流寇四起，社稷爲墟，伊誰之咎乎？
著將此書交該總裁等照依原本抄入四庫全書，以見前明之
敗亡，寔由于宮監之肆橫，則其書不錄，而考鏡得失，未
始不可藉此以爲千百世殷鑒，並將此旨，錄冠簡端⑥。

修史可以考鏡得失，作爲後世殷鑒，但是，明朝的敗亡，宮中太
監的肆橫，是否爲唯一的因素，清初君臣的看法，並不一致。

七、綱紀陵夷——朋黨紛爭與政治的惡化

明朝的敗亡，太監流毒，固然不能辭其咎，但是，明季政治
的惡化，造成內部的危機，也是不能忽視。清初君臣已指出明代
後期的君主深處宮闈，自幼長於宦寺之手，未嘗與大臣面決政事
⑦。明世宗嘉靖年間（1522—1566），政治更加惡化。《明史》
世宗本紀論贊有一段記載說：「若其時紛紛多故，將疲於邊，賊
訌於內，而崇尙道教，享祀弗經，營建繁興，府藏告匱，百餘年
富庶治平之業，因以漸替。」⑪雍正皇帝曾因呂留良案頒降諭旨，在
諭旨中指出，「明代自嘉靖以後，君臣失德，盜賊四起，生民塗
炭，疆圉靡寧。」⑫萬曆年間（1573—1619），朝政更是每況
愈下，內憂外患，國步更加艱難。雍正皇帝說過，「明萬曆之深
居，百務盡墮，上下暌絕。」雍正皇帝認爲「明王錫爵疏爭國本
章數十上，徒自爲名譽之計，子孫祿位之謀耳！其後竟立泰昌，
設或傾覆，是王錫爵於明之宗社有害而無益，實明代之大罪人也。」
⑬《明史》神宗本紀論贊云：

神宗沖齡踐阼，江陵秉政，綜核名實，國勢幾於富強。繼
乃因循牽制，晏處深宮，綱紀廢弛，君臣否隔。於是小人
好權趨利者，馳騖追逐，與名節之士為仇讎，門戶紛然角
立。馴至惷愍，邪黨滋蔓。在廷正類無深識遠慮，以折其
機牙，而不勝忿激，交相攻訐。以致人主蓄疑，賢姦雜用，
潰敗決裂，不可振救。故論者謂明之亡，實亡於神宗，豈
不諒歟？光宗潛德久彰，海內屬望，而嗣服一月，天不假
年，措施未展，三案搆爭，黨禍益熾，可哀也夫[74]！

明神宗在位半世紀，其中二十餘年，晏處深宮，不曾視朝，君臣
暌隔，激烈黨爭，綱紀陵夷，論者遂謂「明之亡，實亡於神宗。」
明熹宗更加庸懦，婦寺竊柄，濫賞淫刑，忠良慘禍，天下離心，
雖欲不亡，已經難挽狂瀾[75]。乾隆皇帝也說：「明之亡國，由於
神、熹二宗紀綱墮而法度弛，愍帝嗣統時，國事已不可為，雖十
七年身歷勤苦，不能補救傾危，卒且身殉社稷，未可與荒淫失國
者一概而論，是以皇祖睿裁，將神、熹二宗撤出歷代帝王廟祀，
而愍帝則特令廟祀，褒貶予奪，毫釐不爽[76]。」

　　清初君臣對明思宗崇禎皇帝的評論較多，順治十四年（
1657）二月十一日，順治皇帝諭工部時指出，「朕念故明崇禎
帝尚為孜孜求治之主，祇以任用非人，卒致寇亂，身殉社稷。若
不亟為闡揚，恐千載之下，竟與失德亡國者，同類並觀，朕用是
特製碑文一道，以昭憫惻之意，爾部即遵諭勒碑，立於崇禎帝陵
前，以垂不朽[77]。」順治十六年（1659）十一月二十七日，順治
皇帝諭禮部時又指出，「前明崇禎帝，勵精圖治，十有七年，不
幸寇亂國亡，身殉社稷。考其生平，無甚失德，遘茲厄運，殊堪
矜憫，宜加諡號，以昭實行，今諡為莊烈愍皇帝[78]。」崇禎皇帝
並無失德，是一個孜孜求治的君主。

　　明朝的敗亡，在順治年間，是一個熱門話題。順治元年（
1644）六月二十日，清朝政府頒發敕諭，其中有一段話說：「
明國之所以傾覆者，皆因內外部院官吏賄賂公行，功過不明，是
非不辨。凡用官員，有財之人雖不肖，亦得進，無財之人雖賢才，
亦不得見用，所以賢者皆抱恨隱淪，不賢者，多夤緣幸進。」⑦
賄賂公行，不肖幸進，功過不明，就是政治惡化的現象。順治二
年（1645）閏六月十二日所頒諭旨指出，「明季諸臣，竊名譽，
貪貨利，樹黨與，肆排擠，以欺罔為固然，以姦佞為得計，任意
交章，煩瀆主聽，使其心志眩惑，用人行政，顛倒混淆，以致寇
起民離，禍亂莫救。」⑧明季諸臣各樹黨與，互相排擠，君主用
人行政，顛倒混淆，政治缺乏效率，同樣加深政治危機。同年八
月十七日，攝政王多爾袞頒諭時亦稱：「故明諸臣，各立黨羽，
連章陳奏，陷害忠良，無辜被罰，無功濫用，釀成禍患，以致明
亡。」⑧樹黨傾陷，對政治造成嚴重的負面影響。康熙皇帝對明
朝的覆亡，提出了他的看法。他指出：「宦官為害，歷代有之，
明之王振、劉瑾、魏忠賢輩，罪惡尤甚。崇禎時，誅鋤閹黨，極
為善政。但謂明之亡亡於太監，則朕殊不以為然。明末朋黨紛爭，
在廷諸臣，置封疆社稷於度外，惟以門戶勝負為念，不待智者知
其必亡，乃以國祚之顛覆，盡委罪於太監，謂中璫用事之故，烏
得為篤論耶？朕宮中所用太監，止令供灑掃奔走之役，一嚬一笑，
從不假借，所以三十年來，太監皆極貧乏，有不能自給者，爾諸
臣想亦悉知朕非信用太監之主，故惟朕可為此言。」⑧

　　太監亂政，朋黨紛爭，都是政治惡化的兩個致命傷，都加速
了明朝的覆亡。《明史》莊烈帝本紀論贊云：

　　　帝承神、熹之後，慨然有為。即位之初，沈機獨斷，刈除
　　奸逆，天下想望治平。惜乎大勢已傾，積習難挽。在廷則

門戶糾紛，疆場則將驕卒惰。兵荒四告，流寇蔓延。遂至潰爛而莫可救，可謂不幸也已。然在位十有七年，不邇聲色，憂勤惕勵，殫心治理。臨朝浩歎，慨然思得非常之材，而用匪其人❼益以僨事。乃復信任宦官，布列要地，舉措失當，制置乖方。祚訖運移，身罹禍變，豈非氣數使然哉❽！

門戶朋黨，刑餘宦官，就是明季政治的兩塊惡性腫瘤，久已潰爛而莫可救，明朝的覆亡確實是氣數使然。康熙二十三年（1684）十一月初二日，康熙皇帝駐蹕江寧府，將登鍾山，醉酒於明太祖陵，車駕路過明時故宮，目觀荊榛，不免有吳宮花草，晉代衣冠之歎，於是親撰《過金陵論》。其中有一段文字云：

昔人論形勢之地，首推燕秦，金陵次之。然金陵雖有長江之險爲天塹，而地脈單弱，無所憑依。六朝偏安，弗克自振，固曆數之不齊，或亦地勢使然也。明自文皇靖難之後，嘗以燕京爲行在。宣德末年，遂徙而都之。其時金陵台殿苑囿之觀，聲名文物之盛，南北並峙，遠勝六朝。迨成〔承〕平既久，忽於治安。萬曆以後，政事漸弛，宦寺朋黨，交相構陷。門戶日分而士氣澆漓，賦斂日繁而民心渙散。闖賊以烏合之眾，唾手燕京，宗社不守，馬、阮以囂偽之徒，託名恢復，僅快私仇。使有明艱難創造之基業，未三百年而爲兢兢業業，取前代廢興之蹟，日加儆惕焉，則庶幾矣❽！

燕京與金陵，都是形勢之地，南北並峙，聲勢甚盛。但因人謀不臧，政事廢弛，忽於治安，宦寺朋黨，交相構陷，終使明朝基業，化爲丘墟，足見地利之不足恃。

八、進退予奪──南明抗清運動的時代意義

乾隆年間，搜訪遺書，可謂不遺餘力。遺書中含有頗多南明史著述，其年號統系的書寫，成爲政治敏感問題。例如朱璘著《明紀輯略》一書，浙江省地方大吏以書末附紀南明三王年號，而奏請銷燬。乾隆皇帝詳加披閱後，以書中敍及明季事實，俱稱清朝爲「大清」，並記載清太祖高皇帝廟號，文詞敬順，實無誕妄不經字句，奉旨不必禁燬。又如儒臣評纂《通鑑輯覽》時，於滿洲入關後，即削去福王事實，乾隆皇帝頗不以爲然。他在所頒諭旨中已經指出：

> 朕意在於維持正統，非第於歷代書法爲然。洪惟我國家開
> 創之初，當明末造，雖其國政日非，而未及更姓改物，自
> 宜仍以統系予之。至本朝順治元年，定鼎京師，一統之規
> 模已定。然明福王猶於江寧僅延一線，故綱目三編及通鑑
> 輯覽所載，凡我朝與明國交兵事蹟，不令概從貶斥，而於
> 甲申三月，尚不遽書明亡。惟是天心既已厭明，福王又不
> 克自振，統系遂絕。若唐、桂二王之竄徙無常，亦如宋末
> 昰昺之流離瘴海，並不得比於高宗南渡之偏安。蓋能守其
> 統，則人共尊王，而失其統，則自取輕辱，實古今不易之
> 通義也⑧。

征服者欲取正統而代之，固然不可厚非，但是，正統政權的統系，也不可任意進退予奪，乾隆皇帝的政治思想，是可以肯定的。明思宗崇禎十七年（1644），歲次甲申，即順治元年，是滿洲入關，定鼎京師的年分，並非明朝覆亡，清朝底定全國的年分，明朝統系尚未斷絕。乾隆皇帝認爲「明之末造，李自成既陷京師，江左遺臣，相與迎立福王，圖存宗社。其時江山半壁，疆域可憑，

使福王果能立國自強，則一線綿延，未嘗不足比於宋高宗之建炎南渡。特因其荒淫孱弱，君若臣相率爲燕雀之處堂，尋至自貽顚覆，而偏安之規模未失，不可遽以國亡之例絕之。」⑱福王在南京，年號弘光，未失其統，相當於宋高宗南渡，南明偏安，規模未失，不可遽以國亡之例絕其統系，弘光年號仍能守其統，受人擁戴，南京政權，就是正統政權。因此，乾隆皇帝諭令於甲申以後，附紀福王弘光年號，並書「明」字。順治二年（1645）五月，多鐸師至南京，禮部尙書錢謙益等以城迎降，福王等走太平，入蕪湖，倚靠江北四鎭之一的靖國公黃得功。多鐸命圖賴領兵追擊，黃得功中流矢陣亡，五月二十五日，總兵官田雄等擁福王出降。乾隆皇帝認爲福王在蕪湖被執以後，「始大書明亡」。乾隆皇帝認爲福王在江寧，與宋室南渡相髣髴，位號猶存，爲維持正統，故書法尙宜從舊。其所以折衷至是，就是爲了「務合乎人情天理之公，以垂示天下後世也。」質言之，順治二年（1645）才是明朝覆亡的年分。

　　乾隆皇帝對隆武、永曆時期的南明史，提出他的解釋。他認爲「唐王、桂王遁跡閩、滇，苟延殘喘，不復成其爲國，正與宋末昰昺二王之流離海島相類，自不得等於福王之例，是以輯覽內未經載入。但二王爲明室宗支，與異姓僭竊及私相署置者不同，本非僞託，且其始末雖無足道，而稱尊擅號，首尾十有餘年，事蹟亦多有可考。與其聽不知者私相傳述，轉致失實無籍，又何如爲之約舉大凡，俾知當日邊隅偷息不過若是之窮蹙無成，更可以正傳聞之訛異。」⑲乾隆皇帝認爲隆武、永曆首尾十餘年，事蹟多有可考，本非僞託。「且唐王等皆明室子孫，其封號亦其先世相承，非若異姓僭竊及草賊擁立一朱姓以爲號召者可比，固不必概從貶斥也。」乾隆三十一年（1766）五月間，國史館進呈新

纂列傳內洪承疇傳於明唐王朱聿鍵名前冠以「偽」字，因於義未為允協，乾隆皇帝於五月二十六日頒諭云：

> 當國家戡定之初，于不順命者，自當斥之曰偽，以一耳目，而齊心志。今承平百有餘年，纂輯一代國史，傳信天下萬世，一字所繫，予奪攸分，必當衷于至是，以昭史法。昨披閱通鑑輯覽，至宋末事，如元兵既入臨安，帝㬎身為俘虜，宋社既屋，統系即亡，昰昺二王，竄居窮海，殘喘僅存，並不得比於紹興偏安之局，乃續綱目尚以景炎、祥興大書紀年，曲徇不公，於史例亦未當，因特加釐正，批示大旨，使名分秩然，用垂烱戒。若明之唐王、桂王，於昰昺亦復何異，設竟以為偽，則又所謂矯枉過正，弗協事理之平⑱。

國史筆削，事關法戒，正名尤貴持平，唐王、桂王都是明室子孫，承襲先世封號，受明臣擁立，即位建元，都是合法政權，並非僭竊。景炎是宋端宗帝昰的年號，元世祖至元十五年，相當於景炎三年（1278），是年端宗崩，弟帝昺立，遷厓山，祥興就是帝昺的年號。至元十六年，即祥興二年（1279），元軍破厓山，陸秀夫負帝昺赴海死，宋亡。後世史家既公認至元十六年（1279）為宋朝覆亡的年分，唐王、桂王轉徙閩、滇，又與宋室帝昰、帝昺的播遷海嶠無異，則明唐王、桂王統系末亡。順治四年，為明桂王永曆元年（1647），順治十八年，即永曆十五年（1661），吳三桂進兵緬甸，緬入執桂王以獻，這一年可以說是明朝覆亡的年分，從福王弘光，經唐王隆武，至永曆十五年（1661），都是明朝正統的延續。

　　南明諸臣，守節不屈，清初修史，俱冠以偽官字樣，乾隆皇帝亦頗不以為然。順治二年（1645）四月間，清軍攻揚州，史

可法率衆堅守，歷七晝夜，最後史可法壯烈犧牲，與城共存亡。
史可法爲人廉潔而重信義，與士卒共甘苦。他督師揚州時，行不
張蓋，食不兼味，寢不解衣。他每次繕寫奏疏時，都會循環誦讀，
聲淚俱下，聞者無不感動悲泣，歷史家常把史可法比作文天祥⑧。乾
隆皇帝認爲「明末諸臣如黃道周、史可法等在當時抗拒王師，固
誅僇之所必及。今平情而論，諸臣各爲其主，節義究不容掩，朕
方嘉予之，又豈可概以僞臣目之乎？」南明諸臣既非僞官，就是
合法的職官，不宜概從貶斥。鄭成功既奉永曆正朔，改廈門爲思
明州，以恢復明室相號召，成爲東南義師的砥柱，明朝宗室遺臣
相繼來歸。鄭氏退守臺灣後，設立郡縣，勸學屯田，規模宏遠，
史冊罕覯。清廷領有臺灣後，南明恢復事業，終告失敗。

九、結　語

　　我國歷代以來，就是一個多民族的國家，各民族之間，偶有
矛盾或衝突，固所不免。民族政策的成敗得失，不僅影響當時，
而且也影響後世。成功的民族政策，可以惠及後世，錯誤的民族
政策，則貽患無窮，這是當時的政治家和今天的歷史學家都能了
解的⑨。明清之際，由於滿漢政權的長期對峙，更加深了民族之
間的矛盾。明神宗萬曆年間以來，明朝大軍屢次進剿滿洲，造成
滿洲被漢人壓迫的問題；滿洲入關後，滿漢關係易位，清軍以征
服者的優勢，鎮壓抗清復明的漢族，造成漢人被滿洲迫害的問題，
滿漢處於敵對的狀態。滿清政權被推翻以後，政治上的禁忌，雖
然已經解除，但是反滿的情緒，仍然十分高昂，應否爲清人修史，
成爲爭論的問題。孟森著《清代史》一書已經指出，「近日淺學
之士，承革命時期之態度，對清或作仇敵之詞，既認爲仇敵，即
無代爲修史之任務。若已認爲應代修史，即認爲現代所繼承之前

代。尊重現代，必並不厭薄於所繼承之前代，而後覺承統之有自。」
[91]回顧清初，滿洲定鼎北京後，其政治目標，並不是為了宣泄民
族仇恨，而是為了要取代明朝，統治全國，鞏固政權。因此，清
初君臣並未以明朝為仇敵，而代為纂修《明史》。譏諷亡國，醜
化敵人，歷代皆然，如元人譏宋，明復譏元。但清初諸帝頗不以
為然，他對明太祖、明成祖推崇備致，認為明太祖、明成祖雄才
大略，遠邁漢唐。清初所行之事，多因襲明初典章制度。此外，
仁宗、宣宗、孝宗，也都是賢君。清初君臣對纂修《明史》的積
極態度，反映清廷政策的成功。

　　《清代史》一書也指出，「明初代元，以胡俗為厭。天下既
定，即表彰元世祖之治，惜其子孫不能遵守。後代之於前代，評
量政治之得失，以為法戒，乃所以為史學。」[92]滿洲入主中原後，情
形類似，一方面表彰明初賢君，一方面評論明季政治得失。清初
君臣認為纂修《明史》的目的，就是考鏡得失。史書永垂後世，
最忌疏漏，必須考證精詳，公平論斷，方可傳信後世。《宋史》、
《元史》是非失實者頗多，康熙皇帝以為殷鑒，他認為《明史》
不可不成，公論不可不採，是非不可不明，人心不可不服。《明
史》從順治年間開始纂修，歷經康熙、雍正，至乾隆四十二年（
1777），前後一百二十餘年，正式告成，清初諸帝重視《明史》
的纂修，目的就在於傳信後世，使後人心服。修史直書事實，不
參看實錄，就無從得知虛實。康熙皇帝為使後世有所考據，又諭
令《明史》告成之日，即將新編《明史》與《明實錄》並存，以
俟公論於天下後世，清初君臣修史的客觀態度，是可以肯定的。

　　明代中葉以降，政治惡化，君臣失德，府藏告匱，太監肆橫，
竊弄國柄，陷害忠良。諸臣樹黨，各立門戶，互相排擠。道學之
人亦各持意見，互相結讐，造成政治的危機。明神宗在位期間，

晏處深宮，綱紀廢弛，君臣暌隔，盜賊四起，內憂外患，不可振
救。《清史稿》太宗本紀論贊已指出，明政不綱，盜賊憑陵，自
亡其國㉝。《明史》神宗本紀亦稱，「論者謂明之亡，實亡於神
宗，豈不諒歟？」㉞明思宗崇禎十七年，順治元年，歲次甲申（
1644），滿洲入關，定鼎北京，明室南渡，江左遺臣，迎立福
王，年號弘光，統系未絕，可比於宋室南渡。清高宗乾隆皇帝爲
維持正統，於甲申三月崇禎皇帝自縊以後，仍未遽書明亡。順治
二年（1645）五月，清軍陷南京，福王走蕪湖被執，乾隆皇帝
認爲這一年才是明朝覆亡的年分，「始大書明亡」。至於唐王、
桂王雖不得等於福王之例，但二王爲明室宗支，與異姓僭竊者不
同，本非僞託。而且隆武、永曆首尾十餘年，事蹟可考，固不必
概從貶斥爲僞，以昭史法。易言之，唐王、桂王，承襲先世封號，
受明遺臣擁立，都是合法政權。其事蹟與宋末帝昰、帝昺播遷無
異，統系未亡。永曆十五年，即順治十八年（1661），緬人執
獻桂王。後世史家公認至元十六年（1279）爲宋亡年分，則明
亡年分，亦可從宋史之例，以順治十八年（1661）爲明室覆亡
年分。

　　延平郡王鄭成功奉永曆正朔，領導義師，延續明室統系，繼
續抗清，以臺灣爲根據地，設立郡縣，規模宏遠，惜其子孫不能
遵守。康熙二十二年（1683），清廷領有臺灣，南明恢復事業，
正式結束。沈雲著《臺灣鄭氏始末》一書指出，康熙二十九年（
1690），清廷「以成功受封明室，非他僭竊比，令與其子經之
喪歸葬南安。」㉟連橫撰寫《臺灣通史》，是以歷代正史紀、志、表、
傳的體例，即以國別史來修臺灣史。連橫把鄭氏事蹟納入《建國
紀》，稱臺灣歸清爲亡國，確實是把臺灣當作一「國」來看待的，
這是連橫獨具匠心的設計。連橫要寫的「國」，是漢人的「國」，

是明亡之後，鄭氏在臺灣堅持二十多年的「國」⑯。康熙二十二
年，即永曆三十七年（1683），鄭克塽降清。《臺灣鄭氏始末》
亦稱，「臺灣自成功建國至歸入版圖，凡二十三年。」⑰鄭氏在
臺灣所建的「國」，就是永曆在臺灣的「國」。從南明史的角度
來詮釋《臺灣通史》的體例，可以看出連橫獨具匠心的設計，確
實具有時代的意義。

【註　釋】

① 《起居注冊》（臺北，國立故宮博物院），康熙三十一年正月二十
　九日，上諭。

② 《清聖祖仁皇帝實錄》，卷一一三，頁6，康熙二十二年十一月丁
　丑，上諭。

③ 《清聖祖仁皇帝實錄》，卷一一四，頁27，康熙二十三年三月丁亥，
　上諭。

④ 《起居注冊》，康熙二十九年二月初三日，上諭。

⑤ 《起居注冊》，康熙三十三年三月二十二日，記事。

⑥ 《起居注冊》，康熙三十一年正月二十日，上諭。

⑦ 《起居注冊》，康熙三十一年正月二十六日，上諭。

⑧ 《清聖祖仁皇帝實錄》，卷二一八，頁11，康熙四十三年十一月壬
　戌，上諭。

⑨ 同前注引書，卷二一八，頁12。

⑩ 《起居注冊》（臺北，國立故宮博物院），雍正十三年十二月二十
　七日，諭旨。

⑪ 《清聖祖仁皇帝實錄》，卷二四〇，頁9，康熙四十八年十一月癸
　未，上諭。

⑫ 《康熙起居注》（北京，中華書局，1984年8月），第三冊，頁

2459，康熙五十六年十一月二十四日，上諭。

⑬　《乾隆朝上諭檔》（北京，檔案出版社，1991年6月），第五冊，頁146，乾隆三十二年七月初八日，軍機大臣奏稿。

⑭　《乾隆朝上諭檔》，第七冊，頁655，乾隆三十九年八月初五日，字寄。

⑮　《乾隆朝上諭檔》，第七冊，頁878，乾隆四十年五月十八日，上諭。

⑯　《清高宗純皇帝實錄》，卷一〇三二，頁24，乾隆四十二年五月丁丑，上諭。

⑰　《明史》（臺北，鼎文書局，民國七十一年十一月）第一冊，頁138。

⑱　《明史》，第一冊，明附二—63。

⑲　《明史》，第一冊，頁138。

⑳　《明史》，第一冊，明附二—63。

㉑　《明史》，第一冊，頁139。

㉒　《明史》，第一冊，明附二—64。

㉓　《清聖祖仁皇帝實錄》，卷一六，頁11，康熙四年八月己巳，上諭。

㉔　《清世祖章皇帝實錄》，卷五四，頁3，順治八年閏二月癸丑，據剛林等奏。

㉕　《康熙起居注》，第二冊，頁1059，康熙二十二年八月二十八日，記事。

㉖　《康熙起居注》，第二冊，頁1617，康熙二十六年四月十二日，記事。

㉗　《起居注冊》，康熙二十九年二月初三日，記事。

㉘　《康熙起居注》，第三冊，頁2422，康熙五十六年八月初四日，上諭。

㉙　《起居注冊》，康熙三十一年正月二十九日，上諭。

㉚　《起居注冊》，康熙三十一年正月二十六日，上諭。

㉛　《乾隆朝上諭檔》，第十四冊，頁692，乾隆五十三年十一月十六日，清單。

㉜　李宗侗著《中國史學史》（臺北，華岡書局，民國六十四年四月），頁171。

㉝　《滿文老檔》（北京，中華書局，1990年3月），下冊，頁959，天聰三年十一月十五日，敕諭。

㉞　《清世祖章皇帝實錄》，卷二五，頁1，順治三年三月辛亥，記事。

㉟　《清世祖章皇帝實錄》，卷七一，頁24，順治十年正月丙申，記事。

㊱　《康熙起居注》，第二冊，頁1658，康熙二十六年七月二十四日，據伊桑阿奏。

㊲　《起居注冊》，康熙三十六年正月二十二日，上諭。

㊳　《雍正起居注冊》（北京，中華書局，1993年9月），第一冊，頁102，雍正元年九月十九日，上諭。

㊴　《明史》，太祖本紀三，頁56。

㊵　《雍正起居注冊》，第二冊，頁1575，雍正五年十一月初十日，上諭。

㊶　《明史》，卷八，頁112。

㊷　《起居注冊》，康熙三十一年正月二十六日，上諭。

㊸　《明史》，卷九，頁126。

㊹　《清世祖章皇帝實錄》，卷一三六，頁11，順治十七年六月己丑，據禮部奏。

㊺　《雍正起居注冊》，第三冊，頁2409，雍正六年十一月十一日，諭旨。

㊻　《明史》，卷一五，頁196。

㊼ 《康熙起居注》，第一冊，頁446，康熙十八年十月十六日，記事。

㊽ 《康熙起居注》，第一冊，頁452，康熙十八年十月二十六日，記事。

㊾ 《康熙起居注》，第二冊，頁987，康熙二十二年四月初九日，記事。

㊿ 《康熙起居注》，第三冊，頁1901，康熙二十八年九月十八日，記事。

(51) 《起居注冊》，康熙三十三年七月二十一日，記事。

(52) 《康熙起居注》，第二冊，頁1156，康熙二十三年三月二十一日，上諭。

(53) 《起居注冊》，康熙四十年五月二十五日，上諭。

(54) 《康熙起居注》，第一冊，頁514，康熙十九年三月二十三日，上諭。

(55) 《起居注冊》，康熙四十二年四月二十三日，上諭。

(56) 《康熙起居注》，第三冊，頁2193，康熙五十三年六月初六日，上諭。

(57) 《起居注冊》，康熙四十二年四月二十三日，上諭。

(58) 《起居注冊》，康熙三十三年閏五月十四日，記事。

(59) 《清太宗文皇帝實錄》，初纂本（臺北，國立故宮博物院），卷一六，頁22，天聰八年九月初一日，書信。

(60) 《明史》，卷一四七，袁崇煥列傳，頁6719。

(61) 《清太宗文皇帝實錄》，初纂本，卷四，頁32，天聰三年十一月二十七日，記事。

(62) 《明史》，卷一四七，頁6719。

(63) 《清世祖章皇帝實錄》，卷一〇，頁7，順治元年十月戊辰，據郝傑奏。

㊻ 《清世祖章皇帝實錄》，卷一七，頁11，順治二年六月戊辰，據孫之獬奏。

㊽ 《起居注冊》，康熙三十三年閏五月十四日，上諭。

㊾ 《清聖祖仁皇帝實錄》，卷二四〇，頁10，康熙四十八年十一月癸未，上諭。

㊿ 《明史》，卷三〇五，魏忠賢列傳，頁7816。

㊌ 《起居注冊》，康熙四十二年四月二十三日，記事。

㊍ 《乾隆朝上諭檔》，第十一冊，頁128，乾隆四十七年四月十七日，內閣奉上諭。

㊎ 《起居注冊》，康熙三十六年二月初二日，記事。

㊏ 《明史》，卷一八，頁250。

㊐ 《雍正朝起居注冊》，第四冊，頁3129，雍正七年九月十二日，上諭。

㊑ 《雍正朝起居注冊》，第四冊，2912，雍正七年六月二十六日，內閣奉上諭。

㊒ 《明史》，卷二一，頁294。

㊓ 《明史》，卷二二，頁307。

㊔ 《乾隆朝上諭檔》，第十二冊，頁197，乾隆四十九年七月初一日，上諭。

㊕ 《清世祖章皇帝實錄》，卷一〇七，頁5，順治十四年二月甲申，上諭。

㊖ 《清世祖章皇帝實錄》，卷一三〇，頁10，順治十六年十一月甲申，上諭。

㊗ 《清初內國史院滿文檔案譯編》（北京，光明日報出版社，1989年10月），（中），頁43，順治元年六月二十日，敕諭。

㊘ 《清世祖章皇帝實錄》，卷一八，頁14，順治二年閏六月壬辰，上

諭。

㉛　《清初內國史院滿文檔案譯編》，（中），頁131，順治二年八月
　　十七日，多爾袞諭旨。

㉜　《起居注冊》，康熙三十一年正月二十九日，上諭。

㉝　《明史》，莊烈帝本紀，卷二四，頁335。

㉞　《康熙起居注》，第二冊，頁1247，康熙二十三年十一月初二日，
　　御製過金陵論。

㉟　《乾隆朝上諭檔》，第八冊，頁675，乾隆四十二年六月十二日，
　　內閣奉上諭。

㊱　《乾隆朝上諭檔》，第八冊，頁77，乾隆四十年閏十月二十五日，
　　內閣奉上諭。

㊲　同注㊱。

㊳　《乾隆朝上諭檔》，第四冊，頁896，乾隆三十一年五月二十六日，
　　內閣奉上諭。

㊴　陳捷先著《明清史》（臺北，三民書局，民國七十九年十二月），
　　頁208。

㊵　《清代全史》（瀋陽，遼寧人民出版社，1991年7月），第二卷，
　　頁4。

㊶　孟森著《清代史》（臺北，正中書局，民國五十一年十月），頁2。

㊷　同注㊶。

㊸　《清史稿校註》（臺北，國史館，民國七十五年二月），第一冊，
　　頁70。

㊹　《明史》卷二一，頁294。

㊺　沈雲著《臺灣鄭氏始末》（臺北，臺灣銀行經濟研究室，民國四十
　　七年六月），頁79。

㊻　鄧孔昭編著《臺灣通史辨誤》（南昌，江西人民出版社，1990年4

月），頁350。

⑨　《臺灣鄭氏始末》，頁79。

文獻足徵──《滿文原檔》
與清史研究

一、滿文的創製經過

　　我國歷代以來，就是一個多民族的國家，各兄弟民族多有自己的民族語言和文字，滿文是滿族倣照蒙古文字所創造的一種新文字。探討蒙古文字的由來，有助於說明滿文的起源。據《元史》的記載，成吉思汗征伐乃蠻時，俘獲乃蠻太陽汗的掌印官塔塔統阿。成吉思汗見他爲人忠誠，就派他繼續掌管印信。塔塔統阿是畏兀兒人，於是令塔塔統阿以畏兀兒文書寫蒙古語音①，這是蒙古族正式使用自己新文字的開始。蒙古初期的文字是由二十一個字母組成，其中元音五個，輔音十六個②。後世出土的碑銘，有所謂《成吉思汗石碑文書》，是宋理宗寶慶元年（1225）成吉思汗次弟合撒兒之子也孫格所豎立的紀功碑。碑文由上而下，從左至右，直行書寫，與老畏兀兒文的字體相似，後世遂稱這種畏兀兒體的蒙古文字爲舊蒙文或老蒙文，其字母較容易書寫，使用簡便，流傳較久。由於成吉思汗採行畏兀兒體文字爲蒙古通行文字，因此，許多通畏兀兒文的畏兀兒人開始大量登用，或教諸王及諸皇子讀書，或任必闍赤即秘書等職③，於是更加促進了蒙古文化的發展。

　　元世祖忽必烈汗爲了繙譯梵文和藏文佛經的方便，於中統元年（1260）命國師八思巴喇嘛創造蒙古新字。八思巴喇嘛將梵文和藏文融合的然匝體字母改造成四方形的音標，共有四十一個

字母，約千餘字，自左至右書寫，稱爲蒙古新字，於元世祖至元六年（1269）正式頒佈使用。蒙古新字講求諧聲，其讀音較老蒙文正確得多，但是過於繁雜，不容易書寫，流傳不廣，以致隨著元朝的覆亡而消失。

元順帝至正八年（1348）所立莫高窟六字眞言，分別以漢文、西夏文、梵文、藏文、蒙古新字及老蒙文等六體文字書寫。碑文居中右側爲漢文，作「唵嘛呢八咪吽」，讀如 "Om mani padme hūm"；居中左側左起一行就是畏兀兒體由上而下直行書寫的老蒙文，滿文的創造，就是由畏兀兒體的老蒙文脫胎而來。

滿洲先世，出自女眞，蒙古滅金後，女眞遺族散居於混同江流域，開元城以北，東濱海，西接兀良哈，南鄰朝鮮。由於元朝蒙古對東北女眞的長期統治，以及地緣的便利，在滿洲崛起以前，女眞與蒙古的接觸，已極密切，蒙古文化對女眞產生了很大的影響，女眞地區除了使用漢文外，同時也使用蒙古語言文字。明代後期，滿族的經濟與文化，進入迅速發展階段，但在滿洲居住的地區，仍然沒有自己的文字，其文移往來，主要使用蒙古文字，必須「習蒙古書，譯蒙古語通之。」使用女眞語的滿族書寫蒙古文字，未習蒙古語的滿族則無從了解，這種現象實在不能適應新興滿族共同的需要。明神宗萬曆二十七年（1599）二月，清太祖努爾哈齊命巴克什額爾德尼等人創造滿文。《清太祖武皇帝實錄》記載如下：

> 太祖欲以蒙古字編成國語，榜識厄兒得溺、剛蓋對曰：「我等習蒙古字，始知蒙古語，若以我國語編創譯書，我等實不能。」太祖曰：「漢人念漢字，學與不學者皆知；蒙古之人念蒙古字，學與不學者亦皆知。我國之言，寫蒙古之字，則不習蒙古語者，不能知矣，何汝等以本國言語編

字爲難，以習他國之言爲易耶？」剛蓋、厄兒得溺對曰：

「以我國之言編成文字最善，但因翻編成句，吾等不能，

故難耳。」太祖曰：「寫阿字下合一媽字，此非阿媽乎（

阿媽，父也）？厄字下合一脈字，此非厄脈乎（厄脈，母

也）？吾意決矣，爾等試寫可也。」于是自將蒙古字編成

國語頒行，創制滿洲文字，自太祖始④。

前引「國語」，即滿洲語；榜識厄兒得溺，即巴克什額爾德尼；
剛蓋，即扎爾固齊噶蓋。清太祖努爾哈齊爲了文移往來及記注政
事的需要，即命巴克什額爾德尼傲照老蒙文創制滿文，亦即以老
蒙文字母爲基礎，拼寫女眞語音，聯綴成句。例如將蒙古字母的
「ᡜ」(a)字下接「ᠠ」(ma)字就成「ᡝ」(ama)，意即父親。將
老蒙文字母的「ᡝ」(e)字下接「ᠠ」(me)字，就成「ᡝ」(eme)，
意即母親。這種由畏兀兒體老蒙文脫胎而來的初期滿文，在字旁
未加圈點，僅稍改變老蒙文的字母形體。但因其未加圈點，不能
充分表達女眞語言，而且因滿族和蒙古的語音，彼此不同，所借
用的老蒙文字母，無從區別人名、地名的讀音，往往彼此雷同。
清太宗天聰六年（1632）三月，皇太極命巴克什達海將初期滿
文在字旁加置圈點，使音義分明，同時增添一些新字母，使滿文
的語音、形體更臻完善，區別了原來容易混淆的語音。清太祖時
期的初創滿文，稱爲老滿文，又稱無圈點滿文。巴克什達海奉命
改進的滿文，稱爲新滿文，又稱加圈點滿文。臺北國立故宮博物
院典藏清史館纂修《國語志》稿本，其卷首有奎善撰〈滿文源流〉
一文。原文有一段敍述說：「文字所以代結繩，無論何國文字，
其糾結屈曲，無不含有結繩遺意。然體制不一，則又以地勢而殊。
歐洲多水，故英、法諸國文字橫行，如風浪，如水紋。滿洲故里
多山林，故文字矗立高聳，如古樹，如孤峯。蓋造文字，本乎人

心，人心之靈，實根於天地自然之理，非偶然也。」⑤滿文是一
種拼音文字，由上而下，由左而右，直行書寫，字形矗立高聳，
滿文的創造，有其文化、地理背景，的確不是偶然的。從此，滿
洲已有能準確表達自己語言的新文字，由於滿文的創造及改進，
更加促進了滿洲文化的發展。

二、《滿文原檔》的重抄與庋藏

　　清太祖、太宗時期，滿洲記注政事及抄錄往來文書的檔冊，
主要是以無圈點老滿文及加圈點新滿文記載的老檔，可以稱之為
《滿文原檔》。滿洲入關後，《滿文原檔》由盛京移至北京，由
內閣掌管，內閣檔案中有老檔出納簿，備載閣僚借出卷冊時日，
及繳還後塗銷的圖記⑥。八旗為查明牛彔根由，及解決承襲爭執
問題，亦常查閱實錄及《滿文原檔》。例如雍正十三年（1735）
十月十八日，和碩莊親王允祿具摺指出滿洲八旗皆有收貯抄寫的
實錄，八旗承襲官員發生爭執及查明牛彔根由時，俱以實錄為依
據。惟因各旗查閱實錄時，旗上人員眾多，不免洩漏，甚至有無
知之輩，每乘查閱檔冊之便，見有與其祖先名字雷同者，即行記
下，橫生枝節，爭索互控，堅持不讓。因旗上無法決斷，仍須行
文內閣查閱實錄及無圈點檔冊。因此，允祿奏請將八旗所收貯的
實錄俱送交內閣，嗣後八旗若有應查事件，即循例行文內閣查閱
實錄及無圈點檔冊⑦。莊親王允祿所指無圈點檔冊，就是指《滿
文原檔》。乾隆六年（1741），清高宗鑒於內閣大庫所藏無圈
點檔冊，年久敝舊，所載字畫，與乾隆年間通行的新滿文不同，
諭令大學士鄂爾泰等人按照新滿文，編纂無圈點字書，書首附有
奏摺，其內容如下：

　　　　內閣大學士太保三等伯臣鄂爾泰等謹奏，為遵旨事。乾隆

六年七月二十一日奉上諭：「無圈點字原係滿文之本，今若不編製成書貯藏，日後失據，人將不知滿文肇端於無圈點字。著交鄂爾泰、徐元夢按照無圈點檔，依照十二字頭之順序，編製成書，繕寫一部。並令宗室覺羅學及國子監各學各鈔一部貯藏。欽此。」臣等詳閱內閣庫存無圈點檔，現經雖不用此體，而滿洲文字實肇基於是。且八旗牛彔之淵源，賞給世職之緣由，均著於斯。檔內之字，不僅無圈點，復有假借者，若不融會上下文字之意義，誠屬不易辨識。今奉聖旨編書貯藏，實為注重滿洲文字之根本，不失其考據之至意。臣謹遵聖旨，將檔內之字，加設圈點讀之。除可認識者外，其有與今之字體不同，及難於辨識者，均行檢出，附註現今字體，依據十二字頭編製成書，謹呈御覽。俟聖裁後，除內閣貯藏一部外，並令宗室覺羅學及國子監等學各鈔一部貯存，以示後人知滿洲文字肇端於此。再查此檔因年久殘闕，既期垂之永久，似應逐頁托裱裝訂，為此謹奏請旨。乾隆六年十一月十一日，大學士太保三等伯鄂爾泰、尚書銜太子少保徐元夢奏。本日奉旨：「將此摺錄於書首，照繕三帙呈請，餘依議。」⑧

由鄂爾泰、徐元夢奏摺可知清高宗對《滿文原檔》的重視。內閣大庫所存《無圈點檔》就是《滿文原檔》中使用無圈點老滿文書寫的檔冊，記錄了八旗牛彔的淵源，及賞給世職的緣由等等。但因《無圈點檔》年久殘闕，所以鄂爾泰等人奏請逐頁托裱裝訂。鄂爾泰等人遵旨編纂的無圈點十二字頭，就是所謂無圈點字書（tongki fuka akū hergen i bithe）。

乾隆四十年（1755）二月十二日，軍機大臣具摺奏稱：「內閣大庫恭藏無圈點老檔，年久觥舊，所載字畫，與現行清字不

同。乾隆六年奉旨照現行清字纂成無圈點十二字頭，以備稽考。
但以字頭釐正字蹟，未免逐卷翻閱，且老檔止此一分，日久或致
擦損，應請照現在清字，另行音出一分，同原本恭藏。」奉旨：
「是，應如此辦理。」⑨所謂《無圈點老檔》，就是內閣大庫保
存的原本，亦即《滿文原檔》。軍機大臣奏准依照通行新滿文另
行音出一分後，即交國史館纂修等官，加置圈點，陸續進呈。惟
其重抄工作進行緩慢，同年三月二十日，大學士舒赫德等又奏稱：
「查老檔原頁共計三千餘篇，今分頁繕錄，並另行音出一分；篇
頁浩繁，未免稽延時日。雖老檔卷頁，前經裱托；究屬年久鈔舊，
恐日久摸擦，所關甚鉅。必須迅速趕辦，敬謹尊藏，以昭慎重。」⑩
重抄的本子有兩種：一種是依照當時通行的新滿文繕寫並加簽注
的重抄本；一種是仿照無圈點老滿文的字體抄錄而刪其重複的重
抄本。乾隆四十三年（1778）十月以前完成繕寫的工作，貯藏
於北京大內，可稱之爲北京藏本。乾隆四十五年（1780）初，
又按無圈點老滿文及加圈點新滿文各抄一分，齎送盛京崇謨閣貯
藏。福康安於〈奏聞尊藏老檔等由〉一摺指出：

> 乾隆四十五年二月初四日，盛京戶部侍郎全魁自京回任，
> 遵旨恭齎無圈點老檔前來，奴才福康安謹即出郭恭請聖安，
> 同侍郎全魁恭齎老檔至內務府衙門，查明齎到老檔共十四
> 包，計五十二套，三百六十本，敬謹查收。伏思老檔乃紀
> 載太祖、太宗發祥之事實，理宜遵旨敬謹尊藏，以垂久遠。
> 奴才福康安當即恭奉天命年無圈點老檔三包，計十套，八
> 十一本；天命年加圈點老檔三包，計十套，八十一本，於
> 崇謨閣太祖實錄、聖訓匣內尊藏。恭奉天聰年無圈點老檔
> 二包，計十套，六十一本；天聰年加圈點老檔二包，計十
> 套，六十一本。崇德年無圈點老檔二包，計六套，三十八

本；崇德年加圈點老檔二包，計六套，三十八本，於崇謨
閣太宗實錄、聖訓匣內尊藏，並督率經管各員，以時晒晾，
永遠妥協存貯⑪。

福康安奏摺已指出崇謨閣尊藏的抄本，分爲二種：一種是《無圈
點老檔》，內含天命朝、天聰朝、崇德朝，共七包，二十六套，
一百八十本；一種是《加圈點老檔》，內含天命朝、天聰朝、崇
德朝，共七包，二十六套，一百八十本。福康安奏摺於乾隆四十
五年（1780）二月初十日具奏，同年三月十七日奉硃批。福康
安奏摺中所謂《無圈點老檔》和《加圈點老檔》，都是重抄本，
不是《滿文原檔》，亦未使用《滿文老檔》的名稱。貯藏盛京崇
謨閣的老檔重抄本，可以稱之爲盛京藏本。乾隆年間重抄本，無
論是北京藏本或盛京藏本，其書法及所用紙張，都與滿洲入關前
記錄的《滿文原檔》不同。北京藏本與盛京藏本，在內容及外形
上並無差別，「唯一不同的是北平藏本中有乾隆朝在文裡很多難
通晦澀的詞句間所加的附註，而盛京本沒有。」⑫

　　自從乾隆年間整理《滿文原檔》，托裱裝訂，重抄貯藏，編
纂字書以後，此類珍貴的滿文檔冊，始終藏於秘府，直到二十世
紀初期，始被人再度發現。內閣大庫檔案的被發現，是近世以來
新出四種重要史料之一，其中又以清太祖、清太宗兩朝的《滿文
原檔》及其重抄本最爲珍貴。近世以來首先發現的是盛京藏本，
清德宗光緒三十一年（1905），日本學者內藤虎次郎訪問瀋陽，
看到崇謨閣貯藏的《無圈點老檔》和《加圈點老檔》重抄本。宣
統三年（1911），內藤虎次郎第二次往訪瀋陽時，用曬藍的方
法，將盛京藏本複印一套，計四千多張，返國後撰寫〈清朝開國
期的史料〉一文，刊載於《藝文雜誌》第十一、二號，公開介紹
這批檔案，並開列每套每冊的記事年月。爲了方便，內藤虎次郎

稱這批滿文檔冊爲《滿文老檔》，從此以後，《滿文老檔》就成
了清太祖、清太宗兩朝各種滿文檔冊的通稱。其實，《滿文老檔》
這個名稱只是指乾隆年間盛京崇謨閣貯藏的重抄本。民國七年（
1918），金梁節譯乾隆年間重抄本部分史事，刊印《滿洲老檔
秘錄》，簡稱《滿洲秘檔》。民國二十年（1931）三月，北平
故宮博物院文獻館整理內閣東庫檔案時發現一批滿文檔冊，原檔
長短厚薄不一，長者61公分，短者41公分，厚者五百餘頁，薄
者僅九頁。《文獻叢編》有一段說明文字稱：「滿文老檔，舊藏
內閣大庫，爲清未入關時舊檔。民國二十年三月，本館整理內閣
東庫檔案，發現是檔三十二冊，原按千字文編號，與今所存者次
序不連，似非全數。原檔多用明代舊公文或高麗箋書寫，字爲無
圈點之滿文，且時參以蒙字。」⑬說明中指出，「此檔無圈點，
時參以蒙字，故知爲天命、天聰時物也。」內閣東庫所藏這批滿
文參以蒙字的舊檔，就是《滿文原檔》，說明文字稱之爲《滿文
老檔》，容易與乾隆年間重抄本混淆。民國二十三年（1934），
方甦生撰〈內閣舊檔輯刊敍錄〉一文中指出貯存於文獻館的老檔，
計三十七冊。其記事年代始自萬曆三十五年（1607），迄崇德
元年（1636）。此三十七冊，形式極不一致，最厚者達五百餘
頁，最薄者二頁：最寬者爲47公分，最窄者爲24公分：最長者
爲60.6公分，最短者爲36公分⑭。民國二十四年（1935），文獻
館整理內閣大庫殘檔時，又發現《滿文原檔》三冊：一爲清太祖
天命九年（1624）及十一年（1626）合訂的記事檔；一爲清太
宗天聰六年（1632）的記事檔；一爲天聰九年（1635）全年分
的記事檔。以上三冊，均未裝裱，而其字體及記事體裁，與已裝
裱者，頗爲相近，當爲乾隆六年（1741）托裱裝訂時所未見者。
文獻館前後所發現的四十冊《滿文原檔》於文物南遷時，俱疏遷

於後方，臺北國立故宮博物院現藏者，即此四十冊《滿文原檔》。
民國二十五年（1936）三月，文獻館又在內閣大庫裡發現崇德
三年（1638）全年分的《滿文原檔》一冊，因發現較晚，未能
隨其他文物同時南遷。此外，中央研究院歷史語言研究所現藏明
清檔案中含有《滿文原檔》部分殘檔，為散遺於內閣大庫者，包
括天命四年（1619）七月攻克遼陽、瀋陽後文武官員的宣誓書，
天聰五年（1631），初設六部的記事原檔等等，都是無圈點老
滿文檔冊的散頁，《明清檔案存真選輯》，第二輯曾選件介紹⑮。昭
和三十三年（1958）、三十八年（1963），日本東洋文庫譯註
出版清太祖、太宗兩朝老檔，題為《滿文老檔》，共七冊。民國
五十八年（1969），臺北國立故宮博物院影印出版《滿文原檔》，
精裝十冊，題為《舊滿洲檔》，「主要的相信這個名稱既可以分
別舊檔與乾隆重鈔本在時間上的有先後，同時也可以包含早期滿
洲人在關外用老滿文和新滿文兩種文體所記的檔案。」⑯昭和四
十七年（1972），東洋文庫清代史研究室譯註出版天聰九年（
1635）分原檔，題為《舊滿洲檔》，共二冊。一九七九年十二
月，遼寧大學歷史系據日譯本《舊滿洲檔》天聰九年分二冊，譯
出漢文，題為《滿文舊檔》。民國五十四年（1965）六月，《
中國東亞學術研究計劃委員會年報》，第四期，刊載廣祿等撰〈
老滿文原檔與滿文老檔之比較研究〉一文。民國五十九年（
1970）三月，廣祿等譯註出版《清太祖老滿文原檔》。所謂《
老滿文原檔》即臺北國立故宮博物院現藏《滿文原檔》，內含無
圈點老滿文和加圈點新滿文檔冊。廣祿等指出，「由於中外學者
習慣上稱乾隆重鈔本為《滿文老檔》，所以我們把乾隆隆重鈔本
所根據的三十七冊老滿文檔冊，叫做《老滿文原檔》。」⑰乾隆
年間重抄本所根據的三十七冊滿文檔冊，除老滿文外，還有新滿

文，使用《老滿文原檔》的名稱，並不周延，容易使人誤解。一
九八八年十月，季永海等譯註出版崇德三年（1638）分滿文檔
冊，題爲《崇德三年檔》。一九九〇年三月，中華書局出版《滿
文老檔》，共二冊。原書前言中有一段說明：「《滿文老檔》是
用初創的無圈點老滿文與改進後的半圈點的過渡階段的滿文書寫，
文字古老，記述多用口語，句型簡短，結構不嚴謹，語法不規範，
夾書蒙語與漢語借詞，其中許多語詞在清入關後已被淘汰，它也
是研究我國滿族語言文字發展變化史及其文書制度的珍貴文獻。」⑱
原書凡例中指出該書的命名，係根據國內外史學界的慣稱而謂之
《滿文老檔》。《滿文老檔》作爲篇名，始自內藤虎次郎，爲了
方便使用，可將乾隆年間重抄本稱之爲《滿文老檔》，原書前言
的一段說明，是指《滿文老檔》重抄本所根據的三十七冊原檔而
言。每一種不同的名稱，多少含有不同的意義，爲使名實相符，
使用方便，取諸家異說之長，可將臺北國立故宮博物院現藏四十
冊的無圈點老滿文檔冊和加圈點新滿文檔冊，正名爲《滿文原檔》。
神田信夫撰〈滿洲國號考〉一文已指出「向來我們研究清初歷史
時可以利用的重要文獻是《滿文老檔》。前人指出這本書雖是乾
隆朝時寫的，但把原本即清初的所謂《滿文原檔》忠實地抄錄下
來。一九三一年在北平故宮內閣大庫發現了《滿文原檔》三十七
冊。」⑲《滿文原檔》就是《滿文老檔》重抄時所根據的滿洲入
關前滿文舊檔，彼此不致混淆。

三、《滿文原檔》的典藏概況

　　《滿文原檔》的記事，固然有重複，其次序尤其混亂。民國
五十八年（1969），臺北國立故宮博物院爲影印出版《舊滿洲
檔》，曾經新編了一個目錄。現藏《滿文原檔》四十冊中，清太

祖朝與清太宗朝各佔二十冊，原按千字文編號。

　　第一冊，原編荒字，故宮編號第七冊，內編荒1至荒143號，其中荒132兩葉編號重複，冊縱57公分，橫22.5公分。相當《舊滿洲檔》第1冊，頁1至294，扣除空白頁，計 210頁。高麗箋紙，以無圈點老滿文書寫，記事始自明神宗萬曆三十五年（1607）三月，迄清太祖天命四年（1619）三月止。其中荒22號末行上方粘貼朱籤標明「三四字是愛新覺羅始見於此，最有關係，可攝影」等字樣，《舊滿洲檔》第一冊，頁43將朱籤文字刪略未刊。

　　第二冊，原編昃字，故宮編號第十一冊，內編昃139號，冊縱49.6公分，橫32公分。相當《舊滿洲檔》第一冊，頁296至572，計272頁。高麗箋紙，無圈點老滿文，記事始自萬曆四十三年（1615）六月，迄天命五年（1620）九月止。

　　第三冊，原編張字，故宮編號第十五冊，內編張555號，冊縱43.9公分，橫40公分。相當《舊滿洲檔》第二冊，頁573至1132，計559頁。明代舊公文紙，無圈點老滿文，記事始自天命六年（1621）二月，迄天命七年（1622）四月止。

　　第四冊，原編來字，故宮編號第十七冊，內編來52號，冊縱46.8公分，橫34公分。相當《舊滿洲檔》第三冊，頁1133至1234，計99頁。明代舊公文紙，無圈點老滿文，記事始自天命六年（1621）七月，迄同年十一月止。

　　第五冊，原編辰字，故宮編號第十二冊，內編辰54號，冊縱50公分，橫 27.1公分。相當《舊滿洲檔》第三冊，頁1235至1292，計57頁。明代舊公文紙，無圈點老滿文，記事始自天命七年（1622）三月，迄同年六月止。

　　第六冊，原編列字，故宮編號第十四冊，內編列219號，冊縱43.8公分，橫39.8公分。相當《舊滿洲檔》第三冊，頁1293至

1511，計219頁。明代舊公文紙，無圈點老滿文，記事始自天命八年（1623）正月，迄同年五月止。

　　第七冊，原編冬字，故宮編號第二十冊，內編冬44號，冊縱42公分，橫　36.8公分。相當《舊滿洲檔》第三冊，頁1512至1596，計82頁。高麗箋紙，部分老滿文帶有圈點，記事始自天命八年（1623）正月，迄同年五月止。

　　第八冊，原編盈字，故宮編號第十冊，內編盈98號，冊縱45.4公分，橫39.4公分。相當《舊滿洲檔》第四冊，頁1597至1694，計98頁。明代舊公文紙，無圈點老滿文，內含部分蒙文，記事始自天命八年（1623）六月，迄同年七月止。

　　第九冊，原編寒字，故宮編號第十六冊，內編寒98號，冊縱47公分，橫　36.6公分。相當《舊滿洲檔》第四冊，頁1695至1838，計138頁。明代舊公文紙及高麗箋紙，無圈點老滿文，記事含天命九年（1624）正月、六月分，部分記事旁有滿文繙譯。現存寒字檔，缺寒99號，計2頁，經清點查明於民國五十八年（1969）拆線照相時，因人為疏忽遺失。

　　第十冊，原編收字，故宮編號第三十四冊，內編收56號，冊縱47.7公分，橫34.8公分。相當《舊滿洲檔》第四冊，頁1839至1592，計106頁，高麗箋紙，字形近似新滿文，記事始自天命十年（162）正月，迄同年十一月止，內缺九月分。

　　第十一冊，原編黃字，故宮編號第三冊，內編黃42號，冊縱49.8公分，橫35.7公分。相當《舊滿洲檔》第四冊，頁1953至2036，計80頁，高麗箋紙，無圈點老滿文，內為天命十一年（1626）五月分記事。

　　第十二冊，原編宙字，故宮編號第五冊，內編宙88號，冊縱49公分，橫　40.8公分。相當《舊滿洲檔》第五冊，頁2037至

2130，明代舊公文紙，無圈點老滿文，內含天命七年（1622）正月，八年（1623）五、六、八、九月，九年（1624）正、二、四、六，十年（1625）正、二、八月，十一年（1626）三、五、六、閏六、七、八等月分記事。

第十三冊，原無編號，故宮編號滿附第一冊，冊縱35.1公分，橫26.2公分。相當《舊滿洲檔》第五冊，頁2131至2162，計31頁，高麗箋紙，無圈點老滿文，內含天命九年（1624）正、二月，十一年（1626）七、八月分記事。

第十四冊，原編洪字，故宮編號第六冊，內編洪113號，冊縱49.6公分，橫32公分。相當《舊滿洲檔》第五冊，頁2163至2280，計117頁。明代舊公文紙及高麗箋紙，字形不一，內含無圈點老滿文，半加圈點的過渡期滿文，完全加圈點的新滿文，包括清太祖、太宗兩朝無年月檔，及萬曆三十八年分記事。

第十五冊，原編藏字，故宮編號第二十一冊，內編藏27號，冊縱48.2公分，橫30.4公分。相當《舊滿洲檔》第五冊，頁2281至2336，計53頁。明代舊公文紙及高麗箋紙，無圈點老滿文，係天命八年（1623）頒給投降漢官的敕書檔。

第十六冊，原編往字，故宮編號第十九冊，內編往53號，冊縱39.8公分，橫24.2公分。相當《舊滿洲檔》第五冊，頁2337至2396，計59頁，明代舊公文紙，無圈點老滿文，係清太祖朝無年月檔，記載有關八旗官員的誓文與敕書。

第十七冊，原編宿字，故宮編號第十三冊，內編宿42號，冊縱43公分，橫28.3公分。相當《舊滿洲檔》第五冊，頁2397至2480，計84頁。明代舊公文紙，無圈點老滿文刻本，係清太祖朝無年月敕書檔。

第十八冊，原編露字，故宮編號第三十三冊，內編露10號，

冊縱55.2公分，橫29.6公分。相當《舊滿洲檔》第五冊，頁2481
至2490，計10頁，高麗箋紙，無圈點老滿文，係清太祖朝無年
月檔。

　　第十九冊，原編致字，故宮編號第三十六冊，內編致35號，
冊縱42.5公分，橫30.5公分。相當《舊滿洲檔》第五冊，頁2491
至2525，計35頁。明代舊公文紙，無圈點老滿文，係清太祖朝
無年月檔。

　　第二十冊，原無編號，故宮編號第三十五冊，冊縱47.3公分，橫
31.1公分。相當《舊滿洲檔》第五冊，頁2527至2558，計32頁，
係清太祖朝殘破檔。

　　第二十一冊，原編天字，故宮編號第一冊，內編天82號，冊
縱54.5公分，橫42.7公分。相當《舊滿洲檔》第六冊，頁2559至
2722，計158頁，高麗箋紙，無圈點老滿文，內含後來增改的新
滿文，記事始自天聰元年（1627）正月，迄同年十二月止。

　　第二十二冊，原編歲字，故宮編號第二十五冊，內編歲33號，
冊縱41.5公分，橫24公分。相當《舊滿洲檔》第六冊，頁2723至
2788，計64頁，高麗箋紙，無圈點老滿文，內含後來增改的新
滿文，記事始自天聰二年（1628）正月，迄同年四月止。

　　第二十三冊，原編閏字，故宮編號第二十二冊，內編閏38號，
冊縱47.3公分，橫39.2公分。相當《舊滿洲檔》第六冊，頁2789
至2864，計72頁，高麗箋紙，無圈點老滿文，內含後來增改的
新滿文，記事始自天聰二年（1628），迄同年十二月止。

　　第二十四冊，原編陽字，故宮編號第二十九冊，內編陽3號，
冊縱36.1公分，橫24.1公分。相當《舊滿洲檔》第六冊，頁2865
至2868，計4頁，高麗箋紙，無圈點老滿文，係天聰三年（1629）正
月、二月、閏四月分記事檔。

　　第二十五冊，原編秋字，故宮編號第三十七冊，內編秋44號，冊縱42公分，橫29公分。相當《舊滿洲檔》第六冊，頁2869至2954，計84頁，高麗箋紙，無圈點老滿文，記事始自天聰三年（1629）十月，迄同年十二月止。

　　第二十六冊，原編調字，故宮編號第二十八冊，內編調55號，冊縱42.8公分，橫27.2公分。相當《舊滿洲檔》第六冊，頁2955至3054，計96頁，高麗箋紙，無圈點老滿文，係天聰四年（1630）正月至三月分記事檔。

　　第二十七冊，原編月字，故宮編號第九冊，內編月68號，冊縱42.3公分，橫29.7公分。相當《舊滿洲檔》第七冊，頁3055至3184，計121頁，高麗箋紙，無圈點老滿文，內含部分蒙文，記事始自天聰四年（1630）正月，迄同年五月止。

　　第二十八冊，原編雨字，故宮編號第三十二冊，內編雨16號，冊縱41.3公分，橫27.4公分。相當《舊滿洲檔》第七冊，頁3185至3216，計29頁，高麗箋紙，無圈點老滿文，記事始自天聰四年（1630）二月，迄同年五月止。

　　第二十九冊，原編雲字，故宮編號第三十冊，內編雲4號，冊縱44公分，橫28公分。相當《舊滿洲檔》第七冊，頁3217至3224，計7頁，高麗箋紙，無圈點老滿文及蒙文，係天聰四年（1630）三月、四月分記事檔。

　　第三十冊，原編騰字，故宮編號第三十一冊，內編騰9號，冊縱46.7公分，橫28.3公分。相當《舊滿洲檔》第七冊，頁3225至3240，計15頁，高麗箋紙，無圈點老滿文，係天聰四年（1630）三月至五月分記事檔。

　　第三十一冊，原編呂字，故宮編號第二十七冊，內編呂66號，冊縱38.2公分，橫24.7公分。相當《舊滿洲檔》第七冊，頁3241

至3372，計131頁，高麗箋紙，無圈點老滿文，係天聰四年（1630）四月至六月分記事檔。

第三十二冊，原編暑字，故宮編號第十八冊，內編暑50號，冊縱48.9公分，橫34.6公分。相當《舊滿洲檔》第七冊，頁3373至3470，計93頁，高麗箋紙，無圈點老滿文，記事始自天聰五年（1631）正月，迄同年十二月止，內缺八、九、十月分。

第三十三冊，原編餘字，故宮編號第二十三冊，內編餘45號，冊縱46.4公分，橫38.3公分。相當《舊滿洲檔》第七冊，頁3471至3562，計86頁，高麗箋紙，無圈點老滿文，係天聰五年（1631）七月、八月、九月分記事檔。

第三十四冊，原編律字，故宮編號第二十六冊，內編律17號，冊縱48.7公分，橫40.5公分。相當《舊滿洲檔》第七冊，頁3563至3596，計29頁，高麗箋紙，無圈點老滿文，係天聰五年（1631）十月分記事檔。

第三十五冊，原編成字，故宮編號第二十四冊，內編成26號，冊縱59公分，橫42.2公分。相當《舊滿洲檔》第八冊，頁3597至3648，計48頁，高麗箋紙，無圈點老滿文，內含天聰三年（1629）正月、二月、四月、六月、七月，天聰四年（1630）五月、七月、八月、九月、十月、十二月，天聰五年（1631）正月、二月、閏十一月分記事。

第三十六冊，原編地字，故宮編號第二冊，內編地129號，冊縱57.2公分，橫43.3公分。相當《舊滿洲檔》第八冊，頁3649至3904，計245頁，高麗箋紙，無圈點老滿文，係天聰六年（1632）正月至四月分記事。

第三十七冊，原無編號，故宮編號滿附第二冊，冊縱42.8公分，橫37.5公分。相當《舊滿洲檔》第八冊，頁3905至4066，

計151頁，高麗箋紙，內含加圈點新滿文及蒙文，係天聰六年（1632）正月至十二月分記事檔。

第三十八冊，原無編號，故宮編號滿附第三冊，冊縱約45公分，橫約40.2公分。相當《舊滿洲檔》第九冊，頁4067至4602，計485頁，高麗箋紙，加圈點新滿文，記事始自天聰九年（1635）正月，迄同年十二月止。

第三十九冊，原編日字，故宮編號第八冊，內編日221號，冊縱49.4公分，橫42.6公分。相當《舊滿洲檔》第十冊，頁4603至5040，計400頁，高麗箋紙，加圈點新滿文，內含天聰十年（1636）正月至四月，崇德元年（1636）四月至八月分記事檔。

第四十冊，原編宇字，故宮編號第四冊，內編宇170號，冊縱48.8公分，橫36.6公分。相當《舊滿洲檔》第十冊，頁5041至5378，計324頁，高麗箋紙，加圈點新滿文，係崇德元年（1636）九月至十二月分記事檔⑳。現藏四十冊《滿文原檔》，共計5077頁，其中按千字文編號自天字起至露字止，因避清聖祖玄燁御名諱，缺玄字外，共三十七冊，計4410頁，就是乾隆六年（1741）托裱裝訂的所謂《無圈點老檔》，或稱《無圈點檔》。日本東洋文庫松村潤等另編有《滿文老檔・舊滿洲檔對照表》㉑，將臺北國立故宮博物院影印出版的《舊滿洲檔》與東洋文庫出版的《滿文老檔》開列頁碼對照表，並標明年月分，頗便於查閱。

《舊滿洲檔》雖據《滿文原檔》照相製版，精裝出版，但並未減低《滿文原檔》原稿的價值。《滿文原檔》四十冊，長短寬窄，並不一致，所用紙張，或明代舊公文紙，或高麗箋紙，紙質頗佳，字跡清晰，筆畫粗大。《舊滿洲檔》濃縮為十六開本，共計十冊，印刷粗糙，頗多疏漏，字裡行間增添部分，因版面縮小而字跡模糊，部分滿文圈點又因修版而被去除。舊公文紙上多鈐

有印信或關防，鈐印處滿文，原檔清晰可辨，影印出版後轉成墨色，印信或關防上面滿文，均已無從辨識，上述情形，均須查閱原檔，妥善保存《滿文原檔》，並重印出版，是滿學研究學術界共同的期待。

四、《滿文原檔》的史料價值

無圈點老滿文是由畏兀兒體的老蒙文脫胎而來，字體簡古，聲韻不全，字母雷同。其後在字形與發音方面加以改進，加置圈點，淘汰蒙文，統一寫法，發展成為新滿文，不但字跡清楚，寫法亦一致，較老滿文容易識別。乾隆年間，大學士鄂爾泰等人已指出，「滿文肇端於無圈點字」，內閣大庫所保存的《無圈點檔》，「檔內之字，不僅無圈點，復有假借」，若不融會上下文字的意義，誠屬不易辨識。《滿文原檔》就是使用初創滿文字體所記錄的檔冊，有蒙古文字、無圈點老滿文、過渡期滿文、加圈點新滿文等字體。因此，《滿文原檔》對滿文由舊變新的過程，提供了珍貴的研究資料。《無圈點檔》老滿文與後來通行的新滿文，不僅在字形上有加圈點與不加圈點的區別，同時在字母與發音方面，也有顯著的差異。例如陞遷降調的「陞」字，新滿文讀如"wesimbi"，「降」字讀如"wasimbi"，兩個滿文單字的寫法，僅在字頭右旁有無一點的差異，如不加點，就很難區別。但在無圈點老滿文中，卻不致混淆，「陞」字，老滿文作"uwesimbi"，而「降」字則作"wasimbi"。在"we"音前加"u"的老滿文單字，頗為常見，例如新滿文"wesihun"（高、貴、往東），老滿文作 "uwesihun"；新滿文"weihun"（活的），老滿文作"uweihun"；新滿文"wehe"（石），老滿文作"uwehe"；新滿文"we"（誰），老滿文作"uwe"。新滿文中的捲舌音頗多，例如"šu"音，老滿文

作"siu"，寫法不同，譬如新滿文"šusihalame"（鞭打），老滿文作 "siusihalame"；新滿文"šun"（太陽），老滿文作"siyun"；新滿文 "šongkoro"（海東青），老滿文作"siongkoro"。在新舊滿文中，其字形往往有簡化的情形，例如老滿文"batta"（敵人），新滿文作"bata"；老滿文"tuttala"（那些），新滿文作 "tutala"，新滿文省略"t"音。老滿文"tuu"（蠹），新滿文作"tu"；老滿文"buu"（給），新滿文作"bu"，新滿都省略一個"u"音。老滿文"oose"（倭子），新滿文作"ose"；老滿文"doosorakū"（不堪），新滿文作"dosorakū"，新滿文省略一個"o"。老滿文"sorin"（帝王座位），新滿文作"soorin"；老滿文"yoni"（全），新滿文作"yooni"，新滿文增加一個"o"音。老滿文"galka"（晴了），新滿文作 "galaka"，增加一個"a"。老滿文"sikden"（中間），新滿文作"siden"，省略一個"k"音。老滿文"abga"（雨），新滿文作"aga"，省略一個"b"音。老滿文"naon"（妹子），新滿文作"non"，省略一個"a"音。老滿文"emgeli"（一次），新滿文作"emgeri"。老滿文"uciri"（機會），新滿文作"ucuri"。不但字形不同，發音亦有差異，類似例子甚多，不勝枚舉，《滿文原檔》對滿文由舊變新的發展過程，確實提供了重要的研究資料。

　　滿洲入關前的歷史，明朝、朝鮮官書著作，頗多記述，但因立場不同，所載多欠客觀；清代官書如《滿洲實錄》、《清太祖高皇帝實錄》、《清太宗文皇帝實錄》、《開國方略》等，記載較詳，惟其隱諱增飾之處屢見不鮮，其史料價值，俱不及《滿文原檔》。陳捷先撰〈舊滿洲檔述略〉一文中已指出《舊滿洲檔》的價值，除了可以鈎考滿文由舊變新的過程外，更可以發明、補足清初的史事；可以解釋若干滿洲專門名詞；可以給重抄的《滿文老檔》證誤；可以幫助看出重抄本《滿文老檔》殘缺的真相；

可以反映部分明末遼東地方的實況㉒。神田信夫撰〈滿洲國號考〉一文亦指出，從前有人認為《滿文老檔》是將《滿文原檔》省略其重複部分而抄寫下來的，但是，實際上並不那麼簡單。《滿文原檔》本來不是由同一形式修成的。有些是記述歷史，也有些只不過是日錄而已，有些則是書簡或任免官吏的檔冊。將這些資料重新編纂整理，其記事按年月日順序加以排列，這就是《滿文老檔》。《滿文原檔》中到處有塗抹修改，《滿文老檔》卻忠實地抄寫已修正過的記事。所以看《滿文原檔》，大概知道修改以前的文字。從前根據《滿文老檔》來討論「滿洲」一詞的例子，現在應該使用更原始的《滿文原檔》而加以探討了。早在明治末期，市村瓚次郎根據當時在奉天宮殿新發現的《滿文老檔》及明朝或朝鮮的文獻，證實天命、天聰年間的人用「後金」或「金」為國號的事實，而斷定「滿洲」的名稱是清太宗所偽造的。但在《無圈點老檔》的荒字檔萬曆四十一年（1613）九月的記事，可以看到「滿洲」字樣，「滿洲國」字樣，最初就有了，無論如何，「滿洲」的名稱，並不是清太宗所偽造的㉓。《滿文原檔》的確是探討清初史事不可或缺的第一手史料，舉凡滿洲先世發祥、八旗制度、行政組織、律例規章、戰績紀錄、部族紛爭、社會習俗、經濟生活及其與明朝、朝鮮、蒙古等關係的發展變化，記載翔實，可補官書實錄的疏漏。

臺北故宮博物院現藏《滿文原檔》滿附第三冊是天聰九年（1635）正月至十二月的記事檔，可以補現存《滿文老檔》的缺漏。滿洲開國神話的主要內容是敍述清朝先世發祥傳說，清代官書如《滿洲實錄》、《清太祖武皇帝實錄》、《清太祖高皇帝實錄》等等，記載頗詳。其中《清太祖武皇帝實錄》關於滿洲源流的記載如下：

滿洲源流,滿洲原起于長白山之東北布庫里山下一泊名布
兒湖里。初天降三仙女,浴於泊,長名恩古倫,次名正古
倫,三名佛古倫,浴畢上岸,有神鵲啣一朱果,置佛古倫
衣上,色其鮮妍。佛古倫愛之不忍釋手,遂啣口中,甫著
衣,其果入腹中,即感而成孕,告二姊曰:「吾覺腹重,
不能同昇,奈何?」二姊曰:「吾等曾服丹藥,諒無死理,
此乃天意,俟爾身輕上昇未晚。」遂別去,佛古倫後生一
男,生而能言,俟爾長成,母告子曰:「天生汝,實令汝
爲夷國主,可往彼處,將所生緣由一一詳說。」乃與一舟,
順水去,即其地也,言訖,忽不見。其子乘舟順流而下,
至於人居之處登岸,折柳條爲坐具,似椅形,獨踞其上。
彼時長白山東南鰲莫惠(地名)鰲朵里(城名),内有三
姓夷酋爭長,終日互相殺傷。適一人來取水,見其子舉止
奇異,相貌非常,回至爭鬥之處,告眾曰:「汝等無爭,
我于取水處遇一奇男子,非凡人也,想天不虛生此人,盍
往觀之?」三酋長聞言罷戰,同眾往觀。及見,果非常人,
異而詰之。答曰:「我乃天女佛古倫所生,姓愛斯(華言
金也)覺落(姓也),名布庫里英雄,天降我定汝等之亂。」
因將母所囑之言詳告之,眾皆驚異,曰:「此人不可使之
徒行。」遂相插手爲輿,擁捧而回,三酋長息爭,共奉布
庫里英雄爲主,以百里女妻之,其國定號滿洲,乃其始祖
也㉔。

引文中天女「佛古倫」、「布庫里英雄」、「愛新覺落」,《清
太祖高皇帝實錄》作「佛庫倫」、「布庫里雍順」、「愛新覺羅」。
康熙年間重修清太祖實錄時,頗多增刪潤飾,其中關於開國神話,
亦多渲染。布庫里雍順的布庫里是因布庫里山而得名,《清太祖

武皇帝實錄》以雍順爲英雄，布庫里雍順意即布庫里山的英雄。
《清太祖武皇帝實錄》以布庫里英雄爲滿洲始祖，《清太祖高皇
帝實錄》改爲「滿洲開基之始」㉕。

關於滿洲先世發祥傳說，中外史家論述頗多。內藤湖南撰〈
清朝姓氏考〉一文指出三仙女的故事是高麗以來的傳說，加上明
初建州三衛爭亂的事實而構成的，但其事實已經完全神化了。稻
葉君山撰〈滿洲開國傳說的歷史考察〉一文指出「布庫里雍順」
此名稱的上一半即「布庫里」是根據建州左衛的始祖猛哥帖木兒
的父親「揮厚」，其下一半即「雍順」則是根據建州右衛的始祖
凡察的父親「容紹」，將這兩個名字結合起來而成爲滿洲始祖布
庫里雍順的名稱。三田村泰助撰〈清朝的開國傳說及其世系〉一
文指出在《金史》中的金始祖函普的弟弟名叫保活里，住在耶懶，
與清朝先世發祥傳說的人物，頗爲胻合。雍順既作英雄稱號解釋，
就可將「英雄保活里」用滿洲語法倒置而稱爲「布庫里雍順」，
再附以清太祖的性格，就成爲滿洲始祖布庫里雍順了㉖。以上各
家異說，因缺乏證據，所以只能說是一種臆測。由於滿洲開國神
話的荒誕不經，也有學者認爲《清太祖武皇帝實錄》「第一卷中
敍述滿洲源流的神話，應該是杜撰的或無疑問。」㉗學者們認爲
滿洲開國神話是滿族爲隱諱他們先人的微寒家世而在入主中原後
僞造出來的故事，以增加祖先光彩的。不過近年以來，由於新史
料的發現，輔助學科知識的應用，滿洲開國神話有了新的解釋㉘。其
中天聰九年分（1635）《滿文原檔》就是最重要的發現之一。
是年五月初六日有一段記事，譯出漢文如下：

> 初六日，出征黑龍江方向虎爾哈部諸臣，以其所招降官員
> 良民朝見汗之禮，宰羊一百零八隻，牛十二頭，設宴。時
> 汗御大殿，坐九龍金椅。出征諸臣叩見，汗念諸臣出師勞

苦，命爲首二臣霸奇蘭、薩穆什喀行抱見禮。霸奇蘭、薩
穆什喀遵汗旨，出班至汗前跪拜，行抱見禮，汗亦迎抱。
朝見畢，朝見大貝勒，其禮如朝見汗，次與和碩德格類貝
勒、阿濟格台吉、和碩額爾克楚虎爾貝勒抱見。出征諸臣
皆叩見畢，次招降二千人叩見，次索倫部朝貢貂皮巴爾達
齊等有品級大臣朝見，朝見畢，命新附兵士俱射箭。設大
宴時，汗呼霸奇蘭、薩穆什喀二大臣，汗親以金盃酌酒賜
飲，次賜每固山出征委任額眞大臣各一盃，次賜以下眾大
臣及新附爲首諸臣，宴畢，汗回宮。此次出兵招降人中名
穆克什克者告稱：「我父祖世代生活於布庫里山下布爾瑚
里湖，我處無書籍檔子，古來傳說，此布爾瑚里湖有三位
天女，恩古倫、正古倫、佛庫倫來沐浴。神鵲銜來朱果，
季女佛庫倫得之，含於口，入喉中，遂有身孕，生布庫里
雍順，其同族即滿洲國。此布爾瑚里湖周圍百里，距黑龍
江一百二、三十里。我生二子，後由此布爾瑚里湖遷至黑
龍江納爾渾地方居住㉙。

穆克什克所述滿洲先世發祥傳說，與《清太祖武皇帝實錄》等官
書所載情節相符，《滿文原檔》天聰九年（1635）五月初六日
記事，不可能是僞造的，可見實錄中所述滿洲開國神話也不是杜
撰的。松村潤撰〈滿洲始祖傳說研究〉一文已指出虎爾哈部位於
黑龍江城東南邊大約一百里的地方，就是在黑龍江北岸地區，即
所謂江東六十四屯的一帶地方。因此，穆克什克所述布庫里雍順
發祥地布庫里山及布爾瑚里湖應該就在這裡㉚。李治亭撰〈關於
三仙女傳說的歷史考察〉一文亦指出穆克什克所講的神話，是黑
龍江的古來傳說，這表明神話最早起源於黑龍江流域，黑龍江兩
岸才是女眞人的發源地，神話產生於此。清太宗把原在黑龍江地

區女眞人中流傳的神話，作爲發源於長白山一帶的眞實歷史，那是隨著他的祖先由北而南逐漸遷徙的結果㉛。

　　鳥類祖先或鳥圖騰崇拜的神話，是東北亞文化圈的共同信仰之一。《清太祖武皇帝實錄》記載「滿洲後世子孫俱以鵲爲祖，故不加害。」㉜《史記‧殷本紀》也有類以的記載，「殷契，母曰簡狄，有娀氏之女，爲帝嚳次妃，三人行浴，見玄鳥墮其卵，簡狄取吞之，因孕生契。」㉝佛庫倫吞朱果，簡狄吞玄鳥卵，都是圖騰感孕的故事。傅斯年等編《東北史綱》引《清太祖武皇帝實錄》〈滿洲源流〉一節後指出「可知此一傳說在東北各部族中之普遍與綿長，此即東北人之『人降』一神話。持此神話，可見東北各部族之同源異流。」㉞滿洲開國神話，由長白山和黑龍江虎爾哈部相傳下來。在女眞族社會裡，長久以來，即以長白山爲聖地，但以長白山爲滿洲祖宗發祥地的說法，是晚出的，對照《滿文原檔》穆克什克的敍述後，毋寧說是清聖祖調查長白山後才確定了清朝先世發祥於聖地長白山的位置㉟。總之，《滿文原檔》的發現，對研究滿洲開國神話，確實提供了重要的新史料。

　　乾隆年間重抄《滿文老檔》時，不僅有刪略，而且也有修改，崇德五宮后妃本名的被刪改，就是典型的一個例子。滿蒙通婚是滿洲與蒙古諸部同化融合的過程，努爾哈齊、皇太極時期的大規模聯姻活動，成爲滿洲入關後遵行不替的基本國策。由於滿蒙的長期聯姻，不僅使滿蒙成爲軍事聯盟，而且也成爲政治、經濟的聯盟，滿蒙遂成爲休戚與共的民族生命共同體。在滿蒙聯姻的過程中，崇德五宮后妃的冊立，《滿文原檔》和《滿文老檔》都有很詳盡的記載，可列簡表於下：

<h2 style="text-align:center">崇德五宮后妃簡表</h2>

娶入年分	宮 名	位 號	部 部	名 字 滿文原檔	滿文老檔
萬曆42年 (1614)	清寧宮	中宮皇后	科爾沁	哲 哲 (jeje)	博爾濟吉特氏 (borjigit hala
天命10年 (1625)	永福宮	次西宮莊妃	科爾沁	布木布泰 (bumbutai)	博爾濟吉特氏 (borjigit hala)
天聰8年 (1634)	關雎宮	東宮宸妃	科爾沁	海蘭珠 (hairanju)	博爾濟吉特氏 (borjigit hala)
天聰8年 (1634)	衍慶宮	次東宮淑妃	阿霸垓	巴特瑪·璪 (batma dzoo)	
天聰9年 (1635)	麟趾宮	西宮貴妃	阿霸垓	娜木鐘 (namjung)	博爾濟吉特氏 (borjigit hala)

資料來源：《清太宗文皇帝實錄》、《滿文原檔》、《滿文老檔》。

　　明神宗萬曆四十二年（1614）六月初十日，蒙古科爾沁部扎爾固齊貝勒莽古思送其女哲哲（jeje）給皇太極爲妻。哲哲芳齡十五歲，皇太極親迎至輝發部扈爾奇山城，大宴成婚。天命十年（1625）二月，科爾沁部貝勒寨桑之子吳克善台吉親送其二妹布木布泰（bumbutai）給皇太極爲妻。布木布泰芳齡十三歲，皇太極親迎至瀋陽北岡。布木布泰將至，努爾哈齊率領諸福金、貝勒等出迎十里，進入瀋陽城後，爲皇太極和布木布泰舉行了隆重的婚禮。天命十年（1625）三月，努爾哈齊遷都瀋陽，後改稱盛京。天命十一年（1626）八月，努爾哈齊崩殂，皇太極嗣統，改明年爲天聰元年（1627），哲哲就是中宮福金，布木布泰就是西宮福金。天聰六年（1632）二月初九日，皇太極以東

宮未備，聞蒙古扎魯特部戴青貝勒女賢慧，遣使往聘，立為東宮
福金。莽古思之子貝勒寨桑是中宮福金哲哲的兄弟，西宮福金布
木布泰是貝勒寨桑的女兒。因此，布木布泰就是哲哲的親姪女，
其母即寨桑次妃。天聰七年（1633），寨桑次妃等人到盛京皇
宮朝見，備受皇太極的盛情款待。皇太極久聞寨桑次妃長女即布
木布泰大姊海蘭珠（hairanju）溫文爾雅，端莊秀美，決定納為
妃。天聰八年（1634）十月十六日，吳克善送其妹海蘭珠至盛
京，海蘭珠芳齡二十六歲，皇太極與福金等迎接入城，設大宴，
納為妃。海蘭珠、布木布泰都是吳克善的親妹妹，哲哲與姪女海
蘭珠、布木布泰姑姪女三人都嫁給了皇太極。

　　天聰八年（1634）閏八月二十八日，察哈爾林丹汗之妻竇
土門福金巴特瑪·璪（batma dzoo）帶領部眾歸順滿洲，皇太
極率眾貝勒台吉出營前升坐黃幄，巴特瑪·璪至黃幄前拜見皇太
極，大貝勒代善力勸皇太極納為妃。天聰九年（1635）五月間，
貝勒多爾袞等統率大軍出征察哈爾，至西喇朱爾格地方，林丹汗
妻娜木鐘（namjung）率部眾歸附滿洲。同年七月二十日，娜木
鐘至盛京，皇太極即納為妃。天聰十年（1636）四月，制定盛
京五宮的宮殿名稱，中宮賜名清寧宮，東宮稱關雎宮，西宮稱麟
趾宮，次東宮稱衍慶宮，次西宮稱永福宮。崇德元年（1636）
七月初十日，皇太極在盛京崇政殿舉行冊立后妃大典。臺北國立
故宮博物院珍藏《滿文原檔》，其中原編《日字檔》，以高麗箋
紙，用新滿文書寫。原檔中詳細記錄了冊封五宮后妃的經過，同
時書明后妃們的名字。根據原檔的記錄，科爾沁部貝勒莽古思之
女哲哲（jeje）被封為清寧宮中宮國君福金，即中宮皇后，這是
清代史上以正式大典冊立的第一位皇后，卒後諡號孝端文皇后。
科爾沁部貝勒寨桑長女海蘭珠（hairanju）被冊封為東宮關雎宮

大福金宸妃。海蘭珠婚後，與皇太極的關係，十分和諧，皇太極將宸妃所居住的東宮命名爲關雎宮，取《詩經》「關關雎鳩，在河之洲」之義。東宮宸妃位居各妃之首，其地位僅次於中宮皇后，卒後諡號敏惠恭和元妃。海蘭珠的妹妹布木布泰（bumbutai）被冊封爲西宮永福宮側福金莊妃，她就是清代史上赫赫有名的孝莊皇后。察哈爾林丹汗妻娜木鐘（namjung），因其地位尊崇，被冊封爲西宮麟趾宮大福金貴妃。林丹汗另一妻巴特瑪‧璪（batma dzoo）被冊封爲東宮衍慶宮側福金淑妃。乾隆年間重抄《滿文老檔》時，將中宮皇后、宸妃、莊妃、淑妃的芳名，俱改書「博爾濟吉特氏」（borjigit hala），其本名遂被湮沒不傳。探討清初后妃制度，《滿文原檔》確實有它一定的參考價值。

　　《清太祖實錄》、《清太宗實錄》因屢經重修，增損舊檔，頗多增刪潤飾。天聰九年（1635）八月，畫工張儉、張應魁合繪《清太祖實錄圖》告成，因與歷代帝王實錄體例不合，由內國史院以滿蒙漢三體文字改編實錄，去圖加諡，於崇德元年（1636）十一月成《清太祖武皇帝實錄》，亦即《清太祖實錄》初纂本。順治初年，重繕《清太祖武皇帝實錄》，原本遂佚。順治六年（1649），議修太宗朝實錄。順治九年（1652），正式開館，順治十二年（1655），《清太宗文皇帝實錄》纂輯告成，是爲初纂本。康熙十二年（1673）八月，特開史局，詳加訂正。康熙二十一年（1682）九月，重修告竣，是爲康熙年間重修本。同年十一月，仿《清太宗文皇帝實錄》體式，重修《清太祖實錄》，康熙二十五年（1686）二月，書成，是爲康熙年間重修本。雍正十二年（1734）十一月，《清太祖實錄》、《清太宗實錄》，重加校訂，辨正姓氏，畫一地名，歷時五年，於乾隆四年（1739）十二月始告成書，是爲乾隆年間重修本，亦即《清太祖

高皇帝實錄》及《清太宗文皇帝實錄》的定本。《清太祖實錄》
《清太宗實錄》歷經康熙、雍正、乾隆三朝重修，整齊體裁，斟
酌損益，畫一譯名，增刪潤飾，雖有正誤之功，究難掩諱飾之過。
為了便於了解實錄潤飾情形，先將定本《清太宗文皇帝實錄》天
聰九年（1635）七月十四日皇太極訓誨阿巴泰一段話照錄於下：

> 上諭貝勒阿巴泰曰，爾嘗自謂手痛，似覺不耐勞苦，不知
> 人身血脈，勞則無滯。爾等惟圖家居佚樂，身不涉郊原，
> 手不習弓矢，忽爾行動，如何不痛？若能努力奮勵，日以
> 騎射為事，何痛之有？爾諸貝勒，各有統帥之責，若不親
> 率士卒騎射，教演精勤，孰肯專心武事，平日既未嫻熟，
> 一旦遇敵，何以禦之？試思丈夫之所重者，有過於騎射者
> 乎？騎射之藝，精於勤而荒於嬉，不可不時加練習。夫飛
> 騰之鷹，苟馴養之，亦能搏鳥；不能言之犬，苟馴養之，
> 亦能逐獸。彼豈知圖名利而擊逐如是哉！乃馴養之所致也。
> 爾諸貝勒，若能服勞奮力，不偷旦夕之安，恪勤政事，惠
> 養人民，克敵制勝，削平諸國，斯不負先帝之志，能報養
> 育之恩，既克全孝道，亦可謂為國盡忠矣！如不思効忠盡
> 孝，惟各為其家，財貨牲畜是積，罔卹人民，怠玩政事，
> 異日蒙天眷佑，大業克成，當諸貝勒大臣叙功之際，無一
> 勳績足錄，雖悔何益也，且書之史冊，賢否攸分，可不懼
> 乎㊱！

引文內容見於《滿文原檔》天聰九年（1635）七月十四日記事，
原檔為加圈點新滿文，轉寫羅馬拼音後，譯出漢文如下：

> sure kan: abtai taiji baru hendume si kemuni gala
> nimembi sembi: tulesi tucifi yaburakū beri niru jafa-
> rakū boo de tehei bifi holkon aššaci nimerakū ainaha:

beye be ilimbahabume tucifi yabure gabtara niyamniy-
ara oci ai de nimembi: beise suweni beye geren be gaifi
gabtara niyamniyara coohai erdemu be tacirakū oci:
geren we coohai erdemu be kicembi: tuttu doigon de
beye be urebume tacirakū ofi gaitai dain acaha de ada-
rame afambi: haha niyalma i erdemu gabtara niyam-
niyaraci dele ai bi: mini ere hendurengge damu gabtara
canggi be hendurengge waka: ini cisui deyeme yabure
giyahuň be ujici inu ulgūma jafambi: helen akū indahūn
be ujici inu gurgu jafambikai : tere gebu hergen be
nemšerengge waka: ujihe dahame tuttu kai: beise suwe
doro be kiceme dasara: irgen be gosime ujire dain be
gidara: gurun be dahabure oci nendehe dergi kan amai
gūnin be ufaraburakū ujihe baili be isibume hiošun be
akūmburengge: jai oci tei doroi jalin de faššame kicer-
engge kai: tuttu baili be isiburakū hiošun be akūmbu-
rakū meni meni booi banjire be gūnime ulin jeku ulga be
isabume irgen be gosirakū: doro be kicerakū niyalma:
ya inenggi abka gosifi amba doro be baha de geren beise
ambasai gűng gebu be ilgara de jai aliyaha seme ai tusa:
suduri de ejere niyalma inu sain ehe be ilgame bithe de
arambi: tuttu oci tumen jalan de ehe gebu tuttambikai
seme henduhe:

天聰汗謂阿布泰台吉曰：爾嘗自謂手痛，不出外行走，不
拿弓矢，在家閒坐，忽爾行動，如何不痛？若自身習於出
外行走騎射，則何痛之有？爾諸貝勒不親率眾人騎射，演

習武藝，則眾人誰又肯專心於武藝耶？自身因未預先練習
嫻熟，一旦遇敵，何以爲戰？且男子之才能有過於騎射者
乎？我之所言非惟騎射一事也，即率意飛騰之鷹，苟馴養
之，亦能搏雉；無言之犬，苟馴養之，亦能捕獸。彼豈知
貪圖名位？不過因馴養之所致也。爾諸貝勒若能恪勤政事，
惠養人民，克敵制勝，俾諸國歸順，方不負先汗父之志，
能報養育之恩，一以全孝道，一爲現政盡忠，否則不能報
恩盡孝之人，惟各爲其家，積聚財貨、穀糧、牲畜，罔卹
人民，怠玩政事，異日蒙天眷佑，大業克成，當諸貝勒大
臣甄別功名之際，雖悔何益？書之史冊，賢否攸分，留惡
名於萬世矣㉛！

將定本實錄與《滿文原檔》互相對照後，可知定本實錄頗多修改
潤飾。譬如「阿布泰台吉」，改爲「貝勒阿巴泰」。定本實錄內
「似覺不耐勞苦，不知人身血脈，勞則無滯」，「騎射之藝，精
於勤而荒於嬉，不可不時加練習」，「若能服勞奮力，不偷旦夕
之安」，「無一勳績足錄」，「可不懼乎」等句，俱不見於《滿
文原檔》。《滿文原檔》內「在家閒坐」、「不出外行走」，定
本實錄作「惟圖家居佚樂，不涉郊原」，頗經潤飾。

清初纂修清太祖、太宗兩朝實錄，主要取材於《滿文原檔》
的記載，但因實錄的纂修，受到體例或篇幅的限制，原檔記載，
多經刪略。例如《滿文原檔》天聰九年（1635）八月二十六日
有一段記事，詳載獲得傳國玉璽經過甚詳，譯出漢文如下：

是日，出兵和碩墨爾根戴青貝勒、岳托貝勒、薩哈廉貝勒、
和碩豪格貝勒往征察哈爾，齎來所獲玉璽，原係從前歷代
帝王使用相傳下來之寶，爲蒙古大元國所得，至順帝時，
漢人大明國太祖洪武皇帝奪取政權，棄大都，攜玉璽逃走

沙漠，順帝崩於應昌府後，其玉璽遂失。二百餘年後，口
外蒙古有一人於山崗下牧放牲口時，見一山羊，三日不食
草而掘地，其人於山羊掘地之處挖得玉璽。其後玉璽亦歸
於蒙古大元國後裔博碩克圖汗，後被同爲大元國後裔察哈
爾國林丹汗所侵，國破，得其玉璽。墨爾根戴青、岳托、
薩哈廉、豪格四貝勒聞此玉璽在察哈爾汗之妻淑泰太后福
金處，索之，遂從淑泰太后處取來。視其文，乃漢篆「制
誥之寶」四字，紐用雙龍盤繞，果係至寶，喜甚曰：「吾
汗有福，故天賜此寶」，遂收藏之㊳。

《清太宗文皇帝實錄》定本不載玉璽失傳及發現經過，《清入關
前內國史院滿文檔案》有關獲得玉璽一節，原檔殘缺。引文中山
羊「三日不食草而掘地」，《清太宗文皇帝實錄》初纂本作「三
日不食，每以蹄踏地」㊴。《滿文原檔》記載「制誥之寶」失傳
及發現經過甚詳，可補官書的不足。

　　《滿文原檔》記載範圍，極爲廣泛，幾乎是鉅細靡遺，實錄
等官書，或因其瑣屑，而刪略不載。例如《滿文原檔》天聰九年
七月初三日，有一段記載如下：

　　汗曰：「若知醫治疔瘡之醫生，可以醫治。若不知醫治，
　　不能治癒時，不可醫治。爾不知醫治，貪得錢財，僥倖治
　　癒，人若死亡，及將其他瘡病詭稱疔瘡醫治，罪之。」㊵

清太宗以來，制定各種禁令，或取締薩滿信仰，禁止跳神治病，
或取締庸醫治病，其致人於死者，俱從重治罪。疔瘡爲古代滿族
社會常見的一種疾病，爲防庸醫致人於死，而制訂法令，確實具
有特殊意義。《清太宗文皇帝實錄》初纂本及定本，俱缺漏不載。
《滿文原檔》天聰九年十月十六日，有一段記載如下：

　　汗謂儒臣希福、剛林、羅碩、詹巴等曰：「我夢河水微漲，

　　見水中二獺縮首而行。我見之急命取叉刺殺之，隨即用叉
　　叉魚，獲大魚甚多。我記得凡有類似之夢，出兵後必大有
　　俘獲㊶。

引文中所述夢境，是一則民間信仰的重要資料，對研究清太宗的
思想，也提供了很珍貴的文獻，《清太宗文皇帝實錄》初纂本、
定本及《滿文老檔》俱刪略不載。由此可以說明《滿文原檔》所
保存的史料，確實較各種官書更爲豐富。

　　所謂《無圈點檔》、《無圈點老檔》、《加圈點檔》、《滿
文老檔》、《滿洲秘檔》、《老滿文原檔》、《舊滿洲檔》、《
滿文舊檔》、《滿文原檔》等等不同的名稱，不僅含有不同的意
義，同時反映後世對這批滿文檔冊認識程度的差異，以及史料價
值的不同。雍正十三年（1735），和碩莊親王允祿等人所稱行
文查閱內閣《無圈點檔》（tongki fuka akū dangse），與乾隆
六年（1741）內閣大學士鄂爾泰等人請旨托裱裝訂的《無圈點
檔》及乾隆四十年（1775）軍機大臣奏摺中所稱《無圈點老檔》，
都是指內閣大庫所貯藏的入關前滿文檔冊。乾隆年間奏准托裱裝
訂，按千字文編號，共計三十七冊。乾隆四十五年（1780），
福康安奏摺中所稱盛京崇謨閣貯藏的《無圈點老檔》和《加圈點
老檔》是根據內閣貯藏已經裝裱的三十七冊《無圈點檔》重抄的
抄本。宣統三年（1911），日人內藤虎次郎所稱《滿文老檔》，
是指盛京崇謨閣貯藏乾隆年間重抄的《無圈點老檔》和《加圈點
老檔》。民國七年（1918），金梁節譯重抄本《加圈點老檔》
部分史事，題爲《滿洲老檔秘錄》，簡稱《滿洲秘檔》。民國二
十年至二十三年（1931—1934）文獻館所發現的三十七冊滿文
檔冊，就是乾隆年間托裱裝訂的《無圈點老檔》。民國二十四年
（1935）續發現的三冊，是乾隆年間裝裱時所未見的原檔，俱

未重抄，臺北國立故宮博物院現藏的這四十冊滿文檔冊，都是原檔，包括無圈點老滿文、過渡期半加圈點滿文、加圈點滿文，爲了符合檔案性質及文字特徵，應正名爲《滿文原檔》，意即《無圈點老檔》及《加圈點老檔》重抄本所根據的原始檔冊。質言之，《滿文原檔》是第一手史料，《無圈點老檔》、《加圈點老檔》重抄本或《滿文老檔》，無論北京藏本或盛京藏本，都是第二手史料。至於《老滿文原檔》的名稱，容易使人誤解爲使用無圈點老滿文書寫的部分原檔，或指三十七冊已裝裱的，乾隆年間所謂《無圈點老檔》，未包括續發現的三冊，不含加圈點新滿文書寫的原檔，使用《老滿文原檔》的名稱，並不周延。《滿文舊檔》的名稱，與《滿文老檔》含義接近，未能突顯檔案的原始性。《舊滿洲檔》的名稱，雖就檔案性質命名，但一方面不能突顯檔案的原始性，一方面亦未反映書寫文字的特色。其實，檔案命名，爲避免雷同，使用簡便，符合實際，稱之爲《滿文原檔》，確實較妥。

【註　釋】

① 《元史》（臺北，臺灣商務印書館，民國五十六年七月），列傳十一，頁6。

② 李毓澍撰〈蒙古族系〉，《中華民國民族志》（臺北，國史館，民國八十四年三月），頁137。

③ 李符桐著《成吉思汗傳》（臺北，新動力出版社，民國五十四年五月），頁121。

④ 《清太祖武皇帝實錄》（臺北，國立故宮博物院），卷二，頁1。

⑤ 《國語志》（臺北，國立故宮博物院，清史館稿本），卷一，頁1。

⑥ 徐中舒撰〈內閣檔案之由來及其整理〉，《明清史料》（臺北，中

央研究院歷史語言研究所，民國六十一年三月），㈠，頁10。

⑦ 《宮中檔雍正朝奏摺》，第31輯（臺北，國立故宮博物院，民國六十九年五月），頁778。雍正十三年十月十八日，允祿滿文摺。

⑧ 張玉全撰〈述滿文老檔〉，《文獻論叢》（臺北，臺聯國風出版社，民國五十六年十月），論述二，頁207。

⑨ 《清高宗純皇帝實錄》，卷九七六，頁28，乾隆四十年二月庚寅，據軍機大臣奏。

⑩ 徐中舒撰〈再述內閣大庫檔案之由來及其整理〉，《中央研究院歷史語言研究所集刊》，第三集，第四分（北平，中央研究院，民國二十年），頁569。

⑪ 《軍機處檔·月摺包》，第2705箱，118包，26512號，乾隆四十五年二月初十日，福康安奏摺錄副。

⑫ 陳捷先撰〈舊滿洲檔述略〉，《舊滿洲檔》（臺北，國立故宮博物院，民國五十八年），第一冊，頁12。

⑬ 《文獻叢編》（臺北，臺聯國風出版社，民國五十三年三月），圖像，頁20。

⑭ 〈整理內閣大庫滿文老檔之緣起與計劃〉，《文獻特刊》（臺北，臺聯國風出版社，民國五十六年十月），頁29。

⑮ 《明清檔案存眞選輯》，第二輯（臺北，中央研究院歷史語言研究所，民國六十二年十一月），頁16。

⑯ 《舊滿洲檔》，第一冊，頁2。

⑰ 廣祿等撰〈老滿文原檔與滿文老檔之比較研究〉《中國東亞學術研究計劃委員會年報》，第四期（臺北，中國東亞學術研究計劃委員會，民國五十四年六月），頁4。

⑱ 《滿文老檔》（北京，中華書局，1990年3月）上冊，前言，頁1。

⑲ 神田信夫撰〈滿洲國號考〉，《故宮文獻》，第三卷，第一期（臺

北，國立故宮博物院，民國六十年十二月），頁43。

⑳　〈老滿文原檔與滿文老檔之比較研究〉，頁12至17；〈舊滿洲檔述略〉，頁21至27。

㉑　松村潤等編《滿文老檔·舊滿洲檔對照表》，太宗朝，日本東京，1978年3月。

㉒　《舊滿洲檔述略》，頁28至52。

㉓　《故宮文獻》，第三卷，第一期，頁44。

㉔　《清太祖武皇帝實錄》，卷一，頁1，見《圖書季刊》，第一卷，第一期（臺北，國立故宮博物院，民國五十九年七月），頁59。

㉕　《清太祖高皇帝實錄》（臺北，華文書局，民國五十八年四月），卷一，頁4。

㉖　松村潤撰〈滿洲始祖傳說研究〉，《故宮文獻》，第三卷，第一期（臺北，國立故宮博物院，民國六十年十二月），頁1。

㉗　廣祿等撰〈老滿文原檔與滿文老檔之比較研究〉，《中國東亞學術研究計劃委員會年報》，第四期（臺北，中國東亞學術研究計劃委員會，民國五十四年六月），頁22。

㉘　陳捷先著《明清史》（臺北，三民書局，民國七十九年十二月），頁140。

㉙　《舊滿洲檔》（臺北，國立故宮博物院，民國五十八年），第九冊，頁4240，天聰九年五月初六日記事。

㉚　《故宮文獻》，第三卷，第一期，頁54。

㉛　李治亭撰〈關於三仙女傳說的歷史考察〉，《吉林大學社會科學學報》，1985年，第二期（吉林，吉林大學，1985年8月），頁73。

㉜　《清太祖武皇帝實錄》，卷一，頁2。

㉝　《史記》（臺北，鼎文書局，民國七十九年三月），殷本紀第三，頁91。

㉞　傅斯年等編《東北史綱》，初稿（民國二十一年），頁21。

㉟　《故宮文獻》，第三卷，第一期，頁55。

㊱　《清太宗文皇帝實錄》，乾隆四年定本，卷二四，頁3，天聰九年
　　七月壬戌，上諭。

㊲　《舊滿洲檔》，第九冊，頁4360，天聰九年七月十四日，記事。

㊳　《舊滿洲檔》，第九冊，頁4427，天聰九年八月二十六日，記事。

㊴　《清太宗文皇帝實錄》，初纂本（臺北，國立故宮博物院），卷二
　　〇，頁17，天聰九年八月二十六日，記事。

㊵　《舊滿洲檔》，第九冊，頁4347，天聰九年七月初三日，諭旨。

㊶　《舊滿洲檔》，第九冊，頁4518，天聰九年十月十六日，諭旨。

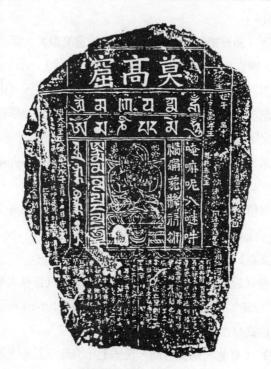

莫高窟碣墨拓本

《清語老乞大》與漢語
《老乞大》的比較研究

一、前　言

　　在中韓文化交流史上，朝鮮商人一直扮演著重要的角色，《老乞大》就是朝鮮李朝初期以來爲朝鮮商旅等人而編著的漢語教科書，具有很高的權威性，爲研究元明時期的漢語，提供了很珍貴而且豐富的語文資料。在《老乞大》一書的卷首，就有一段對話提到朝鮮商人學習漢語的動機及其重要性。書中的對話說「你是高麗人，卻怎麼漢兒言語說的好。我漢兒人上學文書，因此上些小漢兒言語省的。」原書又說「你是高麗人，學他漢兒文書怎麼？你說的也是，各自人都有主見。你有什麼主見？你說我聽著。如今朝廷一統天下，世間用著的是漢兒言語，我這高麗言語，只是高麗地面裏行的，過的義州，漢兒地面來，都是漢兒言語，有人問著一句話，也說不得時，別人將咱們做什麼人看。你這般學漢兒文書時，是你自心裏學來？你的爺娘教你學來？是我爺娘教我學來。」由於漢語使用很廣，朝鮮來華商人學習漢語，有它實際的需要，《老乞大》就是李朝以來朝鮮人學習漢語的一種重要教科書。

　　朝鮮商人來華貿易，多在華北，宋元時期，蒙古勢力崛起，爲了學習蒙古語文，漢語《老乞大》後來又譯成蒙古語文，於是有《蒙語老乞大》。明代後期，由於滿族勢力的興起，爲了教學滿洲語文的目的，又有《清語老乞大》滿語譯本的刊行。對於比

較元明時期以來通俗口語的發展變化，各種版本及譯本的《老乞大》，都提供了很有價值的語文資料。本文撰寫的旨趣，主要以《清語老乞大》對照漢語《老乞大》，從兩者內容、語法及特殊表現法的比較，說明其異同，透過這種比較研究，或許對漢語《老乞大》裏罕用的詞彙及文法結構將有更進一步的認識。

二、漢語《老乞大》的編著與刊刻

「乞大」，又作「乞塔」，是漢文「契丹」一名的同音異譯，語出蒙古對漢人或中國的通稱，蒙古語讀如 "kitat"，「老乞大」，意即「老漢人」，或「老中國」，《老乞大》一書，就是朝鮮李朝最具權威性的重要漢語會話教本之一。

《老乞大》的原刊本，已經不可得見，現在通行的，都是後來的改訂本。《老乞大》原來的編著者，固然已經不可考，其著成時代，也只能大致推定。韓國學者閔泳珪推斷《老乞大》一書的著成時間，「大概在元末明初」①。

民國六十七年（1978）六月，臺灣聯經出版事業公司影印出版《老乞大諺解・朴通事諺解》一冊，書中有丁邦新和羅錦堂的重印序文。羅錦堂在序文中指出：「按老乞大和朴通事是在中國元代（1271—1368）流行於高麗的兩本漢語教科書，而且也是當時最具權威的會話手冊；究竟原來編寫的人是誰？以及編寫的確年代，現在都無法找到證明。」②丁邦新在序文中指出《老乞大》和《朴通事》是朝鮮李朝初期（1392之後）學習中國話的兩種重要的教科書，《老乞大》書中沒有可以據以推斷成書年代的資料，而《朴通事》書中有一段話說：「南城永寧寺裏聽說佛法去來。一箇見性得道的高麗和尚，法名喚步虛。」句中「南城」是指元代的燕京，當時以燕京爲大都，俗呼「南城」。而在

永寧寺裏說法的和尙「步虛」是可考的人物，據《朴通事諺解》
說：「步虛俗姓洪氏，高麗洪州人。法名普愚，初名普虛，號太
谷和尙，有求法於天下之志，至正丙戌春入燕都。」句中「至正」
是元順帝的年號，丙戌是至正六年（1346），所以可以肯定《
朴通事》的著成年代不得早於一三四六年。朝鮮李朝實錄有印行
《老乞大》、《朴通事》的記載，世宗五年六月條記載：「禮曹
據司譯院牒呈啓《老乞大、朴通事、前後漢、直解孝經》等書，
緣無板本，讀者傳寫誦習，請令鑄字所印出，從之。」世宗十六
年六月條又說：「頒鑄印《老乞大》、《朴通事》於承文院司譯
院，此二書譯中國語之書也。」世宗五年是1423年，十六年是
1434年，可知在1423年之前，《老乞大》、《朴通事》兩書已
經在朝鮮流行，到1434年正式頒行。從步虛和尙的年代與鑄印
《老乞大》、《朴通事》兩書的年代可知《朴通事》一書著成於
1346至1423年之間，丁邦新據此推定《老乞大》一書「大槪也
就是寫成於這個時代」③。

　　中華民國韓國研究學會於民國七十年（1981）十二月十二
日至十五日舉行中韓關係史國際研討會，七十二年（1983）三
月，該會出版論文集。會中李學智發表〈老乞大一書編成經過之
臆測〉一篇論文，李學智認爲丁邦新和羅錦堂的推斷，有的是根
據《老乞大》、《朴通事》兩書的語法而定，有的是根據書中所
記事件與人名而定。根據語法所下的斷語，實證太少，缺乏直接
的證據。李學智於是提出一種「新看法」，略謂《老乞大》書中
都是一些問答的句形，在某些問答中多少也提供一些時間的史證，
例如書中說：「我往山東濟寧府、東昌、高唐收買些絹子、綾子、
綿子迴還王京賣去。」④據《新元史・地理志》記載：「濟寧路：金
濟州，屬山東西路。舊治鉅野（今鉅野縣），後徙任城（即今濟

寧）。太宗七年（1235）割隸東平府（今東平縣）。至元六年
（1269）還治鉅野。八年升爲濟寧府，治任城。尋仍治鉅野。
十二年（1275）復置濟州。是年又以鉅野爲府治，濟州仍治任
城，爲散州。十六年（1279）升濟寧府爲路，置總管府。至正
八年（1348）遷濟寧路於濟州。十一年（1351）置中書分省於
濟寧。」李學智引用《新元史・地理志》後指出在《老乞大》問
答語句間所記那位扮演高麗商人欲往山東「濟寧府」的回答語句
裏，曾將濟寧一地說爲濟寧府。山東的濟寧被稱爲府，僅僅從元
世祖的至元八年（1271）到至元十六年（1279），除此以外，
未見稱濟寧爲「濟寧府」的記載。所以從這條直接的史料記載，
《老乞大》一書寫成的時間，或不至於晚於西元1279年以後太
久，最低限度在《老乞大》書中的這條問答記錄的時間，應該是
在元世祖至元年間⑤。李學智的「新看法」雖然只是一種「臆測」，
但也說明《老乞大》寫成的時間當在元代。

澳洲國立大學亞洲研究中心葛維達（Svetlana Rimsky-
Korsakoff Dyer）著《老乞大之文法分析》（Gramamatical
Analysis of the Lao Ch'i-ta, with an English Translation of the
Chinese Text）一書指出朝鮮李朝世宗五年（1423）鑄字印行的
《老乞大》是原刊舊本，其詞彙都是元朝「時語」，與明清實用
的口語，頗有差異，未解之處，屢見不鮮。作者在原書〈緒論〉
中指出由於漢語的變化，爲配合時代演變的語言現實，《老乞大》
自明初以降，屢經改訂。李朝成宗十一年（1480），朝鮮漢語
學者崔世珍編著《老乞大集覽》及《單字解》。房貴和、葛貴等
人以當時通行的口語將《老乞大》原刊舊本加以改訂，使其可以
解讀，此即《老乞大》最早的改訂新本⑥。現存《老乞大》、《
朴通事》兩書的漢語部分，大致反映了明初的漢語，到1515年

左右，崔世珍把《老乞大》、《朴通事》兩書翻譯成朝鮮語⑦，
編著了《老乞大諺解》上、下二卷，及《翻譯老乞大‧朴通事凡
例》一卷。邊憲也在中宗在位期間（1506— 1544）編訂《老乞
大新釋》一卷。顯明末清初（1670），《老乞大諺解》上、下
二卷刊印，後來奎章閣本《朴通事諺解》附《老乞大集覽》及《
單字解》，相傳都是崔世珍所作。

　　朝鮮李朝英祖三十九年（1763），邊憲著《新釋老乞大》
出版。正宗十九年（1795），李洙、張濂、金倫瑞等編印《重
刊老乞大》一卷，其卷數內容及段落，與《老乞大新釋》頗相近
似。《老乞大》的原刊本已經不可得見，現在通行的是後來的改
訂本，全書共四十八葉，每葉二十行，每行十七字，而《老乞大
新釋》共四十四葉，每葉二十行，每行二十字。葛維達指出《老
乞大》與《老乞大新釋》在文法結構上有很大的不同，例如《老
乞大》說：「我漢兒人上學文書，因此上，些小漢兒言語省的。」
《老乞大新釋》則說：「我在中國人根前學書來著，所以些須知
道官話。」其改變十分有趣，且頗具意義。葛維達也將《老乞大》
與《重刊老乞大》互相比較，發現《重刊老乞大》較《新釋老乞
大》更接近《老乞大》的原文。《老乞大》與《重刊老乞大》的
差異，主要在詞彙的不同，例如《老乞大》裏的「將、休恠、驀
面間斯見、這般重意」，《重刊老乞大》改作「取、別恠、驀然
相會、這般見愛。」質言之，對於比較元明清時期通俗口語的發
展，各種版本的《老乞大》確實有其價值。

三、漢語《老乞大》的內容與語法

　　中外學者對漢語《老乞大》的分析研究，論著頗多，有助於
了解元明清漢語語法的演變發展。葛維達著《老乞大之文法分析》

一書，包括緒論、十四章正文、附錄《老乞大》漢文教本的英文
翻譯、參考書目及索引，是近年來探討《老乞大》較有系統的重
要著作。葛維達將十四章正文分爲三部分：第一章至第九章爲第
一部分，分析《老乞大》的語法結構；第十章至第十三章爲第二
部分，討論《老乞大》的習慣表現法；第十四章爲第三部分，探
討《老乞大》漢語教本的內容。

　　原書第一部分，主要在討論代名詞、時節名稱、量度單位、
前置詞、副詞、連接詞、動詞、質詞、重疊與附加字的使用及變
化。日本學者太田辰夫指出《老乞大》的人稱代名詞只有七個，
即：「我、我們、咱、咱們、你、他、他們」，而元代的著作如
《元朝秘史》有十二個，《元曲選》有三十三個。葛維達認爲《
老乞大》的人稱代名詞所以較少且簡單的主要原因，或許是由於
《老乞大》不過是爲行走於華北地區的朝鮮商人編寫的口語教本。
在《老乞大》裏，「咱」出現七次，「咱們」出現八十五次。因
爲「你」、「我」可以表示多數，例如「你三箇」、「我四箇」，
所以「你們」、「我們」兩個人稱代名詞並不通行。

　　在現代口語裏，代名詞「這」、「那」可以單用作主詞，但
在《老乞大》裏卻不能單用，而是用「這的」、「那的」。葛維
達統計「這的」出現三十次，「那的」出現三次，可以分爲不同
的三組：第一組，「這的」相當於現代口語裏的「這一箇」；第
二組，「這的」、「那的」相當於現代口語裏的「這」、「那」；
第三組，「這的」相當於現代口語裏的「這裏」，或「這兒」⑧。楊
聯陞也指出在現代口語裏，代名詞「這」、「那」可以單用作主
詞或起詞。「這」、「那」的意思，與「這個」、「那個」稍有
不同。「這個」、「那個」比較確定，通常指的是可以計數的事
物，而且指物多於指事。「這」、「那」則比較空靈，不重在分

別計數。在《老乞大》、《朴通事》兩書裏,「這箇」、「那箇」,與現在用法相同。但「這」、「那」不能單用,代名詞「這的」、「那的」,用做比較空靈的主語或起詞⑨。

葛維達在《老乞大之文法分析》一書中指出在《老乞大》裏,「日」從未用來表示天數,而是在「日頭」前加上數目及單位名稱,以表示天數,例如「限十箇日頭,還足價錢。」在「日頭」前加上吉祥字樣則表示一個幸運吉利的日子,例如「我與你選箇好日頭。」「日頭」也是用來表示未來某一個時間,例如「如今辭別了,休說後頭再不廝見,山也有相逢的日頭。」

葛維達指出《老乞大》的量度單位名稱,往往使用「箇」來代替其他單位名稱,例如「一箇手」、「十箇馬」等。但是使用指示代名詞如「這」或「那」時,往往省略數目及單位名稱,例如「這馬」、「這灑子」、「這馬們」⑩。丁邦新觀察《老乞大》一書中的量詞後,歸納爲八類:

㈠單位詞或個體量詞:一「個」學生、一「座」橋、一「頭」驢、一「條」細繩子、一「卷」紙、一「間」空房子、一「枝」箭、一「張」弓。

㈡跟動賓式合用的量詞:我說一「句」話。

㈢群體量詞:一「群」羊、一「束」草。

㈣部分量詞:一「塊」石頭、一「半」兒(漆器家火)。

㈤容器量詞:半「盞」香油、一「盃」酒、一「椀」飯、一「碗」溫水。

㈥標準量詞:八「分」銀子、一「斗」粳米、十「斤」麵、五「里」路。

㈦準量詞:第一「會」、這一「宿」、一「日」辛苦。

㈧動詞用量詞:走一「遭」、打三「下」。

丁邦新指出在《老乞大》、《朴通事》兩書中沒有「暫時量詞」，例如：碰了一鼻子灰的「鼻子」、一桌子剩菜的「桌子」，其他各種量詞都已見到⑪。

在《老乞大》裏，「著」的用法甚廣，葛維達指出「著」可作「用」或「拿」解，例如「著舫子攪動」；可作「讓」解，例如「不揀怎生，著我宿一夜。」也可作「給」解，例如「著馬喫」；又可作「該」解，例如「文契著誰寫」；有時可作「經過」解，例如「再著五箇日頭到了」；此外可當「招致」解，例如「休在路邊淨手，明日著人罵」⑫。

重疊字最簡單的形式是單字的重複，在《老乞大》裏的重疊名詞幾乎都是親屬關係的術語，例如「哥哥」、「姐姐」等，然而並不使用「妹妹」、「弟弟」字樣，而是作「妹子」、「兄弟」。重疊形容詞是以單字重複來強化形容詞，例如「這織金胸背，與你五兩是實實的價錢。」至於「嘗一嘗」、「補一補」等，則屬於重疊動詞。

《老乞大之文法分析》一書正文第十章至十三章屬於第二部分，原書討論《老乞大》的習慣表現法，包括常用片語、特殊用語、成語及格言的各種表現法，其中「磨拖」、「害風」、「利家」、「歪斯纏」等詞彙，在現代口語裏已屬罕見。在《老乞大》裏常見有各種成語及格言，例如「千零不如一頓」；「休道黃金貴，安樂直錢多」；「慣曾出外偏憐客，自己貪盃惜醉人」；「一箇手打時響不得，一箇腳行時去不得」；「三人同行小的苦」等等，都是探討特殊表現法的珍貴語文資料。

葛維達所著《老乞大之文法分析》一書第十四章屬於第三部分，討論《老乞大》教本的內容。作者所用的《老乞大》教本一卷，48葉，96頁，共16,008字，其主要內容為關於行旅交易、飲

食、醫藥、爲人處世之道等情事的會話。就《老乞大》全書的結構而言，大致可以分爲對話與長篇獨語兩大部分。前者包括漢族行旅商販、小店主、掮客、農夫與朝鮮商人之間的對話，以及朝鮮行旅商人之間彼此的對話；後者又可分爲詞彙的節段及道德上的談話。詞彙部分包括每天實用物品如菓菜、醫藥、衣服、食品、雜貨、馬匹、羊隻、弓箭、車輛的列舉計數，以及親屬方面的術語等；道德上的談話則在教導讀者如何處世待友？簡單地說，《老乞大》的前半部是對話；後半部則爲對話與長篇獨語的混合⑬。葛維達著手研究《老乞大》時，原來只想專心分析其語法結構，後來發現書中的習慣表現法，非常有趣，同時因其內容豐富，頗具史料價值，而認爲其重要性並不亞於語法結構，所以也作了相當深入的探討。《老乞大之文法分析》一書引用西文、中文、韓文及日本的論著八十餘種，徵引繁富，足見作者的博雅，原書就是探討《老乞大》的各種問題不可或缺的著作。

四、《清語老乞大》的翻譯與增刪潤飾

《老乞大》的語法結構及習慣表現法，可能受到阿爾泰語系的影響。李學智撰〈老乞大一書編成經過之臆測〉一文指出「老乞大一書的漢文，不一定都是當時華北漢語的語法，很可能完全是將一些原非漢語的阿爾泰系的語言，用不高明的漢語常識，直譯而成的。很可能在第十世紀的契丹民族所建立的遼朝時，已由一些出使契丹的高麗通事們從契丹語的問答中譯成高麗語形態的漢文，漸次改正與重編，其間或又將契丹語改爲女眞語，甚而由女眞語改爲蒙古語，最後又將蒙古語改爲清語即滿洲語，原有的由契丹語譯寫的高麗語形態之漢文本《老乞大》，雖曾經過多次的改正與補充，但仍然保持著高麗時代的漢文形態，所以仍保持

著高麗語形態的漢文句形，李學智認爲這是韓國《老乞大》一書著成的經過⑭。

楊聯陞撰〈老乞大朴通事裏的語法語彙〉一文指出元代漢語，有受蒙古語法影響之處，《老乞大》與《朴通事》兩書裏例子頗多，例如《老乞大》裏「你誰根底學文書來？」「漢兒上學文書」等句中的「根底」、「上」表示場所，「咱弟兄們和順的上頭」的「上頭」表示原因，這都像受了蒙古語法的影響，例如「是漢兒人有」，《老乞大集覽》注云：「元時語必於言終用『有』字，如語助而實非語助，今俗不用。」⑮

爲了教學語言之目的，《老乞大》除漢文本外，先後譯出《蒙語老乞大》、《清語老乞大》等不同文體。朝鮮仁祖十四年（1636），丙子之役以後，朝鮮與滿洲的關係日趨密切，滿洲語文用途日廣，文書往復，言語酬酢，多賴滿洲語文，於是有《老乞大》滿文譯本的刊行，但因字句齟齬生澀，文義率多訛謬，且因歲月寖久，古今異假，書中語法多已不實用。朝鮮崇政大夫行知中樞府事金振夏，以善滿洲語文聞名於當時，於是乘會寧開市之便，就質於寧古塔筆帖式，將舊本字畫音義，詳加考訂。英祖四十一年（1765），歲次乙酉，改編重刊，題爲《清語老乞大》。韓國閔泳珪參觀法國巴黎東洋語學校圖書館所見《清語老乞大》八卷，就是經金振夏改訂後再版的箕營重刊本，韓國延世大學發行的《人文科學》第十一、二輯，曾據該館藏本影印出版⑯。民國六十五年（1976）九月，拙譯《清語老乞大》，即據《人文科學》影印乙酉年金振夏改訂版以今日口語重譯。

將《清語老乞大》與漢語《老乞大》互相比較後，發現兩者頗有出入，不僅卷數不同，在內容上亦有繁簡之別，其文體尤多改變。漢語《老乞大》共一卷，《蒙語老乞大》及《清語老乞大》

俱各八卷；漢語《老乞大》云：「大哥你從那裏來？我從高麗王
京來。」句中「高麗」，《清語老乞大》及《蒙語老乞大》俱作
"coohiyan"，意即「朝鮮」。在漢語《老乞大》卷末曾提到高麗
人在中國買書的情形說：「更買些文書一部，四書都是晦庵集註，
又買一部毛詩、尚書、周易、禮記、五子書、韓文、柳文、東坡
詩、詩學大成、押韻君臣故事、資治通鑑、翰院新書、標題小學、
貞觀政要、三國誌評話。」⑰羅錦堂指出在這些書目裏，有兩點
值得我們的注意：第一是所買書中，有《三國誌評話》，足見當
時的人對此書的重視，與韓柳文、東坡詩一樣看待；第二是其中
如《翰院新書》、《標題小學》，甚至《押韻君臣故事》等，現
在已不是容易看到的書了⑱，可是《蒙語老乞大》及《清語老乞
大》都不見這些書目。大致而言，許多見於《老乞大》漢文本的
詞句內容，不見於《蒙語老乞大》，朝鮮學者增訂《清語老乞大》
時，並未據漢語《老乞大》增訂補譯。質言之，《清語老乞大》
的內容詞句更接近於《蒙語老乞大》，而與漢語《老乞大》出入
較大。

　　《清語老乞大》與漢語《老乞大》雖有出入，但兩者大同小
異之處頗多，例如漢語《老乞大》敍述北京的物價說：

　　　哥哥曾知得，京裏馬價如何？近有相識人來說，馬的價錢
　　　這幾日好，似這一等的馬，賣十五兩以上，這一等的馬，
　　　賣十兩以上。曾知得布價高低嗎？布價如往年的價錢一般。
　　　京裏吃食貴賤？我那相識人曾說，他來時，八分銀子一斗
　　　粳米，五分一斗小米，一錢銀子十斤麵，二分銀子一斤羊
　　　肉。似這般時，我年時在京裏來，價錢都一般⑲。

《清語老乞大》所述京中物價一段先譯出羅馬拼音，然後譯出漢
語如下：

"age si daci yabuha niyalma, gemun hcen i morin hūda antaka ? jakan mini takara niyalma jifi hendurengge, morin hūda ere ucuri sain, ere emu jergi morin tofohon yan salimbi, ere emu jergi morin juwan yan salimbi sere. jodon hūda salimbio ? salirakūn ? jodon hūda duleke aniya i hūda emu adali sere. gemun hecen i je-tere jaka hajio ? elgiyūn ? mini tere takara niyalma de fonjici, alarangge i jidere hanci, jakūn fun menggun de emu hiyase šanyan bele, sunja fun menggun de emu hiyase je bele, emu jiha menggun de juwan ginggin ufa, juwe fun menggun de emu ginggin honin yali bumbi sere. uttu oci bi duleke aniya gemun hecen de bihe hū da emu adali."

阿哥你原來是走過的人，京城的馬價如何？新近我有相識的人來說，這一向馬價很好，這一等的馬值十五兩，這一等的馬值十兩。葛布價錢高不高呢？葛布價錢說是與去年的價錢一樣。京城的食物短缺嗎？富裕嗎？我問認識的那個人，據說他將要來時，八分銀子一斗白米，五分銀子一斗小米，一錢銀子十斤麵，二分銀子一斤羊肉。這樣的話，與我去年在京城時的價錢一樣 ⑳。

由前引內容可知漢語《老乞大》與《清語老乞大》所述馬匹、米麵羊肉的價錢，固然相同，其詞意亦相近。漢語《老乞大》云：

你自來到京裏，賣了貨物，卻買綿絹，到王京賣了，前後住了多少時？我從年時正月裏，將馬和布子，到京都賣了。五月裏到高唐，收起綿絹，到直沽裏上船過海。十月裏到王京，投到年終，貨物都賣了，又買了這些馬并毛施布來

了㉑。

前引內容亦見於《清語老乞大》，先譯出羅馬拼音，然後譯出漢語如下：

"si daci gemun hecen de geneme ulin be uncafi, geli kubun ceceri be udafi wang ging de hūdašame genehe de, amasi julesi udu biya yabuha？ bi duleke aniya ci ebsi morin jodonbe gamame, gemun hecen de genefi gemu uncame wajifi, sunja biya de g'ao tang de genefi, kubur ceceri be bargiyafi jik ju deri jahūdai teme doofi, juwan biya de wang ging de isinafi, aniya wajime hamime ulin be gemu uncafi, geli ere morin mušuri jodon be udame gajiha."

你從前京城裏賣了貨物，又買棉絹到王京去做生意時，往返走了幾個月？我從去年以來携帶馬匹和葛布到京城去都賣完了，五月裏到高唐去收買棉絹，由直沽坐船過海，十月裏到了王京，將近年終，把貨物都賣了，又買了這些馬匹夏布葛布帶來了㉒。

由前引內容可知「五月」、「十月」等月份，「高唐」、「直沽」等地名俱相同。引文中「毛施布」，《清語老乞大》作「夏布葛布」，為高麗名產，又作「沒絲布」，或「木絲布」，滿文讀如"mušuri"，讀音相近，漢人習稱「苧麻布」㉓。除布疋外，馬匹也是朝鮮商人重要的交易項目，《老乞大》和《清語老乞大》都詳列各色馬匹名目，可列表於下：

《老乞大》、《清語老乞大》馬匹名稱對照表

老乞大	清語老乞大	漢　譯	備　註
兒　馬	dahan morin	小　馬	
騸　馬	akta morin	騸　馬	
赤　馬	jerde morin	赤　馬	
黃　馬	konggoro morin	黃　馬	
虊色馬	keire morin	棗　馬	
栗色馬	kuren morin	栗色馬	
黑鬃馬	hailun morin	水獺皮馬	
白　馬	suru morin	白　馬	
黑　馬	kara morin	黑　馬	
鎖羅青馬	sarala morin	貉皮色馬	
土黃馬	kula morin	土黃馬	
繡膊馬	kalja morin	線臉馬	
破臉馬	kara morin	黑線馬	
五明馬	seberi morin	銀蹄馬	
桃花馬	cohoro morin	豹花馬	
青白馬			清語缺
豁鼻馬	oforo secihe morin	開鼻馬	
騍　馬	geo morin	騍　馬	
懷駒馬	sucilehe morin	懷駒馬	
環眼馬	kaca morin	環眼馬	

　　前表所列貿易馬匹名目頗多，可以互相對照，對照漢語《老乞大》，有助於了解滿文馬匹名稱的含義，選擇較正確旳漢文術語，例如《清語老乞大》中的 "jerde morin"，可作 "jerde"，漢譯可作「紅馬」，或「赤馬」。《清語老乞大》中所列馬匹名目，有不見於一般滿文字書者，亦可對照漢語《老乞大》譯出漢文，

例如 "kula morin"，當即「土黃馬」；"kaca morin"，當即「環眼馬」。

　　將《清語老乞大》與漢語《老乞大》互相比較後，發現兩者詳略不同，大致而言，漢語《老乞大》敍述較詳，而《清語老乞大》所述則較簡略。例如《清語老乞大》云：

　　"ere ilan niyalma, eici sini niyaman hūncihiyūn, eici ishunde acafi jihenggeo? onggolo jabdurakū ofi bahafi hala gebu be fonjihakū bihe, te gelhun akū fonjiki, ere age i hala ai? ere emke hala gin, mini gu de banjiha tara ahūn, ere emke hala lii, mini nakcu de banjiha tara ahūn, ere emke hala joo, mini adaki boo i gucu. sini ere tara ahūn deo, ainci aldangga mukūn i tara ahūn deo dere. akū, be jingkini tara ahūn deo."

　　這三個人是你的親戚呢？或是相遇而來的呢？以前因未及請教姓名，現在敢請賜告，這位阿哥貴姓？這位姓金，是我姑母所生的表哥。這一位姓李，是舅舅所生的表哥。這一位姓趙，是我鄰居的伙伴。你的這位表兄弟，想是遠族的表兄弟吧！不，我們是親表兄弟㉔。

前引對話，亦見於漢語《老乞大》，但詳略不同，爲便於比較，將漢語《老乞大》原文照錄於下：

　　這三箇伙伴，是你親眷哪？是相合來的？都不曾問，姓甚麼？這箇姓金，是小人姑舅哥哥。這箇姓李，是小人兩姨兄弟。這箇姓趙，是我街坊。你是姑舅弟兄，誰是舅舅上孩兒？誰是姑姑上孩兒？小人是姑姑生的，他是舅舅生的。你兩姨弟兄，是親兩姨哪？是房親兩姨？是親兩姨弟兄。我母親是姐姐，他母親是妹子㉕。

對照漢語《老乞大》與《清語老乞大》後可知兩者不僅內容詳略不同，其習慣表現法亦有差異。漢語《老乞大》中的姐妹稱呼是值得注意的，不稱妹妹，而作「妹子」。《清語老乞大》敘述買賣緞子的一段話說：

> "suje uncara age sinde fulaburu bocoi sajirtu, fulgiyan boco de aisin i jodoho suje, sain cece ceri gemu bio?"
>
> 賣緞子的阿哥，火青色的胸背，紅色織金的緞子，好的紗羅你都有嗎㉖？

前引內容，文字簡短，滿文不及二十字。漢語《老乞大》則云：

> 賣段子的大哥，你那天青胸背、柳青膝欄、鴨綠界地雲、鸚哥綠寶相花、黑綠天花嵌八寶、草綠蜂趕梅、栢枝綠四季花、蔥白骨朵雲、桃紅雲肩、大紅織金、銀紅西蕃蓮、肉紅纏枝牡丹、閃黃筆管花、鵝黃四雲、柳黃穿花鳳、麝香褐膝欄、艾褐玉塼堦、蜜褐光素、鷹背褐海馬、茶褐暗花，這們的紵絲和紗羅都有麼㉗？

由前引漢語《老乞大》內容可知《清語老乞大》將各色紗羅名目刪略的情形，許多羅緞名稱都不見於《清語老乞大》。《清語老乞大》敘述朝鮮商人學做漢人料理說道：

> "muse enenggi buda be nikan be alhūdame weilefi jeki. uttu oci nimaha šasiha, coko šasiha, kataha saikū, halu mentu dalgilaci sain."
>
> 我們今天學漢人做飯吃吧！若是這樣，魚湯，雞湯、風乾的酒菜、細粉、饅頭預備好㉘。

漢語《老乞大》所述較詳，其原文云：

> 咱們做漢兒茶飯著，頭一道團撺湯，第二道鮮魚湯，第三道雞湯，第四道五軟三下鍋，第五道乾安酒，第六道灌肺、

蒸餅、脫脫麻食，第七道粉湯、饅頭打散㉙。

漢語《老乞大》所載酒菜內容，似乎是元代華北漢人的菜單，其中「脫脫麻食」就是北亞草原民族的一種甜食。《清語老乞大》不僅記述簡略，其內容也看不出是漢人料理。《清語老乞大》記述朝鮮商人擇日看相的一段話說：

"muse sain inenggi be sonjofi amasi geneki. ubade uhū siyan šeng bi, inenggi sonjorongge umesi mangga, tede sonjobume geneki. si mini jakūn hergen be tuwa. sini banjiha aniya biya inenggi erin be ala. bi ihan ani-yangge, ere aniya dehi se oho, nadan biya juwan nadan i tasha de banjiha. sini banjiha erin umesi sain, kemuni eture jeterengge elgiyen, mohoro gacilabure de isina-rakū bicibe, damu hafan hergen i usiha akū，hūdašame yabure de sain. bi ere ucuri amasi geneki sembi, ya inenggi sain. si takasu bi sonjome tuwaki, ere biya orin sunja i tasha erin de, dergi baru jurafi geneci amba aisi bahambi."

我們擇個好日回去吧！這裏有五虎先生，善於擇日，去叫他擇吧！你看看我的八字吧！你的生年月日時刻告訴我吧！我是屬牛年的，今年四十歲了，七月十七日寅時生。你的生辰十分好，雖然衣食尚豐不至於窘迫，但是沒有官星，做買賣很好。我這幾天想要回去，那一個日子好？你且慢，我擇擇看吧！本月二十五日寅時，向東起程前往時可得大利㉚。

漢語《老乞大》也記述朝鮮商人占卦擇日的一段對話，其原文云：

我揀箇好日頭廻去，我一發待算一卦去，這裏有五虎先生，

最算的好，咱們那裏算去來。到那卦舖裏坐定，問先生，
你與我看命。你説將年月日生時來。我是屬牛兒的，今年
四十也，七月十七日寅時生。你這八字十分好，一生不小
衣祿，不受貧，官星沒有，只宜做買賣，出入通達，今年
交大運，丙戌已後財帛大聚，強如已前數倍。這們時，我
待近日廻程，幾日好。且住，我與你選箇好日頭，甲乙丙
丁戊己庚辛壬癸是天干，子丑寅卯辰巳午未申酉戌亥是地
支，建除滿平定執破危成收開閉，你則這二十五日起去，
寅時往東迎喜神去大吉利㉛。

由前引原文可知《清語老乞大》所述內容，與漢語《老乞大》文
意相近，十二生肖中屬牛的朝鮮商人，其年歲及生年月日時辰，
俱相同，但兩者詳略不同，《清語老乞大》將天干地支等刪略不
載。《清語老乞大》所述內容間有較詳者，例如書中描述炒肉的
一段對話說：

"boihoji weileme amcarakū ohode, meni gucui dorgi de
emu niyalma be tucibufi yali colabukini. bi yali colame
bahanarakū. ere ai mangga babi, mucen be šome obofi
bolokon i hašafi, tuwa sindame mucen be halhūn obuha
manggi, hontohon hūntaha i šanyan malanggu ni-
menggi sindafi, nimenggi urehe manggi, yali be mucen
de doolafi sele mašai ubašame colame dulin urehe
manggi, jai dabsun misun muke furgisu fuseri jušun elu
hacin hacin i jaka be seseme sindafi, mucen i tuhe
dasifi, sukdun be tuciburakū, emgeri tuwa sindaha
manggi uthai urembi kai."

主人如果來不及做，我們伙伴裏頭，派出一人來炒肉吧！

我不會炒肉。這有什麼難處？把鍋刷洗乾淨，燒火，鍋熱
時，放進半盞白麻油，油沸後把肉倒進鍋裏，用鐵勺翻炒
半熟後，再把鹽、醬、水、胡椒、醋、蔥各樣物料撒進去，
把鍋蓋覆蓋上去，不讓它出氣，燒一次火以後就熟了啊㉜！

《清語老乞大》將炒肉的技巧及調和食味的各種作料名稱，敍述
頗詳。漢語《老乞大》所述內容如下：

主人家，迭不得時，咱們火伴裏頭，教一箇自炒肉。我是
高麗人，都不會炒肉。有甚麼難處，刷了鍋，著燒的鍋熱
時，著上半盞香油，將油熱了時，下上肉，著些鹽，著筯
子攪動，炒的半熟時，調上些醬水生蔥料物拌了，鍋子上
蓋覆了，休著出氣，燒動火一霎兒熟了。㉝

由前引內容可知漢語《老乞大》所用的調味作料，只有醬、鹽、
生蔥，而《清語老乞大》則有鹽、胡椒、醋、生蔥，品類較多。
漢語《老乞大》有一段敍述人生價值觀的長篇獨語說：

咱們每年每月每日快活，春夏秋冬一日也不要撇了。咱人
今日死的，明日死的，不理會得，安樂時，不快活時，眞
箇呆人。死的後頭，不揀甚麼，都做不得主張，好行的馬
別人騎人，好襖子別人穿了，好媳婦別人娶了，活時節著
甚麼來由不受用㉞。

《清語老乞大》也有這一段長篇獨語，先將滿文羅馬拼音譯出，
然後譯成漢文於後：

"muse aniyadari biyadari inenggidari sebjeleme, niy-
engniyeri juwari bolori tuweri duin forgon de emu
inenggi seme inu funtuhuleburakū efiki, enenggi bucere
cimari bucere be sarkū bime, gehun abka·sain šun i
inenggi, genggiyen biya bolho edun i dobori be baibi

mekele dulembufi sebjelerakū oci, ere yargiyan i men-
tuhun niyalma kai! si tuwa jalan i niyalma weihun
fonde, damu tesurakū jalin jobome eiten jaka be hai-
rame, dobori inenggi facihiyahai emu cimari andande
bucehe amala, utala faššame ilibuha boigon hethe, sain
morin ihan yangsangga etuku adu, hocikon hehe sai-
kan guweleku be heni majige gamame muterakū, baibi
guwa niyalma de jabšabumbi, ere be tuwame ohode,
erin forgon be amcame sebjelere be hon i waka seci
ojorakū."

我們每年每月每日享樂，春夏秋冬四季，一天也不空過地
玩吧！不知今日死，明日死，晴天艷陽的日子，明月清風
之夜，若白白枉然虛度不行樂時，這實在是蠢人啊！你看
世人活著的時候，只是爲不足憂愁而愛惜一切東西，日夜
奔波，一旦之間死了以後，這些勤勞建立的家產，好的馬
牛，有文彩的衣服，連美女佳妾一點也帶不走，白白的便
宜了別人，由此看來，及時行樂，實在不可厚非㉟。

由前引內容可知《清語老乞大》與漢語《老乞大》所述人生觀，
其文意極相近，但《清語老乞大》因經過潤飾，而與漢語《老乞
大》略有不同，同時也說明《清語老乞大》不僅是滿語教科書，
而且是一種滿文中罕見的文學作品。

五、《清語老乞大》與漢語《老乞大》的語法比較

滿語與漢語是兩種語言，在漢語《老乞大》裏，有許多特殊
的習慣表現法，其中包括頗多現代口語裏罕見的詞彙，多可透過
《清語老乞大》的滿語翻譯，而了解這些詞彙的含義。例如漢語

《老乞大》中：「我漢兒人上學文書，因此上，些小漢兒言語省的。」㊱句中「省的」，《清語老乞大》作 "bahanambi"，意即理會的「會」㊲。漢語《老乞大》說：「小絹一疋三錢，染做小紅裏絹。」㊳句中「小紅」，《清語老乞大》作 "fulahūn boco"，意即「淡紅色」㊴。漢語《老乞大》說：「我五箇人，打著三斤麵的餅著，我自買下飯去。」㊵句中「下飯」，《清語老乞大》作 "booha"，意即「下酒飯的菜餚」㊶。

　　由於漢語《老乞大》特殊習慣語的不易理解，可以透過滿語的翻譯，而了解詞意，例如漢語《老乞大》說：「主人家，迭不得時，咱們火伴裏頭，教一箇自炒肉。」㊷句中「迭不得」，《清語老乞大》作 "amcarakū"，意即「來不及」，淺顯易懂。漢語《老乞大》說：「火伴你將料撈出來，冷水裏拔著，等馬大控一會，慢慢的喂著。」㊸句中「大控」，《清語老乞大》作 "teyere"，意即「歇息」㊹。漢語《老乞大》說「我不是利家，這段子價錢我都知道。」句中「利家」，《清語老乞大》作 "hūdašara niyalma"，意即「生意人」㊺。楊聯陞指出「利家」是「市行之人」㊻，與滿語的意思相合。漢語《老乞大》說：「這主人家好不整齊，攪料棒也沒一箇。」㊼句中「好不整齊」，《清語老乞大》作 "umesi la li akū"，意即「好不爽快」㊽。漢語《老乞大》說：「主人家哥，休恠，小人們，這裏定害。」㊾句中「定害」，《清語老乞大》作 "ambula jobobuha"，意即「太打擾了」㊿。漢語《老乞大》說「這客人，怎麼這般歪斯纏。」句中「歪斯纏」，是元明時期的特殊用語，不見於《朴通事》，葛維達認爲《老乞大》裏的「歪斯纏」，意思是「煩擾」[51]，《清語老乞大》則作 "balai jamarambi"，意即「胡鬧」[52]。漢語《老乞大》說：「既這般的時，休則管的纏張。」[53]句中「纏張」，《

清語老乞大》作 "temšere"，意即「爭執」(54)。漢語《老乞大》說：「這賣酒的，也快纏，這們的好銀子，怎麼使不得？」(55)句中「快纏」，《清語老乞大》作 "temšere mangga"，意即「好爭」(56)。漢語《老乞大》說：「咱們休磨拖，趁涼快，馬又喫的飽時，趕動著。」(57)句中「磨拖」，葛維達作「浪費時間」解(58)，惟《清語老乞大》則作 "teyere"，意即「歇息」(59)。

在漢語《老乞大》裏，常見有各種成語及格言，例如漢語《老乞大》說：「常言道，常防賊心，莫偷他物。」(60)《清語老乞大》也有這一條格言，"bai gisun de henduhengge aniyadari haji be seremše, erindari hūlha be seremše sehebi."意即："「常言道，年年防飢，時時防賊。」(61)滿語的改譯，較漢語更清晰。現代口語的「吃」，漢語《老乞大》又作「得」，例如：「常言道，馬不得夜草不肥，人不得橫財不富。」(62)《清語老乞大》則云 "dekdeni henduhengge, morin dobori orho be jeterakū oci tarhūrakū, niyalma hetu ulin be baharakū oci bayan ojorakū sehebi." 意即：「常言道，馬不吃夜草不肥，人不得橫財不富。」(63)句中將頭一個「得」字改譯爲「吃」。漢語《老乞大》說：「飢時得一口，強如飽時得一斗。」(64)句中「得一口」、「得一斗」，俱用「得」字。《清語老乞大》則云 "yadahūsara erin de emu angga jeterengge, ebihe de emu hiyase bahara ci wesihun." 意即：「餓時吃一口，強如飽時得米一斗。」(65)句中也是將前面一句的「得」字改譯爲「吃」。漢語《老乞大》說：「卻不說，好看千里客，萬里要傳名。」(66)《清語老乞大》則云 "hendure balama minggan bade antaha be saikan kundulefi unggirengge, tumen bade gebu be bahaki sehebi."(67)句中「好看」，滿語作 "saikan kundulefi"，意即「好好地待人恭敬」，全句可

譯作「俗話說，敬客千里，傳名萬里。」漢語《老乞大》說：「
這早晚黑夜，我其實肚裏飢了，又有幾箇馬，一客不犯二主，怎
麼，可憐見，糶與我一頓飯的米和馬草料如何？」⑱句中「一客
不犯二主」，葛維達譯成英文作 "One guest does not bother
two hosts."「犯」字，作「煩擾」解⑲。《清語老乞大》則云 "
emu antaha inu juwe boihoji de baire kooli akū."⑳意即「一個
客人也沒有求兩個主人的例子。」句中「犯」，作「求」（
baire）解。

　　由前舉諸例可知《清語老乞大》與漢語《老乞大》的詞彙及
特殊語法，頗有不同。漢語《老乞大》、《蒙語老乞大》、《清
語老乞大》的文體及內容，並不相同，漢語《老乞大》裏的語法
既深受阿爾泰語系的影響，對《清語老乞大》等了解愈多，並加
以比較，則對漢語《老乞大》的語法分析，將更有裨益。

六、結　語

　　《老乞大》原刊舊本，所使用的詞彙，多爲元朝「時語」，
是元代通俗的華北口語，與明清時期的實用口語，頗有差異，由
於漢語的變化，《老乞大》爲了適應社會的實際需要，自明初以
來，屢有改訂，於是出現了多種版本。中國本部由於民族的盛衰，
政權的遞嬗，民族語言的使用範圍，也隨著轉移。蒙古、滿洲先
後崛起，蒙古語文及滿洲語文都成爲統治王朝的「國語」，朝鮮
商人及春秋信史往返華北，對當地通用語文確有學習的必要，爲
了教學語言的目的，除了屢次改訂漢語《老乞大》以外，還將漢
語《老乞大》先後編譯成《蒙語老乞大》、《清語老乞大》等各
種不同版本及譯本，都具有很高的文學價值，尤其對於比較元明
清時期通俗口語的發展變化，提供了很珍貴的語文資料，具有很

高的學術價值。

　　將《清語老乞大》與漢語《老乞大》互相比較後，發現兩者
不僅卷數不同，內容也有詳略。大致而言，《清語老乞大》雖以
漢語《老乞大》爲藍本而改譯，但內容多較簡略。由於滿語譯本
文義清晰，淺顯易解，漢語《老乞大》未解的罕見詞彙，可藉《
清語老乞大》的滿語譯本而了解其含義，探討漢語《老乞大》的
語法及詞彙，《清語老乞大》是不可或缺的參考用書。研究清代
的滿文發展，《清語老乞大》也是很有價值的語文資料。漢語《
老乞大》裏的語法既深受阿爾泰語系的影響，分析漢語《老乞大》
的語法，不能忽略《清語老乞大》的參考價值，《清語老乞大》
與漢語《老乞大》的比較研究確實具有意義。

【註　釋】

① 　李學智撰〈老乞大一書編成經過之臆測〉，《中韓關係史國際研討
　　會論文集》（臺北，中華民國韓國研究學會，民國七十二年三月），
　　頁427。

② 　《老乞大諺解‧朴通事諺解》（臺北，聯經出版事業公司，民國六
　　十七年六月），羅羅錦堂序，頁7。

③ 　《老乞大諺解‧朴通事諺解》，丁邦新序，頁2。

④ 　《老乞大諺解》，卷上，頁11。

⑤ 　李學智撰〈老乞大一書編成經過之臆測〉，《中韓關係史國際研討
　　會論文集》，頁 428—429。

⑥ 　葛維達（Svetlana Rimsky-korsakoff Dyer）著《老乞大之文法分
　　析》（Grammatical Analysis of the Lao Ch'i-ta, With an English
　　Translation of the Chinese Text）p. 9, Canberra, Austalian Na-
　　tional University, 1983.

⑦　《老乞大諺解‧朴通事諺解》，丁邦新序，頁2。

⑧　《老乞大之文法分析》，頁47。

⑨　楊聯陞撰〈老乞大朴通事裏的語法語彙〉，《中央研究院歷史語言研究所集刊》，第二十九本，上冊（臺北，中央研究院，民國四十六年十一月），頁198。

⑩　《老乞大之文法分析》，頁67。

⑪　《老乞大諺解‧朴通事諺解》，丁邦新序，頁4。

⑫　《老乞大之文法分析》，頁90。

⑬　《老乞大之文法分析》，頁273；《中韓關係史國際研討會論文集》，頁434；《中央研究院歷史語言研究所集刊》，第二十九本，上冊，頁202。

⑭　《中韓關係史國際研討會論文集》，頁434。

⑮　《中央研究院歷史語言研究所集刊》，第二十九本，上冊，頁202。

⑯　莊吉發譯《清語老乞大》（臺北，文史哲出版社，民國六十五年九月），序文，頁2。

⑰　《老乞大》，《老乞大諺解‧朴通事諺解》（聯經出版事業公司，臺北，民國六十七年六月），頁47。

⑱　《老乞大諺解‧朴通事諺解》，羅錦堂序文，頁9。

⑲　《老乞大》，頁3。

⑳　《清語老乞大》，卷一，頁21。

㉑　《老乞大》，頁5。

㉒　《清語老乞大》，卷一，頁35。

㉓　《中央研究院歷史語言研究所集刊》，第二十九本，上冊，頁203。

㉔　《清語老乞大》，卷一，頁36。

㉕　《老乞大》，頁6。

㉖　《清語老乞大》，卷六，頁208。

㉗　《老乞大》，頁32。

㉘　《清語老乞大》，卷七，頁232。

㉙　《老乞大》，頁36。

㉚　《清語老乞大》，卷八，頁289。

㉛　《老乞大》，頁47。原文中「你則這二十五日起去」，句中「則」，
　　《老乞大諺解》，卷下，頁65，作「只」。

㉜　《清語老乞大》，卷二，頁50。

㉝　《老乞大》，頁7。

㉞　《老乞大》，頁37。

㉟　《清語老乞大》，卷七，頁241。

㊱　《老乞大》，頁1。

㊲　《清語老乞大》，卷一，頁5。

㊳　《老乞大》，頁5。

㊴　《清語老乞大》，卷一，頁32。

㊵　《老乞大》，頁7。

㊶　《清語老乞大》，卷二，頁48。

㊷　《老乞大》，頁7。

㊸　《老乞大》，頁8。

㊹　《清語老乞大》，卷二，頁56。

㊺　《清語老乞大》，卷六，頁214。

㊻　《中央研究院歷史語言研究所集刊》，第二十九本，上冊，頁205。

㊼　《老乞大》，頁10。

㊽　《清語老乞大》，卷二，頁75。

㊾　《老乞大》，頁15。

㊿　《清語老乞大》，卷三，頁97。

(51)　《老乞大之文法分析》，頁245。

㉒　《清語老乞大》，卷三，頁113。

㉓　《老乞大》，頁18。

㉔　《清語老乞大》，卷三，頁116。

㉕　《老乞大》，頁22。

㉖　《清語老乞大》，卷四，頁146。

㉗　《老乞大》，頁20。

㉘　《老乞大之文法分析》，頁243。

㉙　《清語老乞大》，卷四，頁133。

㉚　《老乞大》，頁12。

㉛　《清語老乞大》，卷二，頁77。

㉜　《老乞大》，頁11。

㉝　《清語老乞大》，卷二，頁73。

㉞　《老乞大》，頁15。

㉟　《清語老乞大》，卷三，頁98。

㊱　《老乞大》，頁15。

㊲　《清語老乞大》，卷三，頁99。

㊳　《老乞大》，頁18。

㊴　《老乞大之文法分析》，頁270。

㊵　《清語老乞大》，卷四，頁118。

圖版一

圖版二

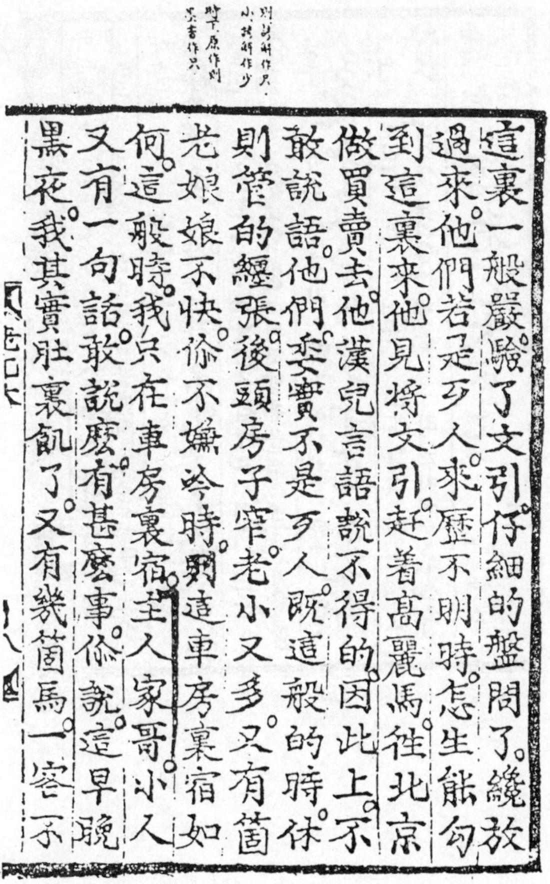

別岩幹作只
小說幹作少
黔草原作刊
吳書作共

圖版二

這裏一般嚴驗了支引仔細的盤問了幾放
過來他們若是歹人來歷不明時怎生能勾
到這裏來他見將文引趕著高麗馬往北京
做買賣去他們漢兒言語說不得的因此上不
敢說語他們委實不是歹人旣這般的時休
則管的經張後頭房子窄老小又多又有箇
老娘娘不快恰不繊岭時到這車房裏宿如
何這般時我只在車房裏宿主人家哥小人
又有一句話敢說甚麼有甚麼事你說這早晚
黑夜我其實肚裏飢了又有幾箇馬一害不

圖版三

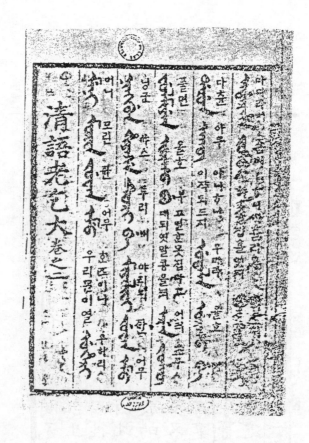

薩滿信仰與滿族民間文學

一、前 言

　　薩滿，滿洲語讀如「Saman」，是阿爾泰語系通古斯語族稱呼跳神巫人的音譯。在通古斯族的語言中，薩滿一詞是指能夠通靈的男女，他們在跳神作法的儀式中，受到自我暗示或刺激後，即產生習慣性的人格解離，薩滿人格自我眞空，將神靈引進自己的軀體，使神靈附體，而產生一種超自然的力量，於是具有一套和神靈溝通的法術。崇奉薩滿信仰的民族認爲人生的禍福，宇宙的各種現象，都有神靈在冥冥之中主宰著，人們與神靈之間，必須設法溝通。通過占卜，祭祀，祈禱等手段，可以預知、撫慰，乃至征服自然界中的某種神祕力量。薩滿就是在相信泛靈論的環境中，與神靈溝通的靈媒，是連繫人的世界與神靈世界的橋樑，在阿爾泰語系各民族中，具有超自然能力的這些人就是薩滿。

　　薩滿信仰是屬於歷史的範疇，有其形成、發展的過程，以歷史文化觀點分析薩滿信仰的特點，是有意義的；將薩滿信仰的特點作爲確定薩滿信仰的發祥地點及其在不同地區的分佈，也是較爲客觀的。薩滿信仰盛行於東北亞、北亞以迄西北亞的草原地帶，以貝加爾湖附近及阿爾泰山一帶爲發祥地，表現最爲典型。我國北方阿爾泰語系通古斯、蒙古、突厥等語族，例如匈奴、靺鞨、突厥、契丹、女眞、蒙古、滿洲、赫哲、達呼爾、錫伯、索倫、鄂倫春、維吾爾等族，都崇奉過薩滿信仰。薩滿信仰是阿爾泰語系各民族的共同文化特色，不研究薩滿信仰，就不可能深入地理

解他們的文化。對薩滿信仰進行歷史考察，有助於理解在不同歷史時期我國北方民族的文化特色。

薩滿信仰的內容，極其廣泛，學術界對薩滿信仰特質的分析，所持觀點，固然不同，態度亦異。廣義論者抹煞了不同歷史時期不同地域的自發宗教的區別，從而也模糊了薩滿信仰的特質；狹義論者對薩滿信仰的界定，不夠全面、準確和縝密。否定薩滿信仰的學者，認為薩滿信仰是一種迷信，薩滿跳神治病，愚昧無知，害人不淺：肯定薩滿信仰的學者，則認為薩滿是原始文化的創造者，在氏族中有其特殊的地位，薩滿信仰是一種綜合體，蘊含著豐富的原始醫學、文學、藝術、審美意識文化內容。因此，薩滿信仰的研究，涉及宗教學、語言學、民俗學、社會學、心理學、醫學、人類學、文學、歷史學以及音樂、舞蹈等各種學科，由於學者的專業訓練不同，所持觀點，並不一致。然而中外學者對薩滿信仰核心問題的不同主張，與其說相互矛盾，不如說是相互補充，都有助於認識東北亞或北亞的文化特質。

由於薩滿信仰的盛行，有許多神話故事流傳後世，其中《尼山薩滿傳》手稿本是以滿文寫成的文學作品，對研究滿族民間文學及薩滿信仰，都提供了很珍貴的資料，本文撰寫的旨趣，就是以現存海參崴本《尼山薩滿傳》滿文手稿本為主要資料來源，對滿族民間文學進行初步的探討。

二、薩滿信仰的文化特質

薩滿信仰的觀念和活動，是以巫術為主體和主流而發展起來的複雜文化現象，源遠流長。《史記‧封禪書》有「九天巫，祠九天」①的記載，司馬貞《索引》引《三輔故事》說：「胡巫事九天於神明台。」②《漢書‧匈奴傳》稱匈奴巫為胡巫③。因匈

奴巫奉祀九層的天上界，所以匈奴巫就稱為九天巫。樊圃撰〈六到八世紀突厥人的宗教信仰〉一文已指出：「胡巫或九天巫奉祀的九天，完全是薩滿信仰的宗教觀，薩滿就是中國古代史書中的巫。」④《漢書‧蘇建傳》記載蘇武出使匈奴時，不肯屈節辱命，而引佩刀自刺重傷。匈奴大臣衛律召來巫醫，鑿了地穴，下置熅火，把蘇武放在上面，用腳踹他的後背，使他出血。蘇武原先已經氣絕，半日後即蘇醒過來了。匈奴的巫醫叫做「毉」⑤，就是懂得急救及醫治外傷的薩滿。突厥、回紇與匈奴同俗，敬鬼神，而信薩滿，用兵時，薩滿常以札答法術而致風雪⑥。《遼史》記載契丹薩滿活動的文字，並不罕見。契丹社會的喪葬儀式，多由薩滿袚除不祥，驅凶去垢。每年正旦，則有驚鬼的驅崇跳神活動⑦。遼興宗十九年（1049）三月，《遼史》記載：「林牙蕭撒抹等帥師伐夏。」句中「撒抹」，《欽定遼史語解》作「薩滿」⑧。遼代中京即赤峰市大明城附近出土的一件鐵器，其柄端有平面呈腰形的環，上附八個小鐵環，手持舞動，叮噹作響，考古工作者認為這件鐵器，形制特殊，可能是遼代薩滿所使用的法器⑨。《金史》后妃列傳記載：「熙宗積怒，遂殺后而納胙王常勝妃撒卯入宮。」⑩句中「撒卯」，《欽定金史語解》作「薩滿」。徐夢莘著《三朝北盟會編》記載：「珊蠻者，女眞語巫嫗也。」乾隆年間纂修《欽定四庫全書》，收錄《三朝北盟會編》，並將「珊蠻」改作「薩滿」⑪。由此可知諸書中「撒抹」、「撒卯」、「珊蠻」等都是薩滿的同音異譯，說明歷代以來，薩滿在北亞草原族群的社會裡，扮演了重要的角色。

　　薩滿信仰有一個共同的思想基礎，相信萬物有靈，是屬於多神的泛靈崇拜，以自然崇拜為主體，此外還有圖騰崇拜、祖先崇拜、英雄聖者崇拜。崇奉薩滿信仰的人們相信薩滿所以具有特別

的力量，是因爲薩滿和這些神靈具有圖騰或同宗的血緣親密關係，能賦予薩滿奇異的神力。薩滿跳神作法，念誦咒語，或祝禱神詞，就是使用神秘的語言，產生巫術的作用，使平常的事物產生一種超自然的能力。薩滿信仰就是使用神秘的語言，產生巫術的作用，使平常的事物產生一種超自然的能力。薩滿信仰就是將鬼魂神靈觀念同巫術交織雜揉在一起，形成了一種複雜的文化現象，它既含有原始宗教的成分，又包含大量非宗教的成分，薩滿信仰就是一種特殊形式的巫術文化。從人類存在伊始，便把生存的環境分爲兩類：一類是吉、善、福；一類是凶、惡、禍，由這兩類互相對立的抽象概念，又產生了人們對待大自然的兩種不同態度：一種態度是消極安慰自己，以求得心理平衡；一種態度是力圖積極控制大自然。這兩種概念和態度形成了彼此交叉重疊的原始宗教意識和巫術意識的兩種不同意識場。瞿兌之撰〈釋巫〉一文略謂：

> 巫之興也，其在草昧之初乎？人之於神祇靈異，始而疑，繼而畏，繼而思所以容悅之，思所以和協之，思以人之道通於神明，而求其安然無事。巫也者，處乎人神之間，而求以人之道通於神明者也⑫。

猶如人們的行爲善惡一樣，神祇魂靈也有善惡的分別，對善的虔敬、祈求、感激和報償；對惡的厭惡、詛咒、驅趕或安撫。在草昧之初的初民社會裡，人類對自然界的神祇靈異，十分疑畏，薩滿就是人神之間的靈媒，以巫術通於神明，或容悅之，或和協之，以求其安然無事。徐昌翰撰〈論薩滿文化現象——「薩滿教」非教芻議〉一文已指出原始宗教意識和巫術意識這兩種不同意識場的存在，是產生原始宗教與巫術的不同性格和特徵的根源。吉和善以及人們對於它的態度是原始宗教觀念的核心。

原始社會的自然崇拜觀念、圖騰崇拜觀念和祖先崇拜觀念，

都是以由吉、善、福的概念以及對待這些概念的態度所構成意識場為核心而發展起來的宗教觀念範疇。巫術的情況不同，巫術產生的基礎乃是以凶、惡、禍各種觀念為核心的意識場，巫術一般產生於人們以自己的力量直接祓凶驅惡，逃避凶惡或達成向凶惡贖買的願望。由此而衍化出巫術祓除災禍、驅邪祛病、預言占卜等一系列的社會功能。由此可知原始宗教意識與巫術意識是兩種非常相近的社會意識，它們伴隨著吉凶、善惡、福禍等不同概念以及人們對這些概念所採取的不同態度所構成的意識場的出現而誕生⑬。

　　巫術原本就是企圖借助於超自然的神秘力量對人、事、物進行控制的一種方式和手段。薩滿為人畜跳神驅祟，占卜吉凶，為本氏族成員祈求豐收，消災除禍，都普遍運用巫術，以增加其神力。張紫晨撰〈中國薩滿教中的巫術〉一文亦指出巫術在薩滿信仰的形成中起過重要作用，薩滿本身即從原始的巫覡脫胎而來。在一般情況下，人們將巫覡與薩滿視同一物，就是因為巫覡的職能及其活動，與薩滿具有相同的性質，後來巫覡和薩滿在一些地區，卻出現了不同的發展趨勢，薩滿已經在專職祭司方面形成了自身的傳統，如領神儀式，跳神儀式，各種祭儀祝禱等都成為薩滿活動中獨特的內容。薩滿跳神儀式多在晚間進行，包括請神、降神、神靈附體等程序。薩滿請神、使神靈附體時，他所使用的手段，主要在於誦念神歌、禱詞等等，神歌、禱詞可以驅遣神靈，已具有巫術咒語的意義。有了神歌、禱詞，薩滿所請的神靈不能不來，不能不有神諭，整個祭祀，以跳神、耍鼓、驅鬼、占卜等環節最富於巫術氣氛。薩滿活動愈是古老，巫術的氣氛，愈顯得濃厚。由此可以說明薩滿活動中運用巫術是極為普遍的，其中巫術觀念和巫術原理也多貫穿於其中⑭。

　　薩滿信仰的顯著特徵，就是由於薩滿都有一套具有傳承性的服飾和法器，這種神服和法器是薩滿活動必備之物，但它不是單純的裝飾，它也有象徵神格的功能，就是巫術法力的象徵。祭祀不同的神靈時，穿戴不同的神服，可以表現神與神之間的性格差異。薩滿在不同的祭祀中更換神服，就是表示祭祀各個不同的神靈的特徵⑮。神服不僅是薩滿的外部標誌，而且神服上的圖案、佩飾都有它獨特的象徵意義。薩滿神服裝束的動物形象，與薩滿的職能有關，薩滿因與神靈溝通，魂靈出竅後需要上天，即借助於神鷹的形象；薩滿要驅除附在病人體內的惡魔，便借用具有捉鬼能力的貓頭鷹；薩滿要追尋失去的靈魂，便需要馬或鹿。薩滿相信神服具有多種法力和咒術功能，神衣的製作，多模倣鳥的羽毛或翅膀，其功能是代表薩滿上昇天界，或下降冥府的翅膀，所以傳說中的薩滿都會飛翔。神帽的作用，相當於頭盔，是薩滿跳神作法同妖魔戰鬥時，保護頭部的防禦性裝備。鹿角神帽，相信可以鎮妖除邪。神帽前面正中央站立著一隻銅鷹，象徵著薩滿在宇宙自由飛翔，使薩滿成爲溝通天界和人界的使者。薩滿的神服和法器，具備聲、光、色三種要素，都有護身防邪的功能。在薩滿信仰中，聲音、光亮具有特殊的意義，依照薩滿的解釋，惡鬼亡靈多停留在陰暗之處，偷偷摸摸、靜靜悄悄地侵入人們的周圍，加害人畜。因此，惡鬼亡靈害怕亮光，畏懼聲音，更怕有聲音的器物。薩滿相信人類是從鼓聲中產生的，神鼓是薩滿的法器，具有迎來善神，而震懾、驅逐惡鬼亡靈的神秘力量，象徵著最有威力的雷神的化身。薩滿跳神背誦禱詞時，伴以神鼓，使氣氛更富於巫術感。在薩滿神帽、神衣、神裙上都有鏡子，它能反射光線，可以防止惡魔的侵入。神帽上的小鏡，叫做護頭鏡，用以保護頭部。護心鏡套在頸部，佩在胸前，可以稱爲心臟之鏡，用以保護

心臟。背後的護背鏡也是防邪護身的，護心鏡和護背鏡一前一後守護著薩滿的身軀。此外，在神衣上、腰部還繫著銅鏡若干個，薩滿跳神時，銅鏡相互撞擊，發出緊促的聲音，可以強化法力，震懾妖魔。在初民社會裡人們看起來，薩滿身上的銅鏡越多，他就越有法術和神力。薩滿也認爲銅鏡是他們的盾牌，可以防禦惡魔射來的箭矢⑯。科爾沁蒙古的薩滿認爲銅鏡不僅能發光，而且又會飛，可以驅除災病，嚇退邪魔⑰。在薩滿的法器中有許多鐵質製品，例如索倫族薩滿使用鐵片製成蛇形法器，滿族薩滿以鐵質製作腰鈴。初民社會中的人們認爲鐵器具有避邪驅祟作用，精靈最懼怕鐵器，人們投擲鐵器，精靈就遠遠地逃遁。

　　薩滿穿戴神衣、神帽，使用法器，跳神作法，念誦咒語，大量使用巫術，包括反抗巫術、交感巫術、模擬巫術、配合巫術，昏迷巫術等等通神的方法，各種巫術在靈魂互滲的基礎上運用順勢和接觸的原理進行。所謂順勢巫術即根據同類相生的原則，通過模倣等手段來達到他的目的；接觸巫術是指通過被某人接觸過的物體，施加影響力，則某人亦將受到影響⑱，薩滿跳神作法時，巫術的因素，在北亞草原族群的社會都有顯著的呈現。昏迷巫術，習稱昏迷術，是薩滿跳神作法時的一種意識變化及精神現象。薩滿魂靈出竅後的過陰法術，就是一種昏迷術，也被稱爲脫魂術。薩滿的靈魂可以脫離自己的身體，而翱翔於天空，或進入地界冥府，與天空、冥府的神靈或亡魂等超自然性存在直接溝通⑲。脫魂就是薩滿施行昏迷術達到最高潮階段的主要動作，也被稱爲飛魂⑳。薩滿昏迷術中的脫魂或飛魂，就是薩滿信仰最顯著的特點，若捨棄昏迷術，就無從探討薩滿信仰的特質。

　　一個法力高強神通廣大的薩滿，多善於控制自己的思維結構，熟悉自己進入神魂顛倒狀態的方法，以及保持和調整進行昏迷術

時所需要的特殊狀態，同時又須顧及到進行巫術的目的㉑。在神魂顛倒的精神狀態下，薩滿本人平日的人格暫時解離，或處於被抑制的狀態中，而被薩滿所領神祇的神格所取代。薩滿相信肉體軀殼，只是魂靈的載體，薩滿的昏迷術，就是能使自己的魂靈脫離軀體達到脫魂境界，使薩滿的人格自我真空，讓薩滿所領的神祇進入自己的軀體內，所謂神靈附體，就是神靈進入真空軀殼的特殊現象，薩滿已無本色，各因附體的神格而肖之，例如老虎神來附身時，薩滿就表現猙獰的形象；媽媽神來附身時，薩滿就發出噢咻的聲音；姑娘神來附身時，薩滿就表現靦覥的姿態。薩滿的舞姿，多彩多姿，時而如鷹擊長空，時而如猛虎撲食，時而輕歌曼舞，時而豪放粗獷，最後達到高潮，精神進入高度緊張狀態，聲嘶力竭，以至於昏迷㉒。薩滿神靈附體後的狂舞，主要是模倣巫術的充分發揮。薩滿魂靈出竅後，他的魂靈不僅暫時脫離自己的軀殼，同時也走出個人存在的範圍，開始漫遊自己熟悉的另一個世界。由此可知薩滿的人格解離或魂靈出竅，並非薩滿個人的特殊經驗，其思想基礎是某種宇宙理論，意即應從他作爲思想基礎的本質的觀點來理解薩滿信仰，這種本質現象就是普遍而複雜的神魂顛倒，薩滿的過陰追魂，就是薩滿以魂靈出竅的意識變化與九天三界天穹觀，以及魂靈轉生的思想，互相結合的概念。薩滿在神魂顛倒的狀態下，彷彿回到了朦朧的原始宇宙結構中，天地既無分野，自然、神與人都合而爲一。天地互滲、天人感應以及人神合一的思想，就是北亞或東北亞文化圈各民族古代薩滿信仰的核心問題。薩滿跳神作法，驅祟治病，其巫術觀念、巫術原理，多貫穿於其中，巫術的因素，顯著地呈現。薩滿既然充分使用巫術，由此可以說明薩滿信仰的觀念及其活動，就是脫胎於古代北亞巫覡信仰，而以巫術爲主體和主流發展起來的複雜文化現

象，既是行爲狀態，也是社會現象。

三、《尼山薩滿傳》的滿文手稿本

　　薩滿信仰雖然是一種複雜的文化現象，惟就薩滿本身所扮演的角色而言，薩滿可以說是醫治病人及護送魂靈的術士，當薩滿跳神作法進入催眠狀態達到魂靈出竅的程度後，或過陰進入冥府或上昇天界，而將病人的魂靈帶回人間，附體還陽，最後薩滿精疲力盡，彷彿從睡夢中甦醒過來，而達成了治療病人的任務。薩滿魂靈出竅的法術，是薩滿信仰的一種巫術特質，也是薩滿信仰與其他法術宗教相異之處。這種薩滿信仰的特有表現，可以從通古斯族或北亞諸民族流傳的薩滿故事裡找到最具體的例子。

　　滿族、索倫族、鄂倫春族、赫哲族、達呼爾族等民族，從古代以來就流傳著薩滿過陰追魂的故事，其中《尼山薩滿傳》，或《尼山薩滿故事》，就是以北亞部族的薩滿信仰觀念爲基礎的文學作品，故事中所述薩滿過陰收魂的過程較爲完整。到目前爲止，已經發現的六種《尼山薩滿傳》，都是用滿文記錄下來的手稿本。關於滿文手稿本的發現經過，成百仁譯註《滿洲薩滿神歌》序文，莊吉發撰〈談「尼山薩蠻傳」的滿文手稿本〉一文，曾作過簡單介紹。季永海撰〈《尼山薩滿》的版本及其價值〉一文㉓，作了較詳盡的說明。

　　俄羅斯滿洲文學教授格勒本茲可夫（A.V.Greben cikov）從史密德（P.P.Smidt）處獲悉有《尼山薩滿傳》手稿後，即前往滿洲地方尋覓，他在數年內先後得到了三種稿本。光緒三十四年（1908），他從齊齊哈爾東北部一個村中的滿族能德山青克哩（nendesan cinkeri）處獲得第一種手稿本，可以稱爲齊齊哈爾本，計一本，共23葉，每葉5行，縱178公分，橫8.3公分。封面

滿文為 "badarangga doro i gosin ilaci aniya boji bithe nitsan tsaman bithe emu debtelin"，意即「光緒三十三年合約尼山薩滿一本」。格勒本茲可夫將手稿本各葉裝裱在大型的白紙上，以便保存。齊齊哈爾手稿本的第一個特點是敍述簡單，缺少描寫成分，故事內容是從出外打圍的奴僕向員外帶回其子死訊開始，而以尼山薩滿向冥府蒙古勒代舅舅為員外的兒子爭取壽限為終結；第二個特點是滿文單語的使用方法，與一般滿文的習慣不同，有時可將動詞的現在式、過去式及副動詞的語尾，脫離動詞的語幹，而且將許多滿語詞分音節書寫。

宣統元年（1909），格勒本茲可夫又在璦琿城，從滿族德新格（desinge）手中得到二本手稿本，可以稱為璦琿甲本及璦琿乙本，縱 24公分，橫21.5公分，都是殘本。甲本，33葉，每葉12行。封面滿文為 "yasen saman i bithe emu debtelin"，意即「亞森薩滿傳一本」，最後一葉滿文為 "gehungge yoso sucungga aniya juwe biya i orin emu de arame wajiha"，意即「宣統元年二月二十一日寫完」。故事內容是以員外的兒子在野外身故上擔架回家為開端，文筆流暢，在滿文方面，更接近口語，書中禱詞，與其他手稿本不同，引人注目。乙本，18葉，每葉11行。封面滿為 "nitsan saman i bithe jai debtelin"，意即「尼山薩滿第二本」。扉葉上有墨筆所繪穿著完整神服的尼山薩滿畫像。最後一葉滿文為 "gehungge yoso sucungga aniya ninggun biya i orin nadan inenggi de arame wajha bithe"，意即「宣統元年六月二十七日寫完之書」。故事內容以女薩滿被判死刑而告終。敍事簡略，且欠流暢。

民國二年（1913），格勒本茲可夫在海參崴從一個教授滿文的滿族德克登額（Dekdengge）那裡得到第三種手稿本，德克

登額在海參崴（Vladivostok）期間，就記憶所及書寫成稿後交給格勒本茲可夫，可稱爲海參崴本，計93葉，每葉縱21.8公分，橫7公分。以墨色油布爲封面，是一種西式裝本。封面居中以滿文書明 "nisan saman i bithe emu debtelin"，意即「尼山薩滿傳一本」：右方有贈送者德克登額所寫的滿文 "tacibuku ge looye ningge"，意即「教授格老爺的」；左方有以鉛筆書寫的俄文 "Vladivostok, 1913"，意即「海參崴，1913」。海參崴本是格勒本茲可夫所獲手稿中最爲完整的一種。1961年，俄人M.沃爾科娃以《尼山薩滿故事的傳說》爲題，作爲《東方文獻小叢書》之七，在莫斯科出版。全書分爲序言、手稿影印、斯拉夫字母轉寫、俄文譯文和註釋等部分，此書出版後，在國際滿學界及阿爾泰學界，都引起重視，先後將滿文故事譯成德語、朝鮮語、意大利、英語、滿語、中文、日語等多種文字。

五十年代，中國大陸進行民族調查期間，曾於1958年左右在遼寧省滿族聚居地區發現一本滿文手稿本，後來一直由北京中國社會科學院民族研究所圖書館典藏，可以稱爲遼寧本。該書縱22公分，橫17.2公分，共26葉，每葉12或14行。此手稿本由季永海、趙志忠在《滿語研究》，1988年，第二期上發表，分爲前言、漢語譯文、原文羅馬字轉寫、漢字對譯及註釋等部分。

斯塔里科夫是研究我國東北民族的俄國學者，他於1957年和1965年先後兩次到東北，獲得滿文手稿本一本，可稱爲斯塔里科夫本，全書共29葉，每葉11行，封面滿文爲 "nisan saman i bithe damu emu debtelin"，意即「尼山滿傳僅一本」。斯塔里科夫去世後，由列寧格勒國立薩勒底科夫——謝德林圖書館收購。1992年，雅洪托夫將此手稿作爲《滿族民間文學》系列叢書第一本，題爲《尼山薩滿研究》，由聖彼得堡東方學中心刊行。全

書分前言、原稿本影印、羅馬字母轉寫、俄文譯文、參考資料等部分。

　　除以上先後發現的滿文手稿本外，有關薩滿過陰的故事，還在東北各民族的社會裡廣爲流傳，經學者調查公佈的，例如赫哲族《一新薩滿》（凌純聲著《松花江下游的赫哲族》，南京，民國二十三年）；索倫族的《尼桑薩滿》（呂光天著《鄂溫克族民間故事》，內蒙古人民出版社，1984年）；達呼爾族的《尼桑薩滿》（薩音塔那著《達斡爾族民間故事選》，內蒙古人民出版社，1987年）；滿族《女丹薩滿的故事》（金啓孮著《滿族的歷史與生活》，黑龍江人民出版社，1981年）；烏拉熙春譯著《女丹薩滿》（《滿族古神話》，內蒙古人民出版社，1987年）等等，對探討薩滿過陰收魂的問題，提供了珍貴的資料。

　　海參崴本《尼山薩滿傳》滿文手稿，對薩滿魂靈出竅，過陰收魂的情節，描寫細膩。原書敍述從前明朝的時候，住在羅洛村的巴勒杜‧巴彥員外，中年時，生下一子，十五歲時，在前往橫浪山打圍途中病故。員外夫婦行善修廟，拜佛求神，幫助窮人，救濟孤寡。上天憐憫，五十歲時，生下一子，命名爲色爾古岱‧費揚古，愛如東珠。到十五歲時，色爾古岱‧費揚古帶領著阿哈勒濟、巴哈勒濟等衆奴僕前往南山行獵，拋鷹嗾狗，到處追逐，射箭的射箭，槍扎的槍扎，正在興致勃勃的時候，色爾古岱‧費揚古忽然全身冰冷，一會兒又發高燒，頭昏病重。奴僕們趕緊收了圍，砍伐山木，做成抬架，輪流扛抬小主人，向家裡飛也似地奔走。色爾古岱‧費揚古牙關緊閉，兩眼直瞪，忽然氣絕身亡。員外據報後，頭頂上就像雷鳴，叫了一聲「愛子呀！」他就仰面跌倒了。夫人眼前好像劃過一道閃電，四肢癱瘓，叫了一聲「娘的兒呀！」也昏倒在員外的身上。當衆人正在號啕大哭，趕辦喪

事時，門口來了一個彎腰駝背的老翁指點員外前往尼西河岸請薩滿救治色爾古岱·費揚古。說完，坐上五彩雲霞昇空而去了。

　　尼山薩滿洗了眼瞼，擺設香案，右手拿著手鼓，左手盤繞鼓槌，開始跳神作法，傳達神諭，說出色爾古岱·費揚古在南山打圍時，殺了許多野獸，閻王爺差遣了鬼把他的真魂捉到冥府去，所以得病死了。員外回家後，差遣阿哈勒濟等奴僕帶著轎、車、馬去迎接尼山薩滿，將神櫃等分裝三車，尼山薩滿坐在轎子上，八個少年抬著轎向員外家飛奔而來，並請來助唱神歌的札立納哩費揚古。尼山薩滿穿戴了神衣、神裙、神鈴、神帽，跳神作法，請神附體，並向員外要了一隻和色爾古岱·費揚古同日生的狗，綁了腳，一隻三歲大的公雞拴了頭，一百塊的老醬，一百把的紙錢，預備攜帶到死國去。尼山薩滿進入催眠狀態，魂靈出竅，牽著雞、狗，扛著醬、紙，獸神跑著，鳥神飛著，走向死國去，來到一條河的渡口，由鼻歪、耳殘、頭禿、腳瘸、手瘸的人撐著獨木舟，到了對岸，尼山薩滿送給船夫三塊醬、三把紙，作為謝禮。不久來到紅河岸渡口，因無渡船，尼山薩滿唱著神歌，把神鼓拋到河裡，站在上面，像旋風似地轉瞬間渡過了河，留給河主醬、紙。一路上走得很急促，通過兩道關口，照例各致贈醬、紙謝禮。第三道關口由蒙古勒代舅舅把守，尼山薩滿責備他不該把壽限未到的色爾古岱·費揚古的真魂偷來死國。蒙古勒代舅舅說明閻王爺已把色爾古岱·費揚古當做養子，不能交還。尼山薩滿逕往閻王城，因護城門已經關閉，圍牆又十分堅固，她就唱起神歌，一隻大鳥飛進城內抓走了色爾古岱·費揚古。閻王爺大為生氣，責令蒙古勒代舅舅去追回色爾古岱·費揚古，不讓尼山薩滿平白地把色爾古岱·費揚古帶走。經過一番爭論，尼山薩滿答應加倍致贈醬、紙。因閻王爺沒有打圍的獵犬，夜晚沒有啼曉的公雞，蒙

古勒代舅舅請求尼山薩滿把帶來的公雞、狗留下，蒙古勒代舅舅也答應增加色爾古岱‧費揚古的壽限，經過一番討價還價後，增加到九十歲。

　　尼山薩滿牽著色爾古岱‧費揚古的手往回走，途中遇到死去多年的丈夫燒油鍋阻攔，要求附體還陽。因丈夫的骨肉已糜爛，筋脈已斷，不能救治，但他不肯寬恕妻子，一隻大鶴神抓起她的丈夫拋到酆都城裡。尼山薩滿帶著色爾古岱‧費揚古像旋風似的奔跑，途中拜見了子孫娘娘，參觀了黑霧瀰漫的酆都城，目睹惡犬村、明鏡山、暗鏡峰惡鬼哭號及善惡賞罰的種種酷刑。最後沿著原路回到員外巴勒杜‧巴彥的家裡，尼山薩滿醒過來後把收回的真魂放入色爾古岱‧費揚古的軀體裡。過了一會兒，色爾古岱‧費揚古就活過來了，好像睡了一大覺，做了好長的夢。眾人都很高興，員外拍掌笑了㉔。

　　遼寧本《尼山薩滿》滿文手稿的內容，無論是人名、地名，或情節，都很相近，可以說是同一個故事的不同手稿，以致各情節的詳略，彼此稍有不同。例如尼山薩滿魂靈出竅過陰到冥府，海參崴本說首先來到了一條河的岸邊，遼寧本則謂首先到了望鄉台，尼山薩滿問道：「這是什麼地方？人為什麼這麼多？」神祇們說：「這是剛死的人望陽間的地方。」尼山薩滿領著眾神前進，海參崴本說走了不久，到了紅河岸，遼寧本則謂走到三岔路，尼山薩滿問道：「這裡有三條路，從哪一條追呀？」鬼祟們說：「東邊這條路有放置障礙的山峰和壕溝，已經死了的靈魂走這條路。正直無邪的走中間這條路。西邊這條路就是帶費揚古去娘娘那兒的必經之路。」尼山薩滿向前走去，不一會兒，來到了紅河岸邊。蒙古勒代舅舅奉閻王之命追趕尼山薩滿，雙方爭執，討價還價的經過，遼寧本殘缺。尼山薩滿拜見子孫娘娘後所見到的酷刑，各

種手稿本不盡相同，海參崴本對豐都城、惡犬村的情景，東、西廂房的刑罰，描繪頗詳，遼寧本則在子孫娘娘的地方看到各種酷刑，講解刑律的就是娘娘本人，譬如尼山薩滿問道：「娘娘，那一對夫妻蓋著單衣，爲什麼還熱得直打滾呢？」娘娘說：「那是你們陽間的人，如果丈夫給妻子現了眼，妻子給丈夫丟了臉，死後蓋上單衣還熱。」尼山薩滿又問：「娘娘，那一對夫妻蓋著夾被，爲什麼還凍得打顫呢？」娘娘說：「那是你們陽間的人，丈夫不喜歡自己的妻子，同其他漂亮的女人行姦：妻子背著丈夫，同別人隨心所欲，他們死後蓋上夾被也冷得不行。」尼山薩滿又問：「娘娘，爲什麼把那個人從腰筋鉤住，正要出去呢？」娘娘說：「那是你們陽間的人，對待財物貪得無厭，給別人東西用斗小上加小；從別人那兒拿東西用斗大上加大，所以他們的壽限一到，就用這種刑。」尼山薩滿又問：「爲什麼讓那一群人頭頂石頭往山上送？」娘娘說：「這些人上山時，將木頭、石頭往下滾，把山神的頭破壞了。所以他們死後，就讓他們把滾下來的木頭、石頭往山上送。承受不了這種刑的人，只好在那兒呼天叫地。」尼山薩滿又問：「娘娘，爲什麼搜這一群人的衣服，要將他們放在盛滿油的鍋中殺死呢？」娘娘說：「這是你們陽間的黑心人，想得到金銀便起歹心，將別人的嘴堵上無聲地殺死，然後得到金銀，所以他們死後就用這種刑。」尼山薩滿還看到一群婦女因厭惡自己的丈夫，跟親近的人行姦，死後用蛇盤住咬傷的刑罰。其他刑罰，遼寧本殘缺。大致而言，海參崴本的地獄刑罰，佛、道成分較濃厚，草原氣息淡薄；遼寧本的冥府刑罰，草原氣息較濃厚，佛、道成分較淡薄。色爾古岱・費揚古還陽後，海參崴本未提及他的婚禮，遼寧本敘述色爾古岱・費揚古娶親設宴的情景，頗爲生動，並交待色爾古岱・費揚古所生子孫都活到九十歲，歷

世爲官，富貴永存作爲故事的結束㉕。海參崴本則以尼山薩滿的婆婆入京控告，朝廷下令取締薩滿信仰，告誡世人不可效法，作爲故事的結束。遼寧本雖然有空頁脫文，但仍不失爲一部比較完整的滿文手稿本，有些情節是海參崴本所沒有的。

我國東北各民族長期以來就流傳著許多薩滿故事，凌純聲搜集的故事，包括《一新薩滿》、《那翁巴爾君薩滿》等，都是赫哲族口頭傳下來的薩滿故事。其中《一新薩滿》的故事，與《尼山薩滿傳》滿文手稿本的內容，大同小異，對薩滿過陰追魂的研究，同樣提供了很珍貴的資料。《一新薩滿》故事的大意是說當明末清初的時候，在三姓東面五、六十里，有一個祿祿嘎深，屯中住著一家富戶，名叫巴爾道巴彥，娶妻盧耶勒氏。夫妻生平樂善好施，信神敬仙。二人年近四十，膝下缺少兒女，恐無後嗣承繼香煙，因此，更加虔誠行善，常祝禱天地神明，求賜一子。果然在盧耶勒氏四十五歲時生下一對男孩，大兒子取名斯勒福羊古，小兒子取名斯爾胡德福羊古。到七、八歲的時候，開始學習弓箭刀槍。到了十五歲，時常帶領家人在本屯附近打獵。因野獸一天少一天，兄弟二人請求父母准許他們到正南方百里外的赫連山去打圍。

兄弟二人帶領衆奴僕走了一天，到達赫連山境界，紮下帳房。次日，天氣晴和，衆人到山林打圍，滿載而歸，走到距離紮營三里的地方，從西南方忽然來了一陣大旋風，就在斯勒福羊古兄弟二人馬前馬後轉了兩三個圈子，仍往西南方去了。說也奇怪，兄弟二人同時打了一個寒噤，面色如土，覺得昏迷，日落天黑後，病情更加沉重，衆人急忙做了兩個抬板，八個人連夜把小主人抬回家，走了二十餘里，斯勒福羊古已氣絕而死。東方發白的時候，小主人斯爾胡德福羊古面如金紙，瞪眼不語，也氣絕病故了。

　　巴爾道巴彥夫婦知道兩個兒子突然相繼身亡後，都頓時昏倒，不省人事。當家中忙著預備馬匹爲二位小主人過火及祭品時，門外來了一個乞丐模樣的老頭兒。巴爾道巴彥吩咐叫老頭隨意吃喝，老頭兒指點員外前往西面五十里泥什海河東岸請一新薩滿來過陰捉魂，否則再過幾天屍體腐爛，就難救活了。巴爾道巴彥騎著快馬找到了一新薩滿，請求救治兩個兒子。一新薩滿答應先請神下山查明兩個兒子的死因，於是拿過一盆潔淨的清水，把臉洗淨。在西炕上擺設香案，左手拿神鼓，右手拿鼓鞭，口中喃喃念咒，跳神作法，神靈附身，口中唱著：「巴爾道巴彥聽著，你那大兒子斯勒福羊古因註定壽數已到，萬無回生之理。不過你那次子斯爾胡德福羊古如果請來有本領的薩滿，依賴神力過陰，急速找尋他的眞魂，攝回陽間，叫他附在原身，就能復活。」巴爾道巴彥聽說次子還有回生的希望，再向一新薩滿跪下叩頭，苦苦哀求。一新薩滿只得允諾，令巴爾道巴彥把薩滿作法所用的鼓、神帽、神裙等件，用皮口袋裝好送到車上，迅速趕路。

　　不多時，一新薩滿來到祿祿嘎深，盧耶勒氏來到一新薩滿面前跪倒，號啕大哭。一新薩滿轉達神諭，大兒子斯勒福羊古是依爾木汗註定在十五歲時歸陰，兩個兒子在赫連山得病的日子，鬼頭德那克楚領著依爾木汗的命令捉拿斯勒福羊古的眞魂，用旋風來到赫連山，看見兄弟兩個容貌完全一樣，分不出那一個是斯勒福羊古，便把兄弟二人的眞魂一齊捉回陰間，先領到自己的家中，將斯爾胡德福羊古的眞魂留在家中，當作親生的兒子，然後帶領斯勒福羊古到依爾木汗的面前交差。一新薩滿答應過陰捉魂，三天以內叫他附體還魂，起死回生。

　　一新薩滿在巴爾道巴彥家中舉行過陰捉魂儀式，在院中擺上香案，上面放著香爐，親自焚燒僧其勒，打開皮口袋，穿戴神帽、

神衣、神裙、腰鈴，手拿神鼓，就在院中跳起舞來，神靈附身後問道：「為何事請我們眾神到此？」助唱神歌的三個札立對了幾句話後，眾神見這三個札立全然不通神理，便不再問了。尼山薩滿又從竹布根嘎深請來熟通神理札立那林福羊古，重新降神作法，不多時，神靈附體，一新薩滿繞著香案，四面跳起舞來，那林福羊古也手拿神鼓，助唱神歌，對答如流，並令巴爾道巴彥預備板床一張，公雞兩對，黃狗一隻，黑狗一隻，醬十斤，鹽十斤，紙箔百疋，將雞犬殺了，和醬紙一併焚燒，給薩滿過陰時帶到陰間贈送禮物使用。這時一新薩滿躺倒在地，就像死人一般，過陰去了，那林福羊古急忙把一新薩滿抬到臥床上面，用白布蓋好她的身體，另用大布棚在上面遮蔽著日光，差人看守，那林福羊古自己也不遠離。

　　一新薩滿過陰後，吩咐眾神，攜帶各種物品，並令愛米神在前頭引路，往西南大路前進。不多時，到了一座高山，叫做臥德爾喀阿林，就是望鄉台，凡人死後到此山頂，才知道自己已死。一新薩滿一路上由眾神前後左右護衛著，走了一會兒，眼前有一條貫通南北的大河，因無船隻，一新薩滿把神鼓拋在河中，立時變成一隻小船，她和眾神一齊上了船，飄飄蕩蕩的渡到西岸。一新薩滿收起神鼓，再向西南大路走去，尚未走出一里路，路旁有一個夜宿處，從裡面出來一人擋住去路，此人就是一新薩滿三年前病故的丈夫德巴庫阿，強逼一新薩滿救他還陽。因德巴庫阿的屍體早已腐爛，無法救活，但他怒氣沖天，不肯讓一新薩滿通過，一新薩滿只好騙他坐在神鼓上，令愛新布克春神把他丟到陰山後面。

　　一新薩滿繼續向西南大道而去，經過鬼門關，渡過紅河，才到依爾木汗的城池，這城周圍有三道城牆，進城時要經過關門三

道，各有門官把守，到了第三道門，一新薩滿搖身一變，變成一隻闊里即神鷹，騰空而起，飛進城內，到了德那克楚的房子上面，找到了斯爾胡德福羊古，讓他坐布背上，飛到第三道門外，變回原形，帶領斯爾胡德福羊古照舊路回去，途中遭到德那克楚阻攔，一新薩滿責備他私養斯爾胡德福羊古的真魂，要上殿見依爾木汗，按照法律治罪。德那克楚恐事情敗露，不但有擅專的罪名，並且有遭抄家的災難，於是請求一新薩滿不再追究。德那克楚也答應增加斯爾古德福羊古的壽限，由原有的五十八歲，添上三十歲，共有八十八歲，一新薩滿也把帶來的雞狗醬鹽紙錢等物都送給了德那克楚。

　　一新薩滿領著斯爾胡德福羊古的真魂和眾神歡歡喜喜地奔向祿祿嘎深巴爾道巴彥的院中，把斯爾胡德福羊古的真魂推進他的屍體裡面，使魂附體，自己也隨後撲入原身，不多時，就還陽了，漸漸有了呼吸，那林福羊古急忙令人焚香，自己擊鼓，口中不停地念誦還陽咒語。過了一會兒，一新薩滿翻身坐起來，到香案前喝了三口淨水，繞著斯爾胡德福羊古屍首打鼓跳舞，口中唱著還陽神歌，那林福羊古跟隨敲鼓助唱。過了片刻，斯爾胡德福羊古徐徐的吸氣，聲音漸漸大起來，左右手腳齊動，隨後翻身坐在床上，睜眼往四面觀看，心裡只覺好像做了一場大夢似的㉖。

　　《一新薩滿》與《尼山薩滿傳》的內容，無論是故事發生的時間、地點或人物，都大同小異。《一新薩滿》開端就說到故事發生於明末清初，《尼山薩滿傳》也說是在明朝的時候；《一新薩滿》所說祿祿嘎深的巴爾道巴彥，就是《尼山薩滿傳》中羅洛村（lolo gašan）的員外巴勒杜・巴彥（baldu bayan），都是同音異譯。在薩滿信仰的後期，常見有善惡果報的故事。《一新薩滿》敍述巴爾道巴彥夫婦樂善好施，信神敬仙，祝禱天地，求賜

子嗣，果然在妻子盧耶勒氏四十五歲時生下一對男孩，大兒子取名斯勒福羊古，小兒子取名斯爾胡德福羊古，十五歲時，到赫連山去打圍。《尼山薩滿傳》未提及長子名字，但說大兒子於十五歲時到橫浪山打圍身故，員外五十歲時又生下小兒子色爾古岱·費揚古，並非雙胞胎。故事的「赫連山」，就是滿文手稿本「橫浪山」（heng lang šan alin）的同音異譯；「斯爾胡德福羊古」，即「色爾古岱·費揚古」（sergudai fiyanggo）的同音異譯；奴僕「阿哈金」、「巴哈金」，即「阿哈勒濟」（ahalji）、「巴哈勒濟」（bahalji）的同音異譯。《一新薩滿》敍述雙胞胎斯勒福羊古和斯爾胡德福羊古兄弟二人都在十五歲時打圍同時身故；《尼山薩滿傳》則說員外大兒子在十五歲時行圍身故，後來生下小兒子色爾古岱·費揚古，也在十五歲時行圍身故，兄弟二人並非雙胞胎，但都在十五歲時身故，兩個故事內容很類似。《一新薩滿》和《尼山薩滿傳》都有神仙指點員外請求薩滿為兒子過陰追魂的情節，而且都很生動，也很神奇。

關於員外兩個兒子的死因，兩個故事的敍述，略有不同。《一新薩滿》敍述員外大兒子斯勒福羊古壽限已到，回生乏術，依爾木汗差遣鬼頭德那克楚前往赫連山捉拿其魂。因雙胞胎兄弟二人容貌相似，無法分辨，而把兄弟二人的眞魂一齊捉到陰間，將大兒子斯勒福羊古交給依爾木汗，而把斯爾胡德福羊古留在自己的家中，當作親生兒子。《尼山薩滿傳》敍述員外在二十五歲時所生的大兒子在十五歲時到橫浪山打圍時，庫穆路鬼把他的眞魂捉食而死了。員外五十歲時所生的小兒子色爾古岱·費揚古在十五歲時到橫浪山打圍時因殺了許多野獸，閻王爺差遣蒙古勒代舅舅捉了他的魂，帶到死國，當作自己的兒子慈養著。小兒子色爾古岱·費揚古的眞魂被捉到陰間的原委，兩個故事的敍述，不盡

相同。

　　一新薩滿和尼山薩滿過陰進入冥府所走的路線及所遇到的情景，也略有不同。《一新薩滿》敍述一新薩滿領著衆神渡過貫通南北的一條大河後，即向西南大路走去，尚未走出一里，就遇到三年前死去的丈夫德巴庫阿，抓住她的衣襟，要求把他的魂追回陽世。但因他的身體早已腐爛，無法還陽。他聽到不能復活的話，愈加怒氣沖天，緊緊拉住一新薩滿的衣襟，不放他通過，而被一新薩滿拋下陰山後面。《尼山薩滿傳》中的尼山薩滿是從死國的歸途中遇到丈夫用高粱草燒滾了油鍋等候妻子，經過一番爭辯後，尼山薩滿令大鶴神把丈夫抓起來拋到酆都城了。《一新薩滿》、《尼山薩滿傳》對薩滿與德那克楚或蒙古勒代舅舅爲色爾古岱‧費揚古或斯爾胡德福羊古要求增加壽限而討價還價的描寫，都很生動。

　　薩滿魂靈出竅過陰以後，其個性依然如故，在地府的魂靈，仍然保留生前的特徵，尼山薩滿在陰間與鬼頭蒙古勒代舅舅的玩笑，確實描寫細膩。《尼山薩滿傳》對地獄種種酷刑的敍述，更是詳盡，而《一新薩滿》則未提及。比較尼山薩滿和一新薩滿這兩個故事後，可以發現這兩個故事的內容，確實詳略不同。其中最大的不同是：《一新薩滿》所述員外的兩個兒子是一對雙生子，在十五歲同時出外打圍，同時得到同樣的病症而死亡：《尼山薩滿傳》所述員外的兩個兒子年齡不同，但都在十五歲時打圍得病身故。至於故事中的人名及地名，或因方言的差異，或因譯音的不同，以致略有出入，但就故事的背景及情節而言，卻都很相近，可以說是同出一源的故事，也是探討薩滿過陰追魂最具體的珍貴資料。

　　從《尼山薩滿傳》、《一新薩滿》等故事的敍述，可以了解

北亞各民族多相信人們的患病，主要是起因於鬼祟為厲，倘若惡
鬼捉拿了人們的真魂，則其人必死。薩滿作法過陰，只限於軀體
尚未腐爛的病人，才肯醫治，而且被捕去的魂靈也僅限於冥府所
能找到壽限未到者，始能倚靠薩滿的法術令其附體還魂，不同於
借屍還魂的傳說。從薩滿降神作法的儀式，可以了解其信仰儀式
是屬於一種原始的跳神儀式。薩滿口誦祝詞，手擊神鼓，腰繫神
鈴，札立助唱神歌，音調配合，舞之蹈之，身體開始擅抖，神靈
附身，薩滿即開始喋喋地代神說話，傳達神諭。薩滿魂靈出竅也
是經過跳神的儀式進行的，當神靈附身及魂靈出竅時，薩滿軀體
即進入一種昏迷狀態，停止呼吸。其魂靈開始進入地府，領著眾
神，渡河過關，在陰間到處尋找死者的真魂，最後帶回陽間，推
入本體內，病人復活痊癒。薩滿的精神異狀，或反常因素，使宗
教心理學家及宗教歷史學者在探討薩滿信仰的起源時，都感到極
大的興趣㉗。賀靈撰〈錫伯撰《薩滿歌》與滿族《尼山薩滿》〉
一文已指出《尼山薩滿》和《薩滿歌》在展現薩滿信仰儀式過程
中，都反映了滿、錫兩族同時代的民間巫術，為研究北方民族及
其他崇奉薩滿信仰的國內外民間巫術的產生、發展和消失，提供
了非常珍貴的資料。薩滿巫術作為具有薩滿信仰的原始民族特有
的精神狀態，隨著薩滿信仰的形成、發展而形成、發展。《尼山
薩滿》和《薩滿歌》在反映滿、錫兩族巫術精神方面，可謂淋漓
盡致。通過這兩部作品，可以清楚地認識巫術的本質，巫術精神
在北方游牧狩獵民族中發展的特點，巫術精神和薩滿信仰的關係，
以及巫術在藝術中的表現形式等。總之，從這兩部作品中可以看
出，巫術是薩滿信仰得以長期存在的重要條件，也是廣大群眾之
所以長期崇奉薩滿信仰的重要因素㉘。

四、《尼山薩滿傳》與滿族民間文學

唱和的歌詞，是薩滿信仰的文化核心，也是滿族民間文學最具特色的部分，有一個人的獨唱，也有一問一答的對唱，有時候由一人領唱，眾人跟隨的合唱。《尼山薩滿傳》滿文手稿收錄了豐富的歌詞，其基本形式是在說話的詞句前後聯綴附加成分的歎詞，包括表示祈求、驚訝、感傷、憤怒、歡悅、問答的各種聲音，抑揚頓挫，頗富變化。

海參崴本《尼山薩滿傳》滿文手稿收錄了表達感傷哀痛的歌詞，例如家人為往生的色爾古岱·費揚古趕辦喪事時，員外巴勒杜·巴彥在一旁邊哭邊喊地唱道：「父的阿哥啊喇！五十歲時啊喇！所生的啊喇！色爾古岱·費揚古啊喇！我見了你時啊喇！十分歡喜啊喇！這麼多的馬匹啊喇！牛羊牧群啊喇！誰來掌管啊喇！阿哥的儀表大方啊喇！聰明啊喇！原想多倚靠啊喇！乘騎的騸馬啊喇！那個阿哥來騎啊喇！奴僕婢女啊喇！雖然有啊喇！那個主子使喚啊喇！隼鷹啊喇！雖然有啊喇！那個孩子架托啊喇！虎斑犬啊喇！雖然有啊喇！那些孩子牽拉啊喇！」正在嗚咽哭泣時，母親又哭著唱道：「母親聰明的阿哥啊喇！母親我的啊喇！嗣子啊喇！為善事啊喇！行善祈求啊喇！祈求福佑啊喇！五十歲時啊喇！生了聰明啊喇！清明的阿哥啊喇！雙手敏捷啊喇！矯健的阿哥啊喇！體格俊秀啊喇！健美的阿哥啊喇！讀書的啊喇！聲音柔和啊喇！母親聰明的阿哥啊喇！如今跟那個孩子啊喇！倚靠過日子啊喇！對眾奴僕仁慈啊喇！大方的阿哥啊喇！體格容貌啊喇！俊秀的阿哥啊喇！容顏性情啊喇！猶如潘安啊喇！美貌的阿哥啊喇！母親在街上啊喇！閒走時啊喇！如同鷹似地啊喇！把母親聲音啊喇！找尋聽聞啊喇！在山谷行走時啊喇！叮噹的鈴聲啊喇！

母親俊秀的阿哥啊喇！如今母親我啊喇！還有那一個阿哥啊喇！可以看顧啊喇！可以慈愛啊喇！」仰面跌倒後口吐白沫，俯身跌倒時流著口水，把鼻涕擤到木盆裡，把眼淚流到雅拉河裡。「啊喇」是滿語 "ara" 的音譯，是表達老年喪子之痛的歎詞，以唱念的形式高聲朗誦。正在哭泣時，門口來了一個羅鍋腰，快要死的彎著腰走路的老爺爺，唱道：「德揚庫德揚庫！守門的德揚庫德揚庫，老兄們請德揚庫德揚庫！向你的主人德揚庫德揚庫！請去稟告德揚庫德揚庫！在門的外面德揚庫德揚庫！快要死的老人德揚庫德揚庫！請說來了德揚庫德揚庫！請說要見一見德揚庫德揚庫！說來了德揚庫德揚庫！區區心意德揚庫德揚庫！要燒紙德揚庫德揚庫！」句中「德揚庫德揚庫」（deyangku）是歌詞中的附加成分，分別聯綴於每一句歌詞的後面，高聲吟唱，是表達請求的歎詞。老爺爺站在色爾古岱‧費揚古的靈位前，用手扶著棺木，跺腳高聲哭道：「阿哥的寶貝噯啾哎呀！壽命短噯啾哎呀！聽說噯啾哎呀！生來聰明噯啾哎呀！老奴才我噯啾哎呀！曾經高興過噯啾哎呀！聽說噯啾哎呀！把有智慧的阿哥噯啾哎呀！養了噯啾哎呀！聽到聲名噯啾哎呀！愚蠢的奴才我噯啾哎呀！曾經指望噯啾哎呀！有才德的噯啾哎呀！生了阿哥噯啾哎呀！庸劣的奴才我噯啾哎呀！曾經信靠噯啾哎呀！有福祿的噯啾哎呀！聽說阿哥噯啾哎呀！曾經驚奇噯啾哎呀！阿哥怎麼死了呢噯啾哎呀！句中「噯啾哎呀」是表示傷心痛惜的歎詞，說話的詞句中綴以「噯啾哎呀」的聲音，令人傷感。

　　各種滿文手稿本多含有神歌。在古代滿族的社會裡，舉行跳神儀式時，薩滿和助手描述神靈特徵，頌揚神靈神通廣大，祈求神靈相助，以及表示祭祀者的虔誠態度和決心等祝禱歌詞，因為都是唱給神靈聽的，所以叫做神歌㉙。在祝禱歌詞中，最大的特

色，也是在它充分的附綴歎詞。現存遼寧本《尼山薩滿傳》滿文手稿裡所收錄的神歌，都很生動。當尼山薩滿爲色爾古岱・費揚古過陰追魂舉行跳神儀式時，她身穿八寶神衣，頭戴神帽，腰繫神裙、腰鈴，手拿神鼓，站立在祭壇中，祈求神祇。只見她渾身顫動，腰鈴嘩嘩作響，手鼓響聲高昂，祈禱聲如暗箭發射。九十個骨節彎成弓形，八十個骨節連接一起，用「轟轟」聲高喊著「霍格耶格」，用高聲叫著「德耶庫德耶庫」，大神祇便從天而降，尼山薩滿的魂靈便和眾神祇奔向陰間。一會兒，到了陰間的第一道關口，正想進去，把門的小鬼們不讓她進去。尼山薩滿生了氣，唱著神歌祈求說道：「唉庫勒、葉庫勒，橡木的鬼祟門；唉庫勒、葉庫勒，檀木的鬼祟們；唉庫勒、葉庫勒，在下面四十年的鬼祟們；唉庫勒、葉庫勒，快快下來；唉庫勒、葉庫勒，把主子找；唉庫勒、葉庫勒，送過去吧！唉庫勒、葉庫勒。」唱畢神歌，橡木鬼、檀木鬼和眾神祇便下來把尼山薩滿舉起來帶過關口。不久，來到第二道關口，正要進去，把門的塞勒克圖和塞吉爾圖二鬼，申斥著說：「陽間的什麼人敢闖我的關？我們奉閻王之命把守此關，不許任何人通過。」尼山薩滿唱起神歌請求說：「赫耶邪魯我們匆匆，赫耶邪魯往前面走，赫耶邪魯如有冒犯，赫耶邪魯給點好處，郝耶邪魯如放過我，郝耶邪魯給你們醬，郝耶邪魯。」守門的二鬼聽了便放尼山薩滿過去。尼山薩滿跳神作法時，固然高唱神歌，就是魂靈出竅後，也是唱著神歌，與神靈溝通，祈求神靈相助。

　　海參崴本《尼山薩滿傳》滿文手稿收錄的神歌，較爲完整。員外巴勒杜・巴彥趕到尼西海河邊，請求尼山薩滿救治愛子色爾古岱・費揚古的生命，尼山薩滿洗了臉眼，擺設香案，敲著手鼓，開始喋喋地請著，以美妙的聲音唱著「火巴格」，高聲反覆喊著

「德揚庫」，喋喋地請著，使神附在自己身上。巴勒杜・巴彥跪在地上聽著，尼山薩滿開始喋喋地指示神靈的話唱道：「額伊庫勒也庫勒！這姓巴勒杜的額伊庫勒也庫勒！龍年生的額伊庫勒也庫勒！男人你聽額伊庫勒也庫勒！朝觀帝君額伊庫勒也庫勒！來的阿哥額伊庫勒也庫勒！明白地聽著額伊庫勒也庫勒，倘若不是額伊庫勒也庫勒！就說不是吧額伊庫勒也庫勒！若是假的額伊庫勒也庫勒！就說假的吧額伊庫勒也庫勒！假薩滿會哄人額伊庫勒也庫勒！告訴你們吧額伊庫勒也庫勒！二十五歲額伊庫勒也庫勒！一個男孩額伊庫勒也庫勒！曾經養了額伊庫勒也庫勒！倒了十五歲時額伊庫勒也庫勒！橫浪山額伊庫勒也庫勒！到山裡額伊庫勒也庫勒！打圍去了額伊庫勒也庫勒！在那山上額伊庫勒也庫勒！庫穆路鬼額伊庫勒也庫勒！把你孩子的額伊庫勒也庫勒！魂額伊庫勒也庫勒！捉食了額伊庫勒也庫勒！他的身體額伊庫勒也庫勒！得了病額伊庫勒也庫勒！死了額伊庫勒也庫勒！自此以後孩子額伊庫勒也庫勒！沒養了額伊庫勒也庫勒！五十歲上額伊庫勒也庫勒！一個男孩額伊庫勒也庫勒！看見養了額伊庫勒也庫勒！因為五十歲時額伊庫勒也庫勒！生的額伊庫勒也庫勒！所以把名字叫做色爾古岱額伊庫勒也庫勒！費揚古額伊庫勒也庫勒！這樣命名額伊庫勒也庫勒！睿名騰起額伊庫勒也庫勒！出了大名額伊庫勒也庫勒！到了十五歲時額伊庫勒也庫勒！在南山上額伊庫勒也庫勒！把許多的野獸額伊庫勒也庫勒！殺了之故額伊庫勒也庫勒！閻王爺聽了額伊庫勒也庫勒！差遣了鬼額伊庫勒也庫勒！捉了魂額伊庫勒也庫勒！帶走了啊額伊庫勒也庫勒！難於使他活過來額伊庫勒！苦於救助額伊庫勒也庫勒！說的是就說是額伊庫勒也庫勒！說的不是就說不是額伊庫勒也庫勒！」神靈的指示，就是神諭。巴勒杜・巴彥聽了神諭後，連連叩頭說道：「神祇指示的，

全都都對了。」尼山薩滿聽了，拿起一炷香向上一舉，便清醒了
過來。

　　尼山薩滿接受邀請，在員外家跳神作法。尼山薩滿身上穿繫
了奇異的衣服、腰鈴、女裙，頭上戴了九雀神帽，身體擺動著，
喋喋地祈求神祇離開石窟來附身，神歌帶著「火格亞格」的尾音。
尼山薩滿進入催眠狀態，開始過陰後，助手納哩費揚古唱著調遣
神祇的神歌，帶著「青格勒濟、因格勒濟」的尾音。大致而言，
神歌的歎詞，多為綴語，便於高聲吟唱。由於場合及作用的不同，
其歌唱尾音，變化無窮，可以稱之為神歌文學。

　　《尼山薩滿傳》是最具有代表性的滿族民間文學作品，多處
反映了他們遠古時代的社會狀況。例如在薩滿跳神儀式裡，都自
始至終地展現了森林、原野、河流，以及與之相關的各種動物，
而且薩滿及助手的跳神，包括領神、降神、入神等動作，都是跳
躍、吶喊、追趕、射箭、刺殺等動作，充分反映了古代滿族狩獵
生活的典型環境㉚。尼山薩滿跳神作法吟唱神歌時，總是祈求動
物神祇的降臨，包括：大鵰、金鵪鴿、銀鵪鴿、飛鳥、飛鷹、花
鵰、大鶴、彪、虎、熊等飛禽走獸，幾乎無動物不成神，尼山薩
滿借助於動物神的魂靈附體，尼山薩滿始能產生法力，為族人消
災驅祟，過陰追魂。《尼山薩滿傳》的內容，主要在描述尼山薩
滿脫魂進入陰間與各種神靈周旋的情景。這部作品不僅把陰間人
間化，而且把各種動物神靈人格化，這是北方各民族靈魂不死觀
念在原始宗教信仰中的充分體現㉛。

　　《尼山薩滿傳》的描述技巧，充分反映了滿族婦女居住、飲
食的特點。當員外巴勒杜・巴彥得到神仙指點後，趕往尼西海河
邊尋找尼山薩滿挽救愛子色爾古岱・費揚古的生命時，看到東邊
盡頭有一家小廂房，外面有一個年輕的格格把洗過的衣服掛曬在

木杆上。巴勒杜・巴彥上前請問說：「格格，尼山薩滿的家住在哪兒？請告訴我吧！」那個女人笑盈盈地指著說道：「住在西邊盡頭。」巴勒杜・巴彥騎上馬跑到西邊盡頭，看見院子裡有一個人正在吸煙，向前詢問尼山薩滿的住處。那人說道：「你剛才在東邊詢問的掛曬衣服的那個女人就是薩滿，老哥被哄騙錯過了啊！請那個薩滿時，要好好地恭敬地懇求，不可和別的薩滿相比，這個薩滿很喜歡被人奉承恭維的。」巴勒杜・巴彥又跑到東邊盡頭，看見屋裡南面炕上坐著一個頭髮全白的老太太，在灶門口有一個年輕的格格正在抽煙。巴勒杜・巴彥以為老太太一定是薩滿，就跪在地上請求。老太太說道：「我不是薩滿，站在灶門口的我的媳婦就是薩滿。」這一段描述，反映了滿族婦女的抽煙習俗以外，還說明尼山薩滿喜歡捉弄人的性格。薩滿在平時，其喜怒哀樂的情緒，與一般常人並無不同。尼山薩滿捉弄蒙古勒代的一段描寫最為細膩。陰間因為沒有打圍的獵犬，夜晚沒有啼曉的公雞，所以蒙古勒代要求送給閻王犬和雞。尼山薩滿把犬和雞送給了蒙古勒代以後，還教他呼叫犬和雞的聲音。先將《尼山薩滿傳》中的這段滿文譯出漢文如下：

> 呼叫雞時，喊「阿什」，呼叫狗時，喊「綽」。蒙古勒代道了謝，非常高興，帶著雞和狗等行走時，心想喊著試試看，把兩個都放了，「阿什」、「阿什」、「綽」、「綽」地喊叫著，雞和狗都往回走，追趕尼山薩滿去了。蒙古勒代害怕了，拼命地跑去找，張口大喘地央求說：「薩滿格格為什麼開玩笑呢？怎麼當我喊叫你的雞和狗時，一齊往回走了呢？請不要哄騙吧！若不把這兩樣東西帶去，實在不可以。王爺責怪我時，我如何受得了呢？」這樣再三懇求，尼山薩滿笑著說道：「開一點玩笑，以後好好地記住，

我告訴你，呼叫雞時，喊「咕咕！」呼叫狗時，喊「哦哩！
哦哩！」蒙古勒代說道：「格格開了一點玩笑，我卻出了
一身大汗。」按照薩滿告訴的話喊叫時，雞和狗都圍繞著
蒙古勒代的身邊，搖頭擺尾地跟著去了㉜。

尼山薩滿開了一點玩笑，蒙古勒代嚇得出了一身汗，陰間人格化，
也有情緒變化。尼山薩滿把打圍的獵犬和啼曉的公雞送給閻羅王，
是以增加色爾古岱‧費揚古的陽壽為交換條件的。《尼山薩滿傳》
描述尼山薩滿和蒙古勒代討價還價的細節也很精彩，先將這一段
滿文譯出漢文如下：

> 蒙古勒代說：「薩滿格格你這樣，看你的面子，增加二十
> 歲壽限。」薩滿說：「鼻涕還未乾，帶去無益。」那麼增
> 加三十歲壽限。「心志還未定，帶去何益？」「那麼增加
> 四十歲壽限。」「還未享受體面、尊榮，帶去無益。」「
> 那麼增加五十歲壽限。」「尚未成為聰睿賢達，帶去何益？」
> 「那麼增加六十歲壽限。」「弓箭尚未熟練，帶去無益。」
> 「那麼增加七十歲壽限。」「還未學會細事，帶去何益？」
> 「那麼增加八十歲壽限。」「世事未曉，帶去無益。」「
> 那麼增加到九十歲壽限，若再增加就不成了。色爾古岱從
> 此六十年無病，百年無禁忌，臀部周遭養九子，世動見八
> 子，頭髮全白了，口牙黃了，腰彎了，眼睛生花散光了，
> 腿打顫了，腳面上撒尿，腳跟上拉屎地過日子吧㉝！

尼山薩滿法力高強，脫魂過陰後，在各種動物神的相助下，所到
之處，有求必應，反映了自然崇拜及圖騰崇拜的東北亞文化特色。
　　薩滿信仰本身既然是屬於多神崇拜，這就決定它並不排他而
能接受外來宗教的特點。佛教、道教盛行於北方草原社會後，薩
滿信仰不但不排斥佛教、道教，甚至在薩滿自己的神壇上還為佛

教及道教留下一席神位。《尼山薩滿傳》一開始就運用了道教中一個典型的神仙客人的故事型式，當員外巴勒杜・巴彥的愛子色爾古岱・費揚古身故後，舉家哀痛之際，在家門口突然來了一位羅鍋腰快要死的彎著腰走路的老爺爺，受到員外巴勒杜・巴彥的禮遇。這位陌生老爺爺指點員外巴勒杜・巴彥去請薩滿來醫病，可以起死回生。說完話後，珊珊走出大門外邊，坐上五彩雲霞昇空而去了。員外巴勒杜・巴彥知道是神仙來指點，就朝空中拜謝，於是有員外三請尼山薩滿的故事。

在早期薩滿信仰故事中，薩滿所請的神祇，主要是為了消災除病，保佑族人平安，多獲獵物，多捕魚類，人和神之間的關係，較為直接、現實、平等。雖然也有一些說教意味的薩滿神諭，然而不過是一些神話，或祖先故事，用古樸形象的表現，以達到教育目的。至於神祇高高在上，支配世人的構思，是社會分化的結果。直接用薩滿信仰以外的佛道觀念進行說教醒世，則是更晚的事情。所謂「諸行無常，諸法無我，涅槃寂靜」三法印，既否定了靈魂，又否定了肉體。但當大乘佛教向前發展時，即大肆宣揚獎善懲惡，編造了極其複雜的天堂地獄系統，其影響之大，遠遠超過了哲學上的爭論。薩滿信仰的天穹觀念，在形成、發展過程中，由於受到外來宗教和文化的影響，而發生了很大的變化。薩滿信仰天穹觀的多層意識發展到三界觀念，就是受到佛教、道教等宗教影響演化而成的。佛教、道教傳入北方草原社會後，薩滿信仰也雜揉了輪迴、酆都城、十殿閻羅等觀念。那種認為下界為惡魔所居，亡魂在地獄忍受煎熬，歷經苦難的觀念，顯然是受佛教、道教等宗教文化的影響。薩滿過陰進入下界所見地獄景象及閻王殿中牛頭馬面無常惡鬼等角色，與原始的薩滿信仰，已經相去甚遠，北亞草原族群的亡魂所到的下界，也不再是像人間獵場、

漁場那樣美好的另一個奇異世界，這種轉變反映了佛教、道教等
思想觀念在北方草原社會的普及化。

　　《尼山薩滿傳》一書敍述尼山薩滿離開死國閻羅殿，在返回
陽間途中順路叩見子孫娘娘，只見樓閣照耀五彩瑞氣，抬頭一看，
在亭式殿的中央，坐著一位子孫娘娘，頭髮雪白，眼彎、口大、
臉長、下頦高突，牙齒微紅，兩旁站著十幾個婦女。尼山薩滿在
地上三跪九叩，表明順路向子孫娘娘問好的誠意。子孫娘娘告訴
尼山薩滿，這裡一切，是由她所定，見了行善爲惡的一切刑罰，
讓世上的人曉得。起初立了薩滿、儒者、奴僕、老爺爺，高貴體
面、行惡作亂，貧富、盜賊、乞丐、善惡等，都是這裡決定打發
去的。尼山薩滿漫遊冥府時，看見在一個大池子裡支起金銀橋，
在上面行走的都是行善有福的人；在銅鐵橋上行走的都是行惡的
人，鬼用叉、槍扎落後，爲蛇蟒所螫。在橋頭上有惡犬吃喝惡人
的血肉。在橋的旁邊高高地坐了一位菩薩神，手上拿了佛經，念
著給人聽。在勸世文裡說：「若行惡時，在死國被唱到罪刑；若
行善時，既不被唱到刑罰，且第一等之人居佛主；第二等之人到
宮中去出生；第三等人做國家駙馬、太師、官員等；第四等人做
將軍、大臣；第五等人爲富貴人；第六等人生爲乞丐、平民；第
七等人生爲驢騾馬牛；第八等人生爲鳥獸；第九等人轉生爲鱉、
魚；第十等人轉生爲曲蟮、昆蟲、螞蟻等。」佛教中的菩薩，在
冥府裡拿著佛經，高聲念給亡魂聽，在地界也有善神，有行善的
好人。但是社會等級分化明顯，最高的是佛主，其次是人間的君
臣統治階層，等級分明。尼山薩滿看完了冥府各種刑罰後，回到
樓閣，叩見子孫娘娘。子孫娘娘告訴尼山薩滿說，回到世間後曉
諭大家，隨即叩別還陽。

　　佛教的信條中有所謂十善和十惡之說，善惡分明，主張因果

報應，今生積善，來生轉爲上等人。佛教把身業殺盜、邪淫、口業妄言、兩舌、惡口、綺語、意業嫉妒、瞋恚、驕慢、邪見作爲十惡。十善也是佛教的戒律，亦稱十誡，以不犯殺生等十個信條爲十善，與十惡相對而言。尼山薩滿漫遊地府時所見刑罰及衆生轉生等因果報應，與佛教的戒律，相當接近。菩薩念誦佛經勸化亡魂，子孫娘娘也要尼山薩滿回到人間後，把她在陰間所見所聞告訴世人，由於尼山薩滿故事的廣大流傳，使佛教、道教的教義思想，在北方少數民族的社會裡更爲普及。

五、結　語

　　《尼山薩滿傳》手稿本是滿族薩滿信仰中流傳後世的重要文學作品，由於這部作品是使用滿文書寫的，文體優美，語言流暢，因此更顯得彌足珍貴了。承志撰〈錫伯族《薩滿神歌》之結構簡析〉一文已指出錫伯族《薩滿神歌》的語言是典型的演唱性詩歌語言，它作爲詩體文學，在錫伯族的文學史上占有重要的地位，反映出《薩滿神歌》最初的出現是用於演唱或吟誦的，具有一定曲調和韻律㉞。《尼山薩滿傳》是以文字形態流傳下來的民間信仰故事，有描寫故事情節的敍事文體裁，有吟唱禱詞神諭的詩歌體裁，是屬於滿族典型的演唱性詩體文學，有曲調，也有韻律，在滿族的民間文學史上也占有相當重要的地位。

　　《尼山薩滿傳》固然反映了東北亞文化圈的共同文化特色，但同時也反映了北方少數民族神話與中原漢族神話互相影響、互相雜揉的情形，有其重疊性、複雜性、多樣性的文化同化現象。薩滿脫魂的本質，在不同的歷史時期，在不同的文化類型中，常常改變它的內涵。原始薩滿信仰中亡魂所到的地方，與東北亞或北亞草原社會的生態環境很相似，在下界生活，並非地獄，而是

越深處越溫暖，深處也有陽光，並無下界為惡的觀念，亡魂所到的那個地方，是和人間相類似的另一個世界，這種觀念的產生，似與北亞或東北亞的先民長期穴居生活有關。薩滿信仰的天穹觀念，在形成、發展過程中，由於受到外來宗教和文化的影響，而發生了很大的變化。佛教、道教普及於東北亞或北亞草原社會後，薩滿信仰也雜揉輪迴、酆都城、十殿閻羅等觀念。亡魂所到的下界冥府，是黑霧瀰漫的酆都城，亡魂還要接受嚴厲的審判和種種酷刑的懲罰，薩滿過陰後漫遊的地府景象，與原始薩滿信仰的天穹觀念，已經相去甚遠，草原族群的亡魂所到的下界，已不再是充滿陽光，可以馳騁的另一個像人間獵場那樣美好的奇異世界，亡魂的生前與死後，已具有濃厚因果報應的色彩，善惡分明。北方少數民族長期與中原漢族文化大規模接觸以後，薩滿信仰積極吸收了有利於自己生存發展的佛、道思想，把它們納入自己的體系之中，使薩滿信仰的內容更加豐富，更具神秘性。由於佛、道思想的滲透，使薩滿信仰的內容及本質，產生了極大的變遷。

　　富育光著《薩滿教與神話》一書指出《音姜珊蠻》又稱《尼山薩滿》，是滿族著名史詩，原在黑龍江流域的滿族中廣為流傳。音姜薩滿即尼山薩滿跳神過陰，從閻王處用神力將員外愛子的魂魄帶回陽世，救活了愛子，並使其長壽。整個故事歌頌了尼山薩滿仗義助人和她高超的神技，故事內容洋溢著濃厚的薩滿救世觀念和神話，受到國內外學術界的珍視。十八世紀，俄人在璦琿搜集到一種手稿本，帶回俄國，繙譯成俄文，而流傳到世界許多國家。目前，在北方其他一些少數民族中，均有尼山薩滿的流講異文。達斡爾即達呼爾族民間的《尼桑薩滿》，錫伯族民間傳講的《尼山薩滿》，赫哲族民間流傳的《一新薩滿》，鄂溫克即索倫族中流傳的《尼桑薩滿》等等，其內容基本一致，可見都是由滿

族民間史詩《尼山薩滿》流傳過去的，足見其影響，既深且廣㉟。季
永海、趙志忠撰〈薩滿教與滿族民間文學〉一文也指出滿族民間
文學與滿族早期所信仰的「薩滿教」有著密切的關係，我們今天
所見到的許多滿族神話、傳說、故事、民歌等等，就是通過「薩
滿教」才得以保存下來的㊱。其中《尼山薩滿傳》滿文手稿對研
究滿洲語文的發展，固然提供了珍貴的語文資料，對探討滿族民
間文學的創作，同樣也提供了最具體的重要文獻。

【註　釋】

① 司馬遷：《史記》（臺北，臺灣商務印書館，百衲本，民國56年7
　　月），卷二八，〈封禪書〉，頁18。
② 《史記》（臺北，鼎文書局，民國五十六年七月），卷二八，頁
　　1379。
③ 班固：《漢書》（臺北，臺灣商務印書館，民國五十六年七月），
　　卷九四，列傳六四上，頁30。
④ 樊圃撰〈六到八世紀突厥人的宗教信仰〉，《文史》，第十九輯（
　　北京，中華書局，1983年8月），頁192。
⑤ 《漢書》，卷五四，列傳二四，頁17。
⑥ 《舊唐書》（臺北，臺灣商務印書館，民國五十六年七月），卷一
　　九五，頁8。
⑦ 《遼史》（臺北，臺灣商務印書館，民國五十六年七月），卷五三，
　　頁12。
⑧ 《欽定遼史語解》（臺北，國立故宮博物院，乾隆間朱絲欄寫本），
　　卷八，頁17。
⑨ 朱子方：〈遼代的薩滿教〉，《社會科學叢刊》，1986年，第六期，
　　頁49。

⑩　《金史》（臺北，臺灣商務印書館，民國五十六年七月），卷六三，
　　頁6。

⑪　《欽定四庫全書》（臺北，臺灣商務印書館，民國七十五年三月），
　　第三五〇冊，頁23。

⑫　瞿兌之：〈釋巫〉，轉引自凌純聲著《松花江下游的赫哲族》（南
　　京，國立中央研究院，民國二十三年），頁1040。

⑬　徐昌翰：〈論薩滿文化現象——「薩滿教」非教芻議〉，《學習與
　　探索》，1987年，第五期（哈爾濱，黑龍江省社會科學院，1987年
　　9月），頁122。

⑭　張紫晨：〈中國薩滿教中的巫術〉，《民間文學論壇》，1991年，
　　第六期（北京，中國民間文藝出版社，1991年11月），頁13。

⑮　色音：〈薩滿的法服與法器〉，《北方民族》，1992年，第一期，
　　頁91。

⑯　金輝：〈論薩滿裝束的文化符號〉，《民間文學論壇》，1985年，
　　第一期（1985年1月），頁134。

⑰　白笑元：〈科爾沁「博」（薩滿）的分類及服飾法器初探〉，《民
　　間文學論壇》，1988年，第二期（1988年3月），頁135。

⑱　黃意明：《中國符咒》（香港，中華書局，1991年6月），頁28。

⑲　櫻井德太郎：《東亞細亞之民俗宗教》（東京，吉川弘文館，昭和
　　六十二年四月），頁15。

⑳　內貝斯基撰，謝繼勝譯：〈關於西藏薩滿教的幾點注釋〉，《國外
　　藏學研究譯文集》，第四輯（西藏，西藏人民出版社，1988年8月），
　　頁137。

㉑　列武年科娃撰，北辰譯：〈今日的薩滿教理論及歷史問題〉，《北
　　方民族》，1992年，第四期，頁98。

㉒　張雷軍：〈試論錫伯族的宗教信仰及其成因〉，《北方民族》，

1993年，第一期，頁83。

㉓　季永海撰〈《尼山薩滿》的版本及其價值〉，《民族文學研究》，1994年，第三期〈北京，中國文聯出版公司，1994年8月〉，頁59—69。

㉔　莊吉發譯註《尼山薩蠻傳》（臺北，文史哲出版社，民國六十六年三月），頁1—183。

㉕　季永海、趙志忠譯注〈尼山薩滿〉，《滿語研究》，1988年，第二期（哈爾濱，黑龍江滿語研究所，1988年12月），頁108—116。

㉖　凌純聲著《松花江下游的赫哲族》，頁637—657。

㉗　莊吉發撰〈薩滿信仰的社會功能〉，《國際中國邊疆學術會議論文集》（臺北，國立政治大學，民國七十四年一月），頁225。

㉘　賀靈撰〈錫伯族《薩滿歌》與滿族《尼山薩滿》〉，《阿爾泰語系民族敍述文學與薩滿文化》（內蒙古，內蒙古大學，1990年8月），頁267。

㉙　宋和平譯注《滿族薩滿神歌譯注》（北京，社會科學文獻出版社，1993年10月），前言，頁1。

㉚　賀靈撰〈錫伯族《薩滿歌》與滿族《尼山薩滿》〉，《阿爾泰語系民族敍事文學與薩滿文化》，頁265。

㉛　同注㉚。

㉜　莊吉發著《薩滿信仰的歷史考察》（臺北，文史哲出版社，民國八十五年二月），頁243。

㉝　同注㉜。

㉞　承志撰〈錫伯族《薩滿神歌》之結構簡析〉，《滿語研究》，1996年，第二期（哈爾濱，黑龍江滿語研究所，1996年12月），頁95。

㉟　富育光著《薩滿教與神話》（瀋陽、遼寧大學出版社，1990年10月），頁286。

㊱　季永海，趙志忠撰〈薩滿教與滿族民間文學〉，《阿爾泰語系民族
　　敍事文學與薩滿文化》（內蒙古，內蒙古大學出版社，1990年8月），
　　頁300。

圖版一

海參
崴本《尼山薩滿傳》滿文手稿

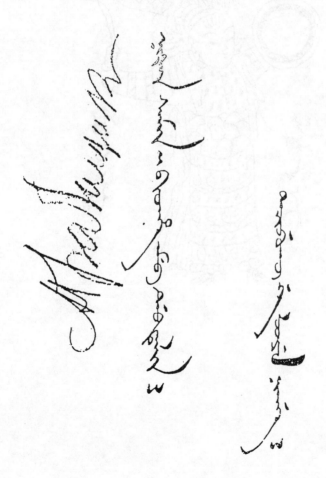

圖版二　薩滿畫像

從薩滿信仰及秘密會黨的盛行
分析清代關帝崇拜的普及

一、前　言

　　三國時期，蜀漢名將關羽，習稱關公，從宋代以來，關公由人變成神，受人供奉，香火鼎盛，歷久不衰。元明時期，關公被奉爲關聖帝君，簡稱關帝。清朝奉關帝爲天神，對關帝的崇拜，達到了登峰造極的地步，關公信仰或關帝崇拜的起源與變遷，是值得重視的課題，探討中國文化與民間信仰，不能忽視關帝崇拜的研究。

　　中外學者對關帝的研究，成果豐富，舉凡關公出生的傳說、關公祠廟、關公戲劇、關公顯聖、關帝崇拜與佛教關係、傳奇中的關公形象等等問題，都有專門論著，具有一定的學術貢獻，值得肯定。

　　關公是中原地區的漢族名將，近數十年來，中外學者對關帝崇拜的研究，雖然蔚爲風氣，但是對中國北方少數民族的崇奉關帝，關帝何以享受滿族的頂禮膜拜？關帝崇拜與薩滿信仰有何關係？卻較少受到學者的注意。

　　八〇年代，中國大陸採集到的關公傳說，大都限於中國北部，或湖北、四川、山西一帶，南部各省的關公傳說，較爲罕見，學者認爲關公被東吳所殺，所以關帝神靈不踏南土。但是清代是下層社會秘密會黨最盛行的時期，關帝在會黨活動的舞臺上扮演了重要的角色。本文撰寫的目的，就是利用現存檔案資料，探討薩

滿信仰及秘密會黨的盛行分析清代北方少數民族及南方下層社會
對關帝崇奉的事實，反映關帝崇拜的普及。

二、從薩滿信仰的盛行看北方少數民族關帝崇拜的普及

　　薩滿，滿洲語讀作「saman」，是阿爾泰語系通古斯語族稱
呼跳神巫人的音譯，意思是指能夠通靈的男女。薩滿跳神作法的
儀式，是屬於一種原始的宗教儀式，薩滿口念神詞，手擊神鼓，
身穿怪異神服，頭戴神帽，腰繫神鈴，手舞足蹈，札立（jari）
助唱神歌，音調配合，薩滿受到自我暗示或聲色刺激後，開始產
生一種人格解離或精神意識的變化，身體開始顫抖，神靈附體，
鼓聲和舞步越來越快，薩滿達到忘我境界，進入一種催眠狀態後，
薩滿的魂靈開始出竅，離開軀殼，過陰捉魂，達成附體還陽，起
死回生的使命。

　　薩滿信仰盛行於北亞草原地帶，以貝加爾湖附近及阿爾泰山
一帶，表現最爲典型。中國北方各少數民族，例如滿洲、蒙古、
赫哲、索倫、鄂倫春、達呼爾、錫伯等族，都崇奉薩滿信仰，薩
滿信仰的盛行，就是北亞草原社會的共同文化特質。

　　在初民社會裡，都曾產生過巫覡文化現象，或巫術活動，人
們相信巫覡充滿著各種超自然的能力，巫覡常用咒術來駕馭自然，
迫使風雨或動物遵從巫覡的意志。薩滿就是從原始的巫覡脫胎而
來，薩滿跳神治病，過陰捉魂，都普遍運用巫術，巫術觀念及巫
術活動等巫術因素，在北亞少數民族的薩滿信仰中，都有十分顯
著的呈現。因此，薩滿信仰就是以巫術爲主體和主流發展起來的
複雜文化現象。

　　薩滿信仰相信萬物有靈，以自然崇拜、圖騰崇拜、祖先崇拜
爲思想基礎，崇拜日月星辰，山有山神，也有熊神、鷹神等等，

各種魂靈可以相通，可以轉移，彼此之間有血緣關係。薩滿信仰的性質既然是屬於一種多神崇拜的文化現象，這就決定了它並不排斥其他外來宗教的特點。

　　道教本來就是由原始巫覡信仰發展而來的民間宗教，與薩滿信仰存在著許多共同性質。歷代以來，中國北方各少數民族長期接觸佛教思想後，對佛教神祇，並不排斥。早在隋唐時期（589—906），東北靺鞨族的統治者，已經開始篤信佛教。在黑龍江寧安縣白廟子村渤海國上京龍泉府遺址出土的舍利子等佛教物品，證實了隋唐時期的靺鞨族已經開始信仰佛教①。金代（1115—1234），女真族大批南遷後，受到漢族更大的影響，女真社會崇信佛教及道教的風氣，更加盛行。佛教和道教的神祇都先後進入了薩滿信仰的神祇行列，使薩滿信仰的神祇體系產生了很大的變化，除了諸佛菩薩外，關公也登上了薩滿信仰的神壇。

　　三國時期的蜀國名將關公，從唐代以來，中原內地對他的崇拜，已經很盛行，而且逐漸成為佛教和道教共同崇拜的神祇。佛教寺院尊關公為伽藍神之一。唐高宗儀鳳年間（676—678），佛教禪宗北派六祖神秀在玉泉山建造佛寺時，即以關公為伽藍神。宋哲宗紹聖三年（1096），賜關公玉泉寺廟額為「顯烈廟」。宋徽宗崇寧元年（1102），因關公神力破除解州鹽池蚩尤禍患，加封關公為崇寧真君，追贈「忠惠公」。大觀二年（1108），加封關公為「武安王」。宋高宗建炎三年（1129），封為「壯繆義勇王」。

　　基於政治的需要，元、明兩代對關公也大加勅封。明世宗嘉靖十年（1531），勅封關公為「漢關帝壽亭侯」，開始稱關公為「帝」。明神宗萬曆年間（1573—1620），明廷勅封關公為「協天護國忠義大帝」，道教尊關公為「三界伏魔大帝神威遠震

天尊關聖帝君」，簡稱關聖帝，或關帝，尊號顯赫。

關帝崇拜傳入遼東後，很快地被女眞人或滿族等少數民族所接受。這位由英勇善戰的忠義名將演化而來的神祇，對崇尙武功，恪守信義的邊疆民族，具有特殊的吸引力。蒙古、女眞部落首領與明朝邊將盟誓時，照例要請出雙方都篤信的關帝神像。例如明思宗崇禎九年（1636）十二月，宣大總督盧象昇奏報，是月初八日，山西大同署殺胡堡守備高鸞，與蒙古臺吉議定邊約，宰殺黑牛一隻，烏雞一隻，請來關聖帝神像，傍立大刀二口，下立腰刀四十餘口，擺設香案祀奠，用黃表寫立臺吉、頭目年庚誓狀一通，歃血盟誓，將血酒拋天徧飲，宣誓恭順明朝，出力報效②。

《三國志通俗演義》是一部膾炙人口的章回小說，書中描寫關公的神武忠義，既生動，又感人。清太祖努爾哈齊好看《三國志通俗演義》，從中吸取政治、軍事謀略，關公的勇武形象，也成了努爾哈齊心目中的楷模。清太宗皇太極也非常喜愛閱讀《三國志通俗演義》，這部小說幾乎成爲努爾哈齊、皇太極父子制訂內外國策、作戰方略，甚至爲人處世所不可或缺的依據。

皇太極在位期間（1627—1643），曾命達海等人將《三國志通俗演義》繙譯成滿文，多爾袞攝政期間，又命滿族學士查布海等人繼續繙譯，校訂刊刻，頒給八旗將領，成爲他們學習兵法的秘籍。滿族社會普遍的崇奉關公，確實是受《三國志通俗演義》滿文譯本的重大影響。清人王嵩儒就說過，「本朝未入關之先，以繙譯《三國志演義》爲兵略，故極崇拜關羽。其後有託爲關神顯靈衛駕之說，屢加封號，廟祀遂徧天下。」③《三國志通俗演義》滿文譯本在滿洲社會的廣泛流傳，對關公的神武忠義故事，可謂家喻戶曉，關公就這樣以戰神的形象進入了滿洲等少數民族的社會，爲各少數民族所頂禮膜拜。

　　《三國志通俗演義》滿文譯本附有關公本傳譯文，譯出羅馬拼音，並附錄漢文如下：

juwan bithe de henduhengge, guwan gung ni bisire fonde, saisa be gingguleme daifu hafasa be kunduleme, fejergi be gosime, ishunde becunure urse, guwan gung de habšanjiha de, guwan gung nure omibume acabumbi. niyalma temšendume becunumbihe de habšara be jenderakū ofi, kemuni hendurengge mafa aikabade joborahū seme, tere fon i niyalma sirkedeme habšahakūbi. tuttu ofi julge te i urse gemu tukiyeme guwan mafa seme hedumbihebi. jang i de banjitai hatan furu, udu dergi urse be kundulecibe, fejergi niyalma be gosirakū, yaya niyalma becunufi habšaha de uru waka be fonjirakū gemu wame ofi, amala niyalma wara de geleme habšanarakū bihebi, tuttu ofi guwan gung de irgen habšara be jenderakū. i de de irgen geleme habšarakū. terei wesihun ujen ningge tuttu kai.

傳曰：關公在生之時，敬重士大夫，撫恤下人，有互相毆罵者，告於公前，公以酒和之，後人爭鬥，不忍告理。常曰：恐犯爺爺也。時人爲此不忍繁實焉，故自古訖今，皆稱曰：關爺爺也。張翼德平生性躁，雖敬上士，而不恤下人。凡有士卒爭鬥，告於飛前，不問曲直，並皆斬之。後人爲此，不敢告理，但恐斬之，所以關公爲人民不忍犯，翼德爲人民不敢犯，其貴重也如此④。

引文中敍述關公「敬重士大夫，撫恤下人」，張飛「雖敬上士，而不恤下人」。天聰七年（1633）六月，明將孔有德、耿仲明

等率領部眾歸順滿洲，皇太極欲行抱見禮，以示隆重，諸貝勒反
對抱見，請以一般禮儀相見。皇太極即引用關公敬上愛下的故事，
對降將行抱見禮。他說：

> 昔張飛尊上而陵下，關公敬上而愛下，今以恩遇下，豈不
> 善乎？元帥、總兵曾取登州，攻城略地，正當強盛，而納
> 款輸誠，遣使者三，率其兵民，航海衝敵，來歸於我，功
> 孰大焉？朕意當行抱見禮，以示優隆之意⑤。

相見禮儀議定行抱見禮，孔有德等降將向皇太極叩頭後，抱膝相
見，諸貝勒俱行抱見禮。

　　天聰九年（1635）三月，皇太極遣朝鮮使臣李俊回國，並
致書朝鮮國王，《滿文原檔》詳載國書內容，書中記載皇太極曾
引黃忠落馬，關公不殺的一段故事來指責朝鮮國王的背信棄義。
《滿文原檔》有一段記載說：

> julge howangdzung, guwan gung ni emgi afara de
> morin ci tuheke manggi, guwan gung wahakū morin
> yalubufi dasame afahangge uthai waci ton akū seh-
> engge kai, guwan gung jiyangjiun bime jurgan be dele
> arafi yargiyan akdun be jurcehe akū bi, wang emu
> gurun i ejen kooli be ambula hafuka bi, akdun jurgan
> be jurcehe doro bio, bi inu kenehunjerakū ofi donjiha
> babe wang de gidarakū hendumbi⑥.

引文內容，譯出漢文如下：

> 從前黃忠與關公交戰時，從馬上落地後，關公未殺，令乘
> 馬再戰，即使乘危殺之，也不算英勇啊？關公只是將軍，
> 而以義為尚，不違背誠信。王乃一國之主，博通規章，豈
> 有違背信義的道理呢？我也因為深信不疑，故將所聞直言

於王而無隱。

在皇太極心目中，關公是一位講信義的英雄，黃忠馬失前蹄，關公並不乘危殺人，國與國之間，必須誠信相孚，然後和議方能永久遵守。皇太極把《三國志通俗演義》作為治國、治軍的方略，特別推崇關公，所以常舉關公的故事來教育、訓導大臣⑦。

清太祖天命年間（1616—1626），除了設堂子祭祀外，還在興京赫圖阿拉東山頂上興建了佛寺、玉皇廟、十王殿等廟宇。在寧古塔建造佛教、道教寺觀七座，分別供奉觀音、龍王、關帝駙馬等神。清太宗崇德年間（1636—1643），民間長期頂禮膜拜的釋迦牟尼佛、觀音菩薩、關帝等已先後躋身於薩滿信仰的神祇行列，成為滿洲宮廷及民間供奉的三大神祇，反映佛教和道教的神祇及禮儀，也開始與薩滿信仰合流⑧。崇德八年（1643），在瀋陽地載門外，敕建關帝廟，賜額「義高千古」。滿洲入關之初，即在北京興建關帝廟。清世祖順治九年（1652），敕封關帝為「忠義神武關聖大帝」。清世宗雍正三年（1725），加封關帝三代公爵，春秋祭祀。《關聖桃園明聖經》一書所載「關聖帝君世系圖」謂關帝生於東漢桓帝延熹三年（160）六月二十四日，歿於獻帝建安二十四年（219）十二月初七日，享年六十歲⑨。民間則以五月十三日為關帝聖誕，又稱雨節，如遇亢旱，即於是日祈雨⑩。關帝聖誕，皇帝欽派皇子等人致祭。在錫伯族聚居的村屯中流傳著一種民俗，每逢大旱，全村男女老幼，每人身背柳條一束，赤著腳，捲起褲腿，對著天呼喚求雨，然後齊集關帝廟，宰羊祭祀。

清朝崇奉關帝，將關帝與孔子並列，以孔子為文聖，而以關帝為武聖⑪。《奉化縣志》有一段記載說：「世俗所以崇關帝者，或目為福祿之神，或惑於三國志演義小說。」⑫關帝傳說，忠義感

人，清朝崇奉關帝，確實是受到《三國志通俗演義》這部小說的
影響。清代皇帝提倡關帝崇拜，確實有其政治目的，雍正八年（
1830）七月十一日，《起居注冊》記載一段諭旨，雍正皇帝命
內閣在京城白馬關帝廟旁選擇吉地，為開國以來盡忠報國，完名
全節的滿漢文武大臣修建賢良祠，春秋祭祀⑬。雍正皇帝在京城
關帝廟旁建造賢良祠，將已故忠君愛國的滿漢文武大臣入祀祠內，
其目的就是令當時及後世的臣民見賢思齊，為清朝効命。

　　乾隆皇帝提倡關帝崇拜，更是不遺餘力。乾隆四十一年（
1776），詔改關羽本傳謚號「壯繆」為「忠義」。乾隆四十三
年（1778），奉旨重修承德府麗正門右關帝廟，改用黃瓦。明
清帝王，崇尚黃色，黃色物件，皇帝之外，禁止使用，關帝廟改
用黃瓦，是提高關帝地位的具體表現。漢大臣之中曾以「關帝」
字樣隱寓把皇帝關起來，或拘禁皇帝之意，語涉違礙，奏請改名。
乾隆皇帝以關帝崇拜由來已久，可以聽其自然。乾隆皇帝崇奉關
帝，稱關帝為關西夫子。

　　有清一代，對關帝的崇奉，可以說是達到登峰造極的地步，
關帝變成了天神，成為滿族等北方少數民族的保護神，屢次顯靈，
每度過一次重大的災難，清廷都要加封關帝，感謝關帝在冥冥之
中暗加護佑。關帝廟與禹王廟、淮神廟、顯王廟、風神廟並列，
每當暴風雨侵襲，地方水患，河工保護無虞，認為就是關帝等神
祇的默佑，方能化險為夷。因此，水災過後，清廷照例發下藏香，
在關帝廟、禹王廟、淮神廟、顯王廟、風神廟上香致謝⑭。當天
地會首領林爽文率衆起事以後，臺灣府城安然無恙，據地方官奏
報，是因為府城東門城樓上關帝顯靈賜佑。大學士福康安率領大
軍安穩渡過臺灣海峽，迅速平定亂事，相信也是關帝暗加護佑。
乾隆五十三年（1787）七月十九日，乾隆皇帝頒降諭旨，臺灣

府城改建城垣時，即重修關帝廟，將殿宇擴建，使其輪奐一新，但不可換塑關帝聖像⑮。咸豐八年（1858）十二月間，太平軍數千人圍攻福建寧洋縣城，城內兵勇單薄，衆寡懸殊，縣城危急，但是太平軍卻屢攻不下。據知縣稟稱，寧洋地方崇奉關帝君已經二百餘年，太平軍攻城時，衆人見城上旗幟人馬甚多，鎗刀挑列，礮聲震地，關聖帝穿著綠袍，狀貌魁偉，往來指揮，太平軍驚駭退散⑯。閩浙總督慶端認爲縣城轉危爲安，實出關聖帝君神靈顯應，護國佑民，因此，奏請欽頒匾額。

滿洲稱「爺爺」爲 "mafa"，漢字音譯作「瑪法」。《三國志通俗演義》中「關爺爺」，滿文譯本作 "guwan mafa"。關帝被滿族親切地恭稱「關瑪法」，在滿族長篇說部中，「關瑪法傳奇」佔有重要一席。用滿洲語講述，邊講邊唱，唱念相合，滿族老幼多喜聞樂聽。在滿族社會中講述的關瑪法故事，內容豐富，包括關瑪法出世於東海，盜馬、比武等情節，其飲食用具、穿著服飾及禮儀等都已滿族化，在中國北方少數民族社會中，關帝就是一位頗具北方民族個性的神話人物⑰。在北方少數民族心目中，關帝和岳飛不同，岳飛飢餐胡虜肉，渴飲匈奴血，直搗黃龍的民族意識，引起北方各少數民族的深惡痛絕。在關帝的傳說中，種族意識，並不濃厚，滿洲化的關瑪法，頗能爲蒙古、達呼爾、錫伯等族所接納。在明代，岳飛與關公可以說是平起平坐的，兩人同被供奉在關岳廟中，左關公，右岳飛，兩人都居正位，後來關岳廟改稱武廟⑱，關公是三界伏魔大帝，岳飛是三界靖魔大帝。但是到了清朝，關公的地位不斷提高，清朝皇帝褒揚關公的忠義神武，不僅藉崇奉關帝來籠絡蒙古諸部，也爲明末遼東降將及關內漢族提供強有力的理論根據，希望天下臣民效法關公的既忠且義，共同爲清朝効力，以關公爲榜樣。到了雍正年間，岳飛的靖魔大

帝匾額已被下令從武廟中搬了出來⑲。乾隆皇帝提倡忠君，更是
不遺餘力，崇奉關帝就是忠君思想下的具體表現。

　　清代遼東地區，關帝廟到處林立，反映中國東北各少數民族
的社會中關帝崇拜的普及。根據文淵閣寫本《欽定盛京通志》一
書的記載，可將乾隆四十七年（1782）以前盛京各屬的關帝廟
數目列出簡表如下：

清代前期盛京各屬關帝廟統計表

府	州	縣（城）	廟　數	合　計
奉天府		承　德　縣	3	
	遼　陽　州		2	
		海　城　縣	2	
		蓋　平　縣	3	
		開　原　縣	3	
		鐵　嶺　縣	2	
	復　　　州		7	
		寧　海　縣	1	
		岫　巖　城	2	
		鳳　皇　城	1	26
錦　州　府		錦　　　縣	16	
	寧　遠　州		16	
		廣　寧　縣	6	
	義　　　州		6	44
吉　　　林		吉　　　林	3	
		寧　古　塔	3	
		伯　都　訥	1	
		三　　　姓	2	
		阿勒楚喀	2	
		打牲烏拉	2	
		拉　　　林	1	14

黑　龍　江	齊齊哈爾 墨　爾　根 黑　龍　江 呼倫布爾 呼　　　蘭	2 1 1 1 1	6
總　　　計		90	90

由前列簡表可知乾隆四十七年（1782）以前，盛京各屬關帝廟多達九十座，可以說明遼東地區關帝崇拜的普及。根據光緒十三年（1887）刊印《承德府志》的記載，可將承德府境內各關帝廟的分佈及其建造年代，列出簡表如下：

順次	分　　佈　　地　　點	建　　造　　年　　分
1	承德府糧食街	康熙五十年（1711）
2	喀喇河屯營西	康熙五十四年（1715）
3	北二道河	康熙五十五年（1716）
4	金沙灘	康熙五十七年（1718）
5	喀喇河屯東南	康熙年間（1662—1722）
6	扎薩克旗茶棚	雍正五年（1727）
7	小子溝	雍正八年（1730）
8	承德府西南街	雍正十年（1732）
9	土城子西	雍正十年（1732）
10	黃姑屯	
11	郭家屯五十里湯泉	
12	大閣兒東南七十里鑲黃旗營	
13	大閣兒東南七十里頭道營	
14	大閣兒北八十里上黃旗	
15	大閣兒北一百二十里件圈子	
16	大閣兒西北一百四十里四岔山	
17	土城子東距治一百六十里官道側	

18	黃姑屯北八里阿拉營	
19	黃姑屯東北九里興隆嶺	
20	八溝河南	雍正十二年（1734）
21	北二道河	乾隆二年（1737）
22	七家茶棚	乾隆二年（1737）
23	八溝南	乾隆三年（1738）
24	塔子溝東街	乾隆七年（1742）
25	大鹿溝	
26	五道溝東南	
27	莊頭營	
28	三座塔城內東塔右	乾隆十三年（1748）
29	縣城東南隅	乾隆十四年（1749）
30	獅子溝	乾隆二十年（1755）
31	二道河	乾隆二十年（1755）
32	勒家溝	乾隆二十三年（1758）
33	青石梁官道側	乾隆二十三年（1758）
34	巴克什營	
35	河東	乾隆二十五年（1760）
36	三道河	

由前列簡表可知承德府境內關帝廟共計三十六座，其建造時間，主要在康熙末年至乾隆中葉。雍正十年（1732），承德西南街建造的關帝廟，由雍正皇帝親自題寫廟額爲「忠義伏魔」[20]。此外，據《遼陽縣志》記載，遼陽縣境內關帝廟，共計二十九座。東北地區，關帝廟林立，確實有其政治意義。

佛教、道教思想盛行以後，北方少數民族多喜歡以佛、道神祇來爲新生的嬰兒命名，逐漸形成一種風氣。以乾隆朝《起居注冊》爲例，常見的佛、道神祇名字包括：佛保、神保、佛會保、三神保、七星保、千佛保、諸神保、眾神保、那摩佛、福神保、文殊保、菩薩保、觀音保、釋迦保、彌勒保、韋陀保、地藏保、

關聖保、關帝保、關音保、伏魔保、武神保等等不勝枚舉。關帝崇拜普及以後，關帝不僅進入了薩滿信仰的神祇行列，同時也進入了東北少數民族的日常社會生活裡，其具體的表現，就是有不少人喜歡以關帝命名，目的是祈求關帝的默佑，以求平安。

　　乾隆二十八年（1736）四月初四日，《起居注冊》有一段記載說：「鑲黃旗滿洲都統奏請補授防禦員缺，帶領保送人員引見，奉諭旨，著關帝保補授防禦。」㉑關音保，讀音近似觀音保，但以「關」字取代「觀」，目的是祈求關帝和觀音菩薩的共同保佑。伏魔保一名，是因關帝又稱三界伏魔大帝而得名。達呼爾族受漢族的影響，對關帝的崇奉，也很普遍。黑龍江璦琿地區的一些達呼爾族村屯，每屯都有一座小型關帝廟，祠廟的規模不大，多為木板結構，廟內供有關帝畫像，兩側還供奉龍王、娘娘等神。傳說關帝神是由達呼爾族出外當兵的人帶回來的，認為關帝是武神，能保佑出征的達呼爾人打勝仗，並且平安返回。滿族或達呼爾族社會中所常見的武神保這個名字，就是因關帝被尊奉為武神而得名，武神保就是關帝保。《清史稿》記載道光二十年（1840），關聖保補授禮部侍郎㉒。據清代傳記資料記載，關聖保是滿洲鑲藍旗人，伊爾根覺羅氏㉓，關聖保就是因關帝又稱關聖帝君而得名。東北各少數民族喜歡以關帝命名，分別取名為關帝保、關聖保、武神保、伏魔保、關音保等等，都是關帝崇拜的具體例證，相信關帝是保護神，為了祈求關帝的保佑，而以關帝命名，取名關帝保、關聖保等名字，相信冥冥之中，可以得到關帝的默佑。

三、從秘密會黨的盛行看南方下層社會關帝崇拜的普及

　　清代秘密社會是指下層社會中不能公開活動的各種秘密組織，因其思想信仰、組織形態、社會功能，彼此不同，大致可以分為

民間秘密宗教和秘密會黨兩個範圍。

　　民間秘密宗教或由民間原有的巫覡信仰雜揉儒釋道的教義思想而創立的各種教派，或由佛道世俗化衍化產生的各種教派。各種教派模擬家族血緣制的父子倫理，師徒之間建立上下輩分縱的關係。

　　秘密會黨是由民間異姓結拜團體發展而來的各種秘密組織，受《三國志通俗演義》桃園結義及《水滸傳》梁山泊英雄聚義等故事的影響，吸收民間金蘭結義的傳統，模擬家族血緣制的兄弟情誼，舉行歃血瀝酒的盟誓儀式，成員之間，彼此以兄弟相稱，強調忠心義氣，以維持兄弟平行橫的關係。

　　有清一代，中國南方閩粵等省，由於異姓結拜風氣的盛行，人口流動的頻繁，種族意識的強烈，因此，結盟拜會的活動，非常活躍，是中國秘密會黨最爲蓬勃發展的時期，會黨林立，例如父母會、鐵鞭會、鐵尺會、小刀會、天地會、添弟會、雷公會、三合會、三點會、哥老會等，不勝枚舉。由於清廷制訂禁止異姓結拜律例及會黨治罪專條，各會黨因遭受官方的取締或鎮壓，其組織與活動，都是不合法的，各會黨只能在下層社會中秘密發展。

　　近數十年來，各地採集到的關公傳說，大都在中國北部湖北、四川、山西一帶，南部各省的關公傳說，較爲罕見，學者認爲這種現象並不是偶然的，民間相傳「因關公被東吳所害，所以他的神靈不履南土。」㉔八〇年代，中國大陸採錄的關公傳說，雖然大部分佈於內地北部各省，但是關公神靈不踏南土的傳說，是不足採信的。

　　《三國志通俗演義》第一回「宴桃園豪傑三結義」一段敍述劉備、關羽、張飛三人結拜的經過說道：

　　　　飛曰：「吾莊後有一桃園，花開正盛；明日當於園中祭告

天地，我三人結爲兄弟，協力同心，然後可圖大事。」玄
德、雲長齊聲應曰：「如此甚好。」次日，於桃園中，備
下牛白馬祭禮等項，三人焚香，再拜而說誓曰：「念劉備、
關羽、張飛雖然異姓，既結爲兄弟，則同心協力，救困扶
危；上報國家，下安黎庶；不求同年同月同日生，但願同
年同月同日死。皇天后土，實鑒此心。背義忘恩，天人共
戮。」誓畢，拜玄德爲兄，關羽次之，張飛爲弟。祭罷天
地，復宰牛設酒，聚鄉中勇士，得三百人，就桃園中痛飲
一醉㉕。

桃園結義，在性質上，就是異姓兄弟的金蘭結義。劉備、關羽、
張飛三人在桃園結拜兄弟，誓同生死，背恩忘義，天人共戮，這
種強調忠心義氣的故事，早已家喻戶曉，耳熟能詳。

　　明末清初以來，閩粵地區因聚族而居所產生的宗族械鬥案件，
層出不窮，大姓恃強凌弱，欺壓小姓，各小姓聯合自保，模倣桃
園結義儀式，歃血瀝酒。同時吸收佛家破除俗姓，以「釋」爲僧
侶共同姓氏的傳統，藉以發揮四海皆兄弟的精神。異姓兄弟結拜
時，除了本姓外，另以象徵特殊意義的文字爲義姓，化異姓爲同
姓，以打破各家族的本位主義，並消除內部成員之間的矛盾。各
小姓聯合後，或以「萬」爲義姓，象徵萬衆一心；或以「齊」爲
義姓，象徵齊心協力；或以「同」爲義姓，象徵共結同心；或以
「海」爲義姓，象徵四海一家。大姓因各小姓聯合抵制而感受威
脅，也聯合各大姓，舉行盟誓儀式，以「包」爲義姓，象徵包羅
萬民。異姓結拜活動，蔚爲風氣，秘密會黨就是由閩粵地區的異
姓結拜團體發展而來的各種秘密組織㉖。各會黨的名稱，具有不
同的特殊意義。例如臺灣父母會是爲了父母年老身故籌措喪葬費
用而成立的互助會；福建內地的鐵鞭會，是因會中成員攜帶鐵鞭

而得名；鐵尺會也是因攜帶鐵尺而得名；小刀會則因攜帶小刀防
身而得名；天地會是因跪拜天地盟誓而得名；添弟會是因兄弟日
添爭鬥必勝而得名；雷公會是因不肖之人必被雷公擊斃而得名，
各有其特徵，因特徵不同，於是出現了各種會黨名稱，名目繁多，
隨著閩粵人口的向外流動，結盟拜會的風氣，也逐漸蔓延到其他
省分，臺灣、江西、廣西、雲南、貴州、湖南等地的秘密會黨，
大都爲閩粵秘密會黨的派生現象。清代南方盛行的各種秘密會黨，
其性質，與桃園結義的精神，最爲相近，各會黨成員都崇拜關帝。
由於南方秘密會黨的盛行，反映南方下層社會裡關帝崇拜的普及。
《洪門志》有一段記載說：

> 久聞老大哥，明月高照，義氣千秋，好比當初關聖帝，見
> 不平，斬雄虎，有聖母，賜清泉，改換容貌，桃園結拜兄
> 弟劉、張，同生死，舉義兵，把黃巾賊破。酒未冷，斬華
> 雄，血染寶刀，過五關，斬六將，威風凜凜㉗。

原文中「有聖母，賜清泉，改換容貌」等句，與關公因殺人被兵
追趕，觀音菩薩顯靈救他的傳說相近。

秘密會黨的活動，與中國通俗文化的發展，關係密切，各會
黨一方面吸收了古代通俗文化的許多內容及形式，另一方面廣泛
流傳於各會黨內部的隱語、暗號、對話及詩句等內容卻又豐富了
清代通俗文化的內涵。在秘密會黨內部流傳的隱語暗號中，多與
桃園結義及關公傳說有密切關係。乾隆中葉出現的天地會已經開
始傳授三指暗號。入會成員出外行走，用三指按住心坎爲暗號，，
便可免於被人搶奪。相見時使用左手伸三指朝天的暗號，就知道
是天地會弟兄㉘。天地會舉手不離三的三指暗號，就是指桃園結
義劉備、關公、張飛三姓結拜弟兄的「三」而言，以「三」象徵
桃園三結義的特殊意義。

　　各會黨成員的會員證，叫做腰憑，又作腰屏，其樣式多爲布
票八角形，分爲若干層，各層文字，顛倒錯亂，大都屬於藏頭詩
形式，嵌字入詩，難於解讀。或取名字偏旁，拼造組合字，例如
取「金蘭結義」、「忠心義氣」等句偏旁拼造組合字。或以漢字
筆畫隱藏含義，例如以「木立斗世」隱藏清帝在位年數，「木」
字拆爲「十八」即順治皇帝在位年數；「立」字拆爲「六一」，
即康熙皇帝在位年數；「斗」字拆爲「十三」，即雍正皇帝在位
年數；「世」字拆爲「三十二」，即乾隆三十二年入會年分。或
以民間記帳數字代表會中頭目身分，例如以「夊三乂」（934）
爲「大哥」；以「乂三夊」（489）爲「香主」；以「夊三川」
（983）爲「白扇」等，各頭目早就有了自己的身分代號，從會
黨腰憑的變化，可以看出下層社會通俗文化的特色。下圖爲腰憑
一種圖式：

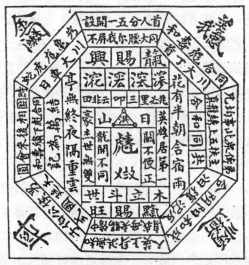

圖式外層左上角爲「金蘭結義」的組合字；右上角爲「忠心義氣」
的組合字；內層居中「乂三夊」（489）爲香主的身分代號；居

中下方「木立斗世」分別拆爲「十八、六十一、十三、三十二」；居中右側上方「靝」，爲「青」和「氣」的組合字，讀作「天」；右側下方「𪋿」，爲「黑」和「氣」的組合字，讀作「地」，在腰憑裡暗藏了「天地」字樣。

　　各會黨共同標榜的，就是關公的忠義精神。關公秉燭達旦，保護皇嫂，義薄雲天，在洪門兄弟的心目中，關公的地位，高過劉備。洪門兄弟崇拜關公，以關公爲效法的楷模。天地會中流傳的「讚聖詩」中有一段記載說：

> 初讚聖人第一忠，列代流傳有遺風，異姓結拜同信義，萬民供養住九重。二讚聖人本超群，徐州失散困曹營，上馬金來下馬寶，美女紅袍漢壽亭，聞如兄住河北地，封金掛印奔古城，秉燭待旦保皇嫂，赤膽忠心第一人。讚聖人武藝高，赤兔馬來偃月刀，過五關曾把六將斬，立斬蔡陽城壕，忠肝義膽難盡表，弟兄相會古城壕㉙。

關公忠肝義膽，是會黨崇拜關公的主要原因。北京中國第一歷史檔案館現藏嘉慶十一年（1806）天地會首領盧盛海等人結盟拜會的盟誓單，開端就說：「自古稱忠義兼全，未有過於關聖帝君者也。溯其桃園結義以來，兄弟不啻同胞，患難相顧，疾病相扶，芳名耿耿，至今不棄」等句㉚。

　　洪門兄弟入會的會場，多臨時設於郊外，分爲外部、中央、內層三區，入會儀式，會中叫做「作戲」，會員出席叫做「看戲」。會中舉行儀式的秘室，是在內層，稱爲紅花亭，室中設關聖帝神位，額名爲「忠義堂」。洪門堂所用的木斗，叫做木楊城。在後世流傳的木楊城詩內就有「木場城內有關公，金花寶劍在斗中」等句，此外還有「木楊城內有關公，歃血爲盟盡姓洪」；「萬姓弟兄來結拜，木楊城內有關公」；「木楊城內觀音佛，外有關公

「顯威靈」等句。

　　各會黨成員輾轉糾邀，大都為出外人，彼此多未謀面，於是編造了許多盤問弟兄的隱語，例如「古廟問答」的對話內容為：「問兄弟可知共有多少廟宇？答三個廟宇。問名稱如何？答觀音廟、關帝廟、高溪廟。」在關帝廟詩句中有：「歷朝義氣是雲長，洪家兄弟效忠良」等句。又如「過橋問答」的對話，也有關帝在內。問：兄弟爾橋上過橋下過？答：橋下過。問：然何橋上又不過？答：有三人把守。問：何人把守？答：橋頭有關聖帝君，橋中有觀音娘娘，橋尾有土地伯公。」關聖帝在會黨口白對話中確實扮演了重要的角色。

　　秘密會黨對關帝的崇拜，其具體的表現，就是有許多會黨的名稱，常以關帝命名。例如乾隆元年（1736），福建邵武縣出現的關聖會，就是因關聖帝君而得名。乾隆十二年（1747）十一月，江西人蕭其能等人在江西宜黃縣所加入的關帝會，也是因為崇拜關帝而得名。道光二十七年（1847），江西長寧縣出現的關爺會，則是因為關公又稱為關爺爺而得名。

　　各會黨的入會儀式，多選在荒郊關帝廟或古廟內舉行。周宗勝是廣東南海縣人，在廣西上林縣傭工度日，嘉慶十二年（1807）五月十三日，周宗勝等三十人在上林縣東山嶺關帝廟內結拜天地會㉛。

　　有些會黨的結拜地點，因無關帝廟，而臨時設立關帝神位，例如嘉慶十三年（1808）四月十六日，鄒麻子等44人在江西樂安縣境內僻靜地方寫立關帝神位，結拜邊錢會。各會黨舉行盟誓儀式中，有恭請神祇的祝表，表文中也列入關聖帝君的名字。嘉慶十四年（1809）五月，廣西來賓縣天地會成員顏亞貴家藏「桃園歌」被地方官查獲，歌詞中開列所請出的神祇，其中也包含

在桃園結義的劉、關、張三位神祇㉜。

梁老三是廣東南海縣佛山鎮人，向來在廣西謀生。嘉慶二十年（1815）七月，梁老三邀得歐發祥等7人在廣西恭城縣結拜忠義會，因歐發祥出錢較多，被推爲大哥。湖南衡陽縣人李泳懷也在恭城縣做小買賣營生，與梁老三熟識，談及出門在外，孤身無助。梁老三即糾邀李泳懷加入忠義會，告以入會之後，可免外人欺侮，會中弟兄如有疾病事故，各出錢一百零八文資助。同年十月，李泳懷等12人齊至縣境空廟內舉行入會儀式。梁老三擺設案桌，用紙書寫「忠義堂」三字，粘貼桌邊，又供設關帝神位，旁插紅旗五面，並點油燈數盞，外邊用蔑圈三個，每圈派人各執鐵尺、尖刀在旁把圈。大哥梁老三頭帶紅布，身披長紅布一條，立於桌旁，令李泳懷等戴用紅布，從圈內鑽過，稱爲過三關，然後跳火盆，稱爲過火燄山，然後用針在左手刺血滴入雞血酒內同飲，又將各人姓名開寫表文，連同所設關帝神位、紙旗、蔑圈一併燒燬㉝。忠義會是因崇拜關帝，效法關帝的忠義而得名。其歃血盟誓的秘室，稱爲忠義堂，同時設立關帝神位。

道光十年（1830）五月初四日，江西清江縣人張義老等26人在縣境郊外山僻地方，結拜三點會，因無關帝廟，而寫立關帝神位，傳香結拜，道光十九年（1839）正月十三日，陶瞎子等44人在湖南醴陵縣境內用紙寫立關帝神位，折草爲誓，結拜認異會。

會黨盟誓時，無論是選在關帝廟，或臨時用紙寫立關帝神位，都是請出關帝爲見證人。後世流傳的入會誓詞內容說：

> 關公打坐在雲端，弟子跪在塵埃上，隨侍拜兄進園來，忠孝節義記心懷，今有弟子□□□自入園後，行要讓路，坐要讓席，上要認兄，下要認弟，互助互信福禍相倚，倘有

> 欺兄霸嫂，欺弟霸媳及越禮犯教禍國殃民等事，死於亂刀
> 之下，以紅香爲誓㉞。

民間相信頭上三尺有神明，關帝打坐在雲端，洪門兄弟必須效法
關帝，會黨宣誓時，以關帝爲見證人，「有忠有義橋下過，無忠
無義劍下亡」㉟，以忠義著稱的關帝是洪門兄弟頂禮膜拜的神明，關
帝在秘密會黨的舞臺上確實扮演了非常重要的角色。

四、結　論

　　薩滿信仰是北亞草原社會的共同信仰，相信萬物有靈，是屬
於多神崇拜。中國北方各少數民族長期接觸佛教及道教以後，使
薩滿信仰的神祇體系產生了很大的變化，佛教、道教的神祇，相
繼進入了薩滿信仰的行列，中原漢族崇奉的關帝，也以忠義武神
的形象登上了薩滿信仰的神壇，成爲一位頗具北方民族個性的關
瑪法（guwan mafa），而爲滿洲、蒙古、達呼爾、錫伯等族所
接納。由於《三國志通俗演義》滿文譯本的刊印，清朝皇帝的提
倡忠君思想，關帝的地位遂不斷提高，超過了皇帝，與孔子並列
爲聖人，也成了天神，是清朝的保護神。從遼東地區關帝廟到處
林立，廟祀遍及東北的事實，可以說明北方少數民族對關帝的頂
禮膜拜，已經超越了民族情感，打破了種族界限。關帝不僅進入
了北方民族的精神生活，同時也進入了他們的社會生活，有不少
的家庭喜歡以關帝命名，例如關帝保、關聖保、武神保、伏魔保、
關音保等等，以祈求關帝的保佑，從薩滿信仰神祇體系的演化，
可以反映關帝崇拜的普及；由於薩滿信仰的盛行，則有助於關帝
崇拜的普及。北方少數民族關帝崇拜的日益普及，有助滿漢文化
的同化及民族的融合。神話中的關帝，在中國文化及中國民族的
發展演進過程中確實扮演了重要角色。

　　秘密會黨是清代下層社會的一種秘密組織，受《三國志通俗演義》桃園結義的影響，吸收民間金蘭結義的要素，強調忠心義氣，以關公爲楷模。桃園結義和會黨組織，都是屬於異姓結拜的金蘭結義，其性質最爲相近。從清代秘密會黨的盛行，可以反映南方下層社會裡關帝崇拜的普及。秘密會黨對關帝的崇拜，其最具體的表現，就是以關帝廟爲舉行盟誓儀式的地點，即使沒有關帝廟，也要用紙寫立關帝神位，要在關帝的見證下歃血瀝酒。也有頗多會黨的名稱，常以關帝命名，例如關聖會、關帝會、關爺會、忠義會等等，關帝在會黨活動的舞臺上確實扮演了十分重要的角色，所謂關帝神靈不踏南土的傳說，是不足採信的。但是由於秘密會黨走向群衆運動，走上叛亂，而遭到清廷的取締鎮壓，並未因會黨崇奉關帝而姑息寬貸，這不僅是秘密會黨的悲劇，同時也是傳統金蘭結義的悲劇。清代後期，由於民族革命運動的興起，秘密會黨與革命黨的結合，終於推翻了清朝政權，但關帝信仰仍然屹立不搖，忠義千秋，受人膜拜。

【註　釋】

① 楊錫春著《滿族風俗考》（哈爾濱市，黑龍江人民出版社，1991年9月），頁98。

② 《明清史料》（臺北，中央研究院，民國六十一年三月），甲編，第九本，頁857。

③ 王嵩儒著《掌故零拾》（臺北，文海出版社，民國五十五年十月），卷一，頁9。

④ 《三國志》，滿漢合璧本，卷一六，頁39。

⑤ 《清太宗文皇帝實錄》，卷一四，頁11，天聰七年六月癸亥，上諭。

⑥ 《舊滿洲檔》（臺北，國立故宮博物院，民國五十八年八月），第

九冊，頁4195。

⑦　張羽新撰〈清朝爲什麼崇奉關羽〉，《世界宗教研究》，一九九二
　　年，第一期（北京，中國社會科學出版社，1992年3月），頁65。

⑧　劉小萌、定宜莊著《薩滿與東北民族》（長春，吉林教育出版社，
　　1990年3月），頁125。

⑨　《關聖桃園明聖經》（廈門，文德堂藏板，光緒己亥年），頁3。

⑩　《遼陽縣志》（臺北，國立故宮博物院，民國十七年鉛印本），卷
　　二五，頁7。

⑪　《關聖桃園明聖經》，頁1。

⑫　《奉化縣志》（臺北，國立故宮博物院，民國十七年鉛印本），卷
　　二五，頁7。

⑬　《起居注冊》，雍正八年七月十一日，內閣奉上諭。

⑭　《乾隆朝上諭檔》（北京，中國第一歷史檔案館，1991年6月），
　　第十八冊，頁370。

⑮　《乾隆朝上諭檔》，第十四冊，頁426。

⑯　《宮中檔咸豐朝奏摺》（臺北，國立故宮博物院），第01132號，
　　咸豐九年十二月二十八日，閩浙總督慶端奏摺。

⑰　富育光著《薩滿教與神話》（瀋陽，遼寧大學出版社，1990年10
　　月），頁293。

⑱　《遼陽縣志》，卷五，頁16。

⑲　飛雲居士著《中國道教傳奇》（臺北，新潮社文化事業公司，1994
　　年6月），頁114。

⑳　《承德府志》（臺北，國立故宮博物院，光緒十三年刊本），卷一
　　四，頁5。

㉑　《起居注冊》，乾隆二十八年四月初四日，諭旨。

㉒　《清史稿》，部院大臣年表六上，頁13。

㉓　《國朝耆獻類徵初編》（臺北，文友書店，民國五十五年十月），
　　卷一一四，頁7。

㉔　李福清（B.RIFTIN）撰〈關公傳說與關帝崇拜〉，《民間信仰與
　　中國文化國際研討會論文集》（臺北，漢學研究中心，民國八十三
　　年四月），上冊，頁324。

㉕　《三國演義》（臺北，智提出版社，民國七十五年），頁3。

㉖　莊吉發著《清代秘密會黨史研究》（臺北，文史哲出版社，民國八
　　十三年十二月），頁44。

㉗　《洪門志》（臺北，古亭書屋，民國六十四年五月），頁190。

㉘　《明清史料》（臺北，中央研究院歷史語言研究所，民國六十一年
　　三月），頁44。

㉙　《江湖海底》（臺北，古亭書屋，民國六十四年八月），頁26。

㉚　蔡少卿著《中國近代會黨史研究》（北京，中華書局，1987年10月），頁
　　408。

㉛　《宮中檔》（臺北，國立故宮博物院），第2724箱，66包，10004
　　號，嘉慶十三年二月十八日，廣西巡撫恩長奏摺。

㉜　《中國近代會黨史研究》，頁409。

㉝　《軍機處檔・月摺包》（臺北，國立故宮博物院），第2751箱，37
　　包，53908號，嘉慶二十二年四月二十一日，湖南巡撫巴哈布奏摺
　　錄副。

㉞　《金不換》（臺北，皖江書店，據民國三十六年南寧桂南本影印），
　　頁46。

㉟　《宮中檔》，第2724箱，84包，15201號，嘉慶十四年八月二十五
　　日，袁秉直奏摺。

爲人民不敢犯其貴重也如此，

所以關公爲人民不忍犯

並昔斬之後人爲此不敢告理但恐斬之

凡有士卒爭關告于飛前不問曲直

雖敬上士而不恤下人，

昔稱曰關爺爺也

時人爲此不忍繁賽焉　　故自古迄今

常曰恐犯爺爺也

後人爭關不忍告理

毆馬者告于公前公以酒和之

敬重士大夫

傳曰：　　　關公在生之時，

《三國志通俗演義》滿文譯本

關聖保列傳

關聖保。伊爾根覺羅氏滿洲鑲藍旗人。由
繙譯生員考取繕本筆帖式嘉慶十九年。
補兵部筆帖式道光二年。
京察一等旋中式繙譯舉人三年升兵部主
事五年擢員外郎十二年遷郎中十三年
二月兼公中佐領。三月授張家口監督十
四年二月。

清國史館纂修關聖保列傳稿

清代政治與民間信仰

一、前　言

　　宗教信仰的長期存在是客觀的事實，歷代以來，不但有一部佛教史、道教史及回教史，同時還有一部源遠流長的民間秘密宗教史。構成宗教的基本要素，至少須包括教振名稱、寺廟建築、組織結構、經卷教義、規範化儀式及神職性質的師徒關係等項條件。民間信仰主要是指多元性的原始自然崇拜或萬有信仰，是屬於多神崇拜，並未具備構成宗教的基本要素。我國古代祠時，就是一種自然崇拜的中心，秦始皇併吞六國後，各地方的自然崇拜，多成爲秦帝國祠祀的一部分。漢代初年，各種祠祀，繼續存在，包括梁巫、晉巫、河巫、南山巫等等。漢武帝即位後，由於崇信神仙，陰陽災異之說更加盛行，而求仙採藥的方士，多自託爲道家，使道家逐漸走向宗教之路。東漢末年，道家的宗教色彩更加濃厚。漢桓帝曾派中常侍左倌到苦縣爲老子立祠，宮中也立有黃老祠。由於這類祠祀漸漸被巫師所利用，使道家於求仙煉丹之外，又加添了傳統的巫術，諸如祈雨、厭詛、捉鬼、以符水治病等法術。道教會就是依附民間信仰而創立的宗教，以東漢順帝時張陵所創立的五斗米道爲濫觴。張陵自稱曾在蜀中鵠鳴山學道，造作符書，爲人治病降魔，收徒傳習，從學弟子各出米五斗，時人稱之爲米賊。靈帝時，鉅鹿郡人張角，據《太平經》等創立太平道，使用符咒治病。五斗米道與太平道都是屬於巫覡信仰的範疇。民間秘密宗是起源於民間的原始信仰，並雜揉儒釋道的思想而產生

的多元化教派，同時依附儒釋道而流佈於下層社會，各教派多保
留了傳統的巫術及迷信思想。明清時期，由於民間秘密宗教走上
叛亂之途，官方取締各教派不遺餘力，民間信仰或巫覡法術，亦
遭查禁，直隸及各省辦理民間信仰案卷，仍多保存，對研究清代
民間信仰問題，提供了相當豐富的直接史料。本文撰寫的旨趣，
即在就現存官方文書，探討清代的政治思想，並分析其取締民間
信仰的原因及其經過。通過這種研究有助於了解非宗教的一般民
間信仰，對人類思想行為所產生的作用，已經受到官方的重視。
明清時期，朝廷制訂律例取締左道異端，反映民間信仰的盛行。

二、崇儒重道國策的制訂

滿洲入關前，深悉政治、軍事、經濟等方面是建立政權必須
致力的方向，對於怪力亂神並不迷信。天聰五年（1631），皇
太極頒諭，凡巫覡及星士妄言吉凶，蠱惑婦女，誘取財物者，必
殺無赦。滿洲入關後，其中央統治政權，漸趨鞏固，開始制訂其
文化政策。順治三年（1646），清廷承襲明律，制訂禁止師巫
邪術條例，添入「凡師巫假降邪神，書符咒水，扶鸞禱聖，自號
端公、太保、師婆名色，及妄稱彌勒佛、白蓮社、明尊教、白雲
宗等會，一應左道異端之術，或隱藏圖像，燒香集眾，夜聚曉散，
佯修善事，煽惑人民，為首者絞監候，為從者各杖一百，流三千
里。」①順治六年（1649），規定僧道巫覡，妄行法術，蠱惑愚
眾者，治以重罪。清廷深悉儒家思想有利於鞏固政權，於順治十
年（1653）四月諭禮部，將「崇儒重道」定為基本國策②。這種
國策的制訂，一方面反映滿族積極漢化後，更能接受漢族傳統文
化，一方面反映順治年間的開國氣象，已頗具規模。順治十八年
（1661），規定無名巫覡私自跳神，杖一百，因而致人於死者

處死。同年經禮部題准，凡婦女不許私入寺廟燒香，違者治以姦
罪。跳神治病，往往致人於死，故處以死刑。婦女私入寺廟，輒
爲僧道所惑，騙財失身，故以姦罪論處。康熙元年（1662），
規定人患邪病，請巫覡道士醫治者，須稟明都統，用印文報部，
違者巫覡道士正法外，請治之人，亦治以罪。

　　康熙皇帝雖然並未完全否定宗教，但他認爲孔孟之道，朱熹
之學，遠較佛道空寂之說更有利於政治③。康熙皇帝深悉儒家的
綱常名教，君臣、父子、夫婦、朋友之倫，上下尊卑之序，就是
社會賴以存在的生活規範。康熙十年（1671）十月，康熙皇帝
諭禮部時，進一步將順治年間制訂的「崇儒重道」國策具體化④，提
出了以「文教是先」爲核心的十六條聖訓，其內容如下：

　　朕惟至治之世，不以法令爲亟，而以教化爲先。其時人心
　　醇良，風俗樸厚，刑措不用，比屋可封，長治久安，茂登
　　上理。蓋法令禁於一時，而教化維於可久。若徒恃法令，
　　而教化不先，是舍本而務末也。近見風俗日敝，人心不古，
　　囂凌成習，僭濫多端，狙詐之術日工，獄訟之興靡已，或
　　豪富凌轢孤寒，或劣紳武斷鄉曲，或惡衿出入衙署，或蠹
　　棍詐害善良，萑苻之劫掠時聞，仇忿之殺傷疊見，陷罹法
　　網，刑所必加，誅之則無知可憫，宥之則憲典難寬。念茲
　　刑辟之日繁，良由化導之未善。朕今欲法古帝王，尚德緩
　　刑，化民成俗。舉凡敦孝弟以重人倫；篤宗族以昭雍睦；
　　和鄉黨以息爭訟；重農桑以足衣食；尚節儉以惜財用；隆
　　學校以端士習；黜異端以崇正學；講法律以儆愚頑，明禮
　　讓以厚風俗；務本業以定民志；訓子弟以禁非爲；息誣告
　　以全良善；誡窩逃以免株連；完錢糧以省催科；聯保甲以
　　弭盜賊；解仇忿以重身命，以上諸條，作何訓迪勸導，及

　　　作何責成內外文武該管各官，督率舉行，爾部詳察典制，
　　　定議以聞⑤。

順治皇帝、康熙皇帝的尊崇孔子，其根本目的是在於運用以孔子
為代表的儒家思想去統一知識界的認識，確立其統治政權的基本
道德規範，儒家思想遂成為正統思想，同時也是主流思想。引文
中的十六條聖訓，可以說是清廷的治國綱領，也是清廷的基本文
化政策，所謂隆學校以端士習、黜異端以崇正學、講法律以儆愚
頑等等，都是清廷化民成俗的具體措施，其目的在求鞏固滿洲政
權。

　　大學士熊賜履是日講官，他潛心於孔孟之道和程朱理學，康
熙皇帝崇儒重道的思想，頗受熊賜履的影響。康熙十二年（
1673）十月初二日辰刻，康熙皇帝御弘德殿，講官熊賜履進講
「子曰以不教民戰」等章畢，召熊賜履至御前，諭曰：「朕生來
不好仙佛，所以向來爾講闢異端，崇正學，朕一聞便信，更無搖
惑。」熊賜履對曰：「帝王之道以堯舜為極。孔孟之學，即堯舜
之道也。外此不特仙佛邪說在所必黜，即一切百家眾技，支曲偏
雜之論，皆當擯斥勿錄，庶幾大中至正，萬世無弊。」⑥堯舜之
道，孔孟之學，闢異端，黜邪說，就是崇儒重道的具體內容。同
年十月初九日，熊賜履講畢「子曰其言之不怍」等章，諭曰：「
朕十歲時，一喇嘛來朝，提起西方佛法，朕即面闢其謬，彼竟語
塞。蓋朕生來便厭聞此種也。」熊賜履對曰：「二氏之書，臣雖
未盡讀，亦曾窮究，其指大都荒唐幻妄，不可容於堯舜之世。愚
氓惑於福果，固無足怪，可笑從來英君達士，亦多崇信其說，畢
竟是道理不明，聰明誤用，直於愚民無知等耳。皇上賮聰作哲，
允接二帝三王之正統，誠萬世斯文之幸也。」康熙皇帝諭曰：「
朕觀朱文公家禮，喪禮不作佛事。今民間一有喪事，便延集僧道，

超度煉化，豈是正理？」熊賜履對曰：「總因習俗相沿，莫知其
非。近見民間喪家，一面修齋誦經，一面演劇歌舞，甚至孝子痛
飲，舉家若狂，令人不忍見聞。諸如火葬焚化、跳神禳賽之類，
傷財敗俗，不可殫述。皇上既以堯舜爲法，一切陋習，力行禁革，
轉移風教，嘉與維新，化民成俗，未必不由此也。」⑦康熙皇帝
以上接二帝三王的正統自居，既不惑於福果之說，一切俱以堯舜
之道爲法，禁革跳神禳賽等方術，藉以轉移風教，化民成俗。

　　雍正皇帝即位後，積極革新政治，循名責實，整頓財政，移
風易俗，崇儒重道，罷黜異端，不遺餘力。雍正二年（1724）
八月初十日，因江西等省醫卜星相各種術士及民間秘密宗教極爲
盛行，雍正皇帝頒降硃筆特諭，命江西巡撫裴徸度查禁各教派，
其硃筆特諭云：

　　　諭江西巡撫，朕惟除莠所以安良，黜邪乃以崇正，自古爲
　　國家者，經戡人心，整齊風俗，未有不以詰奸爲首務者也。
　　聞江西地方頗有邪教，大抵妄立名號，誆誘愚民，或巧作
　　幻端，或不事耕織，夜聚曉散，黨類繁多，此等之人，蹤
　　跡多屬詭秘，而奸回則更不可測，苟不絕根株，必致蔓延
　　日甚，地方諸大僚尚務姑息，不爲訪拿，是養奸也，澄清
　　風俗之謂何？爾督撫當嚴飭所屬司道府州縣等官密訪爲首
　　之人，嚴拿治罪。愚民能去邪歸正者，概與從寬，有能出
　　首爲首之人者，即量加獎賞，務令奸萌盡去，陰翳全消，
　　風俗人心咸歸醇正，其或因循苟容，不行查禁，事發之後，
　　該管各官一併從重議處，特諭⑧。

取締邪教，查禁左道異端，就是黜邪崇正，整齊風俗的當務之急。
雍正七年（1729），修訂律例時，規定熟習符咒，不畏刑罰，
不敬官長，作姦犯科惑世誣民者，照光棍例，爲首者立斬，爲從

者擬絞監候，秋後處決。雍正十一年（1733），對於傳習各種
避刑邪術者，規定治罪條例，其爲首傳授者，擬絞監候，爲從學
習之人，杖一百，流三千里。

　　乾隆皇帝在位期間，對民間秘密宗教及巫覡信仰的取締，固
然雷厲風行，同時對沙汰僧道，整頓黃教，更是不遺餘力。正統
宗教的法術信仰，或迷信思想，也受到排斥。乾隆末年，廓爾喀
兩次入侵後藏，第一次在乾隆五十三年（1788），第二次在乾
隆五十六年（1791）。乾隆五十六年八月二十日，札什倫布廟
內濟仲喇嘛羅卜藏丹巴等起意在吉祥天母前占卜，寫作打仗好，
不打仗好兩條，以糌粑和爲丸，放入磁碗求卜，結果占得不打仗
好龍丹一丸，唐古忒僧俗衆人得知毋庸打仗，衆心惑亂，紛紛逃
散。次日，廓爾喀兵輕易攻佔札什倫布，將廟內金銀供器及塔上
鑲嵌松石、珊瑚等物搶掠一空。乾隆皇帝降旨將羅卜藏丹巴剝黃
正法，以示占卜一道，適足惑亂衆心。翌年，乾隆皇帝特撰〈卜
筮說〉，文中有一段話說：「國家大事，動資卜筮，以定吉凶，
則言吉凶者紛至，將何適從，豈不同待議論定而敵兵早過河乎？
茲故明言卜筮不能行於今，而以大舜不習吉之言爲準，然舜豈無
所本哉！濬哲文明溫恭允塞，具此德則通天地愜神明，動罔不吉，
又何卜筮之足藉乎？」⑨由此可知乾隆皇帝對巫覡信仰是持否定
的態度，卜筮並不足恃。乾隆皇帝雖然保護黃教，但對教中占卜
一道，卻極端排斥，他自稱對黃教的信仰，不似元季的過於崇奉，
而轉成虐政。

　　嘉慶年間，川陝楚等省教亂，蔓延極廣，化民成俗，取締邪
教，遂成爲當務之急。嘉慶皇帝在《御製文集》中撰寫〈邪教說〉、
〈原教〉、〈弭邪教說〉、〈化民成俗論〉、〈善教得民心〉、
〈我亦欲正人心〉等文，指出邪教妄立怪論，盜竊儒書，妄談性

命釋典道籙，惑世誣民，接踵而起，主要原因就是由於正教不明，無怪乎邪教日熾。因此，黜邪崇正，就是嘉慶朝的施政方針，嘉慶皇帝屢飭內外臣工正己率屬，使民眾深知正教之益，邪教之害，而漸歸於倫常禮義。〈我亦欲正人心〉一文說：

> 古先聖王以道德仁義維持世道，惟恐人心失於正教，流於邪僻而不自覺其害非淺鮮也。孟子當周之末世，諸侯爭衡，大夫放侈，加之以楊墨之道不息，孔子之道不著，邪說誣民，充塞仁義，故欲正人心，以承三聖。孟子聖人之徒，尚如此亟欲挽回正教，況君臨天下，養育蒼生，何忍坐視愚民從流下而忘返，不思拯救乎？夫人之一身，以心爲主天君泰然百體從令心正於內，行正於外，內外交養，本末相資，正己正人，皆歸正道，世治民安，庶幾可望矣！若不正本清源，徒以嚴刑峻法繩治，加以貪官污吏從而剝削，顛倒是非，妄緝株連，是驅之日就邪路，陷溺沈迷，終不能歸於正道，甚至以邪爲正，爲害益鉅矣！三代去古不遠，尚有楊墨之徒，後世人心持正者鮮，可不勉強養正之聖功，以希成己成物之善政哉！孟子法言，宜自勵也⑩。

邪說誣民，正本清源之道，必須提倡正教，使歸於正道。在《御製文集》中，論述黜邪崇正的文字，佔了極大的篇幅。嘉慶皇帝認爲三綱五常之外，別無所謂教，天理王法之外，他無可求之福。君臣父子之經，仁義禮智之性，爲萬世不易之道，朝廷所修明，師儒所講習，都必須以此爲正軌⑪。

　　清廷將巫覡信仰，或法術迷信，視爲異端邪術，反映崇儒重道的正統主義已成爲清代的主流思想，對違悖五倫生活規範的民間信仰，嚴加查禁，其目的在整齊風俗。但由於清朝律例中明白規定取締巫覡信仰，又反映清廷對我國地方文化多元化的缺乏認

識，過分強調正統文化的權威，而對民間原始信仰產生排斥或否
定態度。有清一代，地方大吏奉旨查禁民間秘密教派，取締師巫
邪術，其案卷仍多保存，根據現存案卷，可以發現許多案件涉及
民間信仰，對探討民間信仰提供了很豐富的資料。

三、巫術信仰的查禁

　　明清律例明白規定僧道巫覡，妄行法術，蠱惑愚衆者，治以
重罪，民間信仰中的巫覡活動，遂遭到嚴格的取締。巫術的因素，
在我國各種民族的原始宗教信仰中，都有顯著的呈現，尤其在邊
疆少數民族的社會中，巫覡普遍地運用法術，從事占卜吉凶，為
本民族消災除病，送魂除殃，祈求生產豐收。北亞草原族群常見
的薩滿（saman），就是從原始的巫覡脫胎而來的一種跳神治病
的巫人。在通古斯族的語言中，薩滿一詞就是指能夠通靈的男女。
薩滿信仰有一個共同的思想基礎，相信萬物有靈，從自然崇拜開
始，而發展到圖騰崇拜、祖先崇拜。薩滿對於某種動植物或其他
神靈所以具有特別的力量，是因為他們和這些事物具有圖騰或同
宗的關係，薩滿念誦咒語或吟唱神歌，最重要的作用，是用神秘
言語來命令或支配某種力量，使平常的事物產生巫術能力。

　　薩滿降神作法，是屬於一種原始的跳神儀式，他們口誦祝詞，
手擊神鼓，身穿怪異服裝，腰繫神鈴，由助唱人和聲，音調配合，
手舞足蹈，薩滿受到自我暗示或刺激後，即產生一種人格解離，
或精神意識的變化，身體開始顫抖，神靈附體，鼓聲和舞步越來
越快，薩滿達到忘我境界，進入一種昏迷或催眠狀態後，便開始
代神說話，或傳達神諭，也可以使自己的魂靈出竅，過陰追魂，
產生一種超自然的能力，而達成醫治疾病，起死回生的使命。薩
滿信仰就是一種十分複雜的文化現象，它既含有原始宗教的成分，

又包含大量非宗教成分。大自然是人類生存的環境，從人類存在伊始，便將環境分爲兩類：一類是吉、善、福；一類是凶、惡、禍。由這兩類相互對立的抽象概念又產生了對待人類環境的兩種不同態度：一種態度是消極安慰自己以求得心理的平衡；一種態度是力圖積極控制它們。這兩種概念和態度形成了彼此交叉重疊的原始宗教意識和巫術意識的兩種不同意識場。原始宗教是由吉、善、福的概念和消極安慰自己的態度所構成的意識場爲核心而發展起來的觀念；巫術是以凶、惡、禍等觀念爲基礎及人類企圖以自己的力量直接控制它們的態度所構成的意識場爲核心而衍化除被除災禍、驅邪祛病、預言占卜等一系列社會功能的文化現象⑫。薩滿既以巫術醫治疾病，念咒驅祟，消災除禍，占卜吉凶，因此，薩滿信仰的觀念及其活動，就是以巫術爲主體和主流發展起來的文化現象。

我國北方少數民族多崇奉薩滿，到本世紀，錫伯、滿洲等族仍保存薩滿信仰及其活動。達呼爾族的氏族薩滿，被認爲是熟悉本氏族社會的智者，而受到族人的崇敬⑬。索倫族的多神崇拜，最集中的表現，就是在薩滿身上，額爾古納旗索倫族的薩滿，不僅是氏族的巫師，而且在社會上也有很高的威望，族長或頭人，一般都由薩滿來充任，一切鬼神、吉凶和疾病的產生，都由薩滿來解釋⑭。祖先崇拜興起以後，人們都把人畜的平安和漁獵的豐收，寄托在祖先的神靈上，他們相信薩滿就是祖先神靈的代表，因此，薩滿信仰可以說是北方草原族群傳統文化的一個側面，薩滿信仰的流行，就是我國北方少數民族社會的一種文化特質。

《尼山薩滿傳》是在薩滿信仰儀式體系化、規範化很高的條件下，在滿文通行後，廣泛利用並汲取薩滿信仰本身和佛教、道教等其他宗教因素中有利於統治階層利益的觀念意識，在民間文

學基礎上所完成的滿文文學作品，時間大約在十七世紀初至十九
世紀⑮。尼山薩滿過陰追魂救治病人的故事，長久以來，廣泛地
流傳於我國東北各少數民族的社會中。原書末尾敘述尼山薩滿的
丈夫，因為筋骨已斷，皮肉已爛，未能救活。她的婆婆就到京城
去向御史告狀，御史進呈供詞後，清太宗十分生氣，降旨照例治
罪，將薩滿的神帽、腰鈴、手鼓等法器，一併裝在一個皮箱裡，
用鐵索拴牢後拋到井裡，若無諭旨，不許取出。因為這是一本善
書，所以讓它流傳，然而畢竟是不入大道的異端，後人不可效法，
務宜戒之等語⑯。由此段敘述，可以說明清廷取締薩滿信仰的開
始時間，當不至太晚。據《清史稿》記載，譚泰是舒穆祿氏，滿
洲正黃旗人揚古利的從弟，以軍功授一等公。順治三年（1646），
因罪又「坐與婦翁固山額眞阿山遣巫者治病，下廷臣議罪，論死
下獄。」⑰順治十八年（1661），律例中規定凡無名巫覡私自跳
神，杖一百，因而致人於死者處死。康熙元年（1662），題准
人有邪病，請巫覡道士醫治者，須稟明都統，用印文報部，准其
醫治，違者巫覡道士正法外，請治之人亦治以罪。薩滿信仰雖然
是我國北方草原族群的共同信仰，但薩滿以巫術醫治邪病，與朝
廷律例相牴觸，而遭到官方的取締。

藏傳佛教素為唐古忒及衆蒙古所崇奉，雖經宗喀巴發願改革，
嚴立規條，但西藏地區的巫術性質仍然佔著很大的成分，其中吹
忠降神作法，就是一種法術宗教的活動。乾隆末年，兵部侍郎正
藍旗漢軍副都統和琳奉命督辦西藏台站烏拉。和琳等抵藏後遵奉
諭旨，在大昭公所會同達賴喇嘛濟嚨呼圖克圖及喇嘛僧俗等，傳
齊吹忠四人，再令其各將法術演試，並告以「內地亦有如爾等託
言降神，預言人家休咎者，其人皆能吞刀割肉，以示神奇，然俱
係障眼小術，不足為異，當官尚且嚴禁，若並此不能，其為藉詞

惑衆無疑，尤當重治其罪。」⑱由此可知官方是嚴禁各種邪術的，和
琳等認爲障眼法術，藉詞惑衆，必須治罪。和琳向衆人宣示後，
即授以刀劍，令吹忠等試演吞刀割肉的法術。吹忠等俱各恐懼，
不敢以性命爲戲。和琳詰以吹忠等託言神降，將刀向人亂扎，既
能扎人，何以不能自扎？據吹忠稱：「聞得前數輩吹忠，有將刀
自扎之事，或者實係神降，故能如此，我等實在不能。」和琳又
詰以吹忠等既無法術，即不能降神，何得妄言休咎。據吹忠等覆
稱：「凡番民向問年歲豐歉，及本年有無痘症，不過依著經典，
照例答之，或有時湊巧偶中，番民等即傳以爲奇。」達賴喇嘛亦
稱，吹忠託言降神，從前信以爲眞，惟唐古忒習俗相沿，不能家
喻戶曉。和琳具奏指出前後藏地方遼闊，雖用唐古忒字出示，徧
加曉諭，恐僻遠藏人一時不能盡知，除呼畢勒罕一事，永遠不准
吹忠指認外，其餘藏民患病，向吹忠推問吉凶等事，只可暫聽土
俗，以仍其舊。大學士阿桂、福康安等籌議西藏善後事宜章程時
亦指出達賴喇嘛、班禪額爾德尼是宗喀巴大弟子，世代爲黃教宗
主，衆蒙古、唐古忒人素相崇奉，惟因吹忠降神作法，徇情妄指，
或出自蒙古汗王公，已與八旗世職承襲相似，甚至噶布倫丹津班
珠爾之子亦出有呼畢勒罕，以致衆心不服。乾隆皇帝爲整飭流弊，
特製金奔巴即金瓶，派御前侍衛齎往，設於前藏大昭寺，嗣後藏
內出達賴喇嘛、班禪額爾德尼及大呼圖克圖等呼畢勒罕時，即將
報出幼孩內擇選數名，將其生年月日姓名各寫一籤，放入瓶內，
交達賴喇嘛，會同駐藏辦事大臣在衆僧前掣籤決定。乾隆五十八
年（1793）四月十九日，由內閣名義頒發諭旨云：

> 前因廓爾喀三音諾彥部落額爾德尼班第達呼圖克圖圓寂後，
> 其商卓忒巴那旺達什，有意營謀汗王子弟爲呼畢勒罕，代
> 求達賴喇嘛拉穆吹忠，附會妄指，已分別治罪，並明降諭

旨，通飭各蒙古番眾等矣。朕自乾隆八年以後，即誦習蒙古及西番字經典，於今五十餘年，幾餘究心討論，深識眞詮，況本朝之維持黃教，原因眾蒙古素所皈依，用示尊崇，爲從宜從俗之計，初非如元人佞佛，優禮喇嘛，致有詈罵者割舌，毆打者斷手之事。近因黃教之習，愈趨愈下，蒙古番民等，失其舊時淳樸之風，惟知牟利，罔識佛教正宗，不得不亟加整頓，是以製一金本巴瓶，派員齎往，設於前藏大昭，俟將來藏內，或出達賴喇嘛、班禪額爾德尼及大呼圖克圖呼畢勒罕時，將報出幼孩內，擇選數名，將其生年月日名姓，各寫一籤，入於瓶內，交達賴喇嘛念經，會同駐藏大臣公同簽掣，並於京城雍和宮內，亦設一金本巴瓶，如蒙古地方出呼畢勒罕，即報明理藩院，一體掣籤，其從前王公子弟內，私自作爲呼畢勒罕之陋習，永行停止。朕之此旨，原因各蒙古汗王貝勒等，既有世爵承襲罔替，已極尊榮，何必復占一呼畢勒罕，又謀喇嘛之利，似此見小罔知大義，將來必致謀奪財產，啓爭肇釁，滋生事端，方今國家威稜遠播，各蒙古札薩克咸隸理藩院管理，遇有田產細故，俱爲之秉公剖斷，若任伊等牟利不已，久而或致爭奪相尋，成何事體，是朕之整飭流弊，正所以護衛黃教，厚愛蒙古人等，使其各闢愚蒙，永除爭競。至從前五輩達賴喇嘛，及來京之前輩班禪額爾德尼，諳習經典，或尚能具有眞慧，現在達賴喇嘛年紀尚輕，資質誠樸，甫學經卷，豈能直參上乘，先知一切，凡有求其指示呼畢勒罕者，惟憑拉穆吹忠之降神定奪，而吹忠不過如內地師巫之類，且內地師巫尚有用刀自扎，及舔刀吞劍，掩人耳目法術。今吹忠經和琳等面加演試，授以刀劍，俱各恐懼戰慄，

並師巫之不如，是其所指呼畢勒罕，荒唐更屬顯然，乃番
眾人等崇信已久，以其妄言休咎，小有效驗，遂傳爲神奇，
一時竟有牢不可破之勢，此亦習俗使然，自不必急於禁止，
前已頒發金本巴瓶，於大昭供奉之宗喀巴前掣籤，所有找
尋呼畢勒罕一事，永遠不准吹忠指認，其番民推問吉凶等
事，暫聽仍舊，日久吹忠法術不行，亦將自敗。總之大端
既得，默化潛移，一切積弊，亦無難逐漸革除⑲。

由引文內容可知乾隆皇帝雖然尊崇藏傳佛教，但是並非佞佛，蒙
古、唐古忒雖然崇信黃教，但是已喪失舊時淳樸之風，罔識佛教
正宗，必須亟加整頓，吹忠藉降神作法，妄言休咎，雖然小有效
驗，不必急於禁止，但其找尋乎畢勒罕，荒唐不足信，附會妄指，
必須永遠禁止，分別治罪。

　　管理後藏商上事務的仲巴呼圖克圖與班禪額爾德尼、沙瑪爾
巴是同母異父所生的兄弟，按照西藏的規矩，同母生的就是親兄
弟，仲巴呼圖克圖和班禪額爾德尼是黃帽喇嘛，沙瑪爾巴生來就
是紅帽呼圖克圖呼畢勒罕，所以就成爲紅帽喇嘛⑳。乾隆四十九
年（1784），沙瑪爾巴藉朝塔爲名，前往廓爾喀加德滿都。乾
隆五十三年（1787）、乾隆五十六年（1791），廓爾喀兩次入
侵後藏，清廷歸咎於沙瑪爾巴的唆使。和琳等奉命入藏後，查明
沙瑪爾巴在陽八井有廟宇，即差人將沙瑪爾巴廟宇文物珍寶物件
查抄解京。和琳具摺時指出：

查紅帽一教，本屬喇嘛異端，自元季八思巴流傳至今，而
沙瑪爾巴又爲佛教罪魁，本應拏解進京，盡法懲治，以快
人心，今雖伏冥誅，倖逃顯戮，自無仍准其轉世嗣繼衣鉢
之理。但查陽八井廟內所供佛像，皆與黃教無異，惟有鍍
金大銅像一軀，詢係前輩紅帽喇嘛江阿哇之像。又鍍金沙

　　瑪爾巴大小銅像數軀，約共重二百餘觔，均應銷燬變價，
　　其徒眾一百零三名，臣前已委員分起解赴前藏。查此項喇
　　嘛，若勒令還俗，反恐妖言惑眾，別滋事端。詢其所習經
　　典，亦與黃教大同小異，擬將此一百零三名，改爲黃教，
　　分與前藏各大寺堪布等，嚴加管束，如有脫逃生事等情，
　　惟該管之堪布是問，庶可以資安集而便彈壓。又山下小廟
　　一座，計十三間，其中大小佛像甚多，必須有人經管。查
　　濟嚨呼圖克圖，係奉旨簡派，幫同達賴喇嘛辦事之人，頗
　　爲出力，藏地現無一定廟宇，諸凡仰給於達賴喇嘛，陽八
　　井去前藏三百餘里，相距不遠，合無仰懇皇上天恩，即將
　　此廟賞與濟嚨呼圖克圖，派委喇嘛焚修，司其香火，不致
　　損壞㉑。

沙瑪爾巴所屬陽八井廟內所供佛像，雖然皆與黃教無異，但沙瑪
爾巴是紅帽喇嘛，唆使廓爾喀滋擾後藏，搶掠札什倫布，是佛教
罪魁，所以不准其轉世嗣繼衣鉢。沙瑪爾巴的徒眾一百零三名，
都是紅帽喇嘛，其所習經典，雖與黃教大同小異，但是必須改爲
黃教，分給前藏各大寺堪布管束。乾隆皇帝護持的藏傳佛教，是
指黃教，黃教是正宗，紅教是異端。

　　古代川康藏等地，在佛教傳入以前，當地盛行的原始信仰，
稱爲本教。「本」這一名稱，似乎來源於「本巴」（Bon Pa）
一詞，表示「反覆念誦，喃喃而語」，意即使用拼作聖歌的咒語
去交通神靈㉒。「本教」一詞，諸書所載，並不一致，或作「笨
教」，或作「鉢教」，或作「鉢教」，或作「崩薄」，或作「本
鉢教」，都是同音異譯。因原始本教中有所謂黑本，後世遂稱本
教爲黑教。原始本教的主要特點是屬於泛神論，古代川康藏邊地
人民，終日與困苦飢寒的自然環境奮鬥，人力難施，他們相信自

然界必有鬼神爲主宰，本教就是一種多神信仰，西藏等地早期的本教即以禱神伏魔爲人禳病爲業，佛教盛行以後，本教吸收了佛教的一些內容，逐漸發展成爲藏傳佛教的一個教派。

謝繼勝撰〈藏族薩滿教的三界宇宙結構與靈魂觀念的發展〉一文，認爲藏族的本教，分爲兩個發展階段，即原始本教與本教。原始本教稱爲薩滿教，本教則是吸收了伊朗火祆教和佛教的某些教理，即以原始本教爲基礎發展而來的系統化宗教[23]。但是本教信仰與北亞草原族群的薩滿信仰，有許多方面不盡相同，佛教、道教傳入北方草原社會後，薩滿信仰也雜揉了輪迴、酆都城、十殿閻羅等觀念，那種認爲下界爲惡魔所居，亡魂在地獄忍受煎熬，歷經苦難的觀念，顯然是受佛教、道教等宗教文化的影響。佛教傳入西藏後，佛教的地獄觀念並未澈底改變原始本教的信仰，他們並沒有以地下爲惡的觀念，凶魂並未下地獄，閻王殿也設在地上，更沒有一個地下的幽冥世界。

蜀西地方，邊境遼闊，歷代以來，先後分設土司，令其各守疆界，互相牽制，以爲羈縻，並藉以捍衛邊圉。但因土司林立，彼此之間，每因承襲土職，或疆界糾紛，日尋干戈，仇殺不已。明代冊封儹拉土司爲金川寺演化禪師，清初，沿明制度，照例頒授印信。雍正初年，爲削弱儹拉勢力，另授促浸土司爲大金川安撫司，嗣後習稱儹拉爲小金川。大小金川、綽斯甲布等土司都崇奉本教，現藏《金川檔》、《軍機處檔‧月摺包》等檔案中的「奔波教」、「奔布爾教」等，就是本教的同音異譯。大金川土司莎羅奔曾致書綽斯甲布，信中有一段話說：「傳這雍中奔布爾的教就只是我促浸與你綽斯布兩家，我們兩家要是滅了的時候，這雍中奔布爾教就完了。」[24]奔布爾教的經卷，就叫做奔布爾經。據《金川檔》記載，「卜朴爾是奔布爾的總名，內中有禳解的，

也有坐功的。」㉕都甲喇嘛隨身攜帶的物件中,包括:奔波經一卷,是早晨燒松柏枝念了敬佛用的;銅鈴一個;鐵杵一個;鼓一面;畫小佛像三張。奔波經即奔布爾經,其法器是念經作法時用來替人禳解祈福。各土司都相信大喇嘛會念經做札達,以及咒人的法術。雜谷腦土兵薩克甲穆被大金川拏送噶喇依,分在喇嘛寺裡給鑄造銅佛的銅匠使喚,替喇嘛搧風箱,背柴炭。寺裡大喇嘛額哩格害病,看索卦後,說要放生禳解,方得病好。據稱要找尋一個屬龍的放生。乾隆三十八年(1773),薩克甲穆三十八歲,正是屬龍。當薩克甲穆被帶去見了害病的喇嘛,就給了一件麻布衣服,眾喇嘛一齊念經㉖。各土司百姓相信大喇嘛多善於念咒,可以致人於死命,各土司每因此仇殺不已。小金川西南接大金川,南接明正、章谷,北連鄂克什、木坪等土司地方。乾隆三十五年(1770)三月間,鄂克什土司色達克拉因信用喇嘛,將小金川土司澤旺、僧格桑父子年庚姓名寫在咒經上,埋藏在別克什官寨內外,咒詛僧格桑父子,遂致生病。僧格桑年輕好鬥,藉口搜取咒經,發兵攻掠鄂克什寨落人戶及牲畜。據小金川土司澤旺供述鄂克什咒詛結怨的經過云:

> 我小金川自古以來在萬歲爺底下是很忠心本分的人,如今沃日與我兩家鬧出事來,並不是我大土司要遭踏小土司,皆因沃日土司起不好的心,咒我父子兩個,我兒子生的一個兒子被他咒死,把我們後代的根子都斷了。我想只要我在萬歲爺跟前忠心,這一件事沒有我的罪。我又慢慢的想,不好的土司在暗地裡咒我,難道我在明地裡打不得他嗎?萬歲爺是不怪我的,死到陰間裡去也沒有我的罪,我才還仇打了他㉗。

沃日即鄂克什,僧格桑後來將鄂克什「咒我的轉經,畫我的影人,

連把柄。」皆進呈督提剖斷。大金川應襲土司索諾奔具稟時，亦指摘鄂克什的不是，原稟中有一段話說：「我本家小金川的土司，自古以來是萬歲爺底下的舊大土司，他鄰封鄂克什土司心地不好，暗地裡咒僧格桑。我本家僧格桑他心裡想來我又沒得生長，若被他咒死，就同拏刀來殺我是一樣，因為這麼著，所以不得不報仇。」㉘各土司相信奔布爾教的喇嘛，具有通神的法術，可以請神加殃於人，能發神驗，去除自己的災患，而加禍害於他人，致人於死。小金川由於強烈報仇心理的驅使，即發兵圍攻鄂克什官寨。大金川土司郎卡身故後，各頭人也相信是被咒死的。據大金川頭人庸仲供稱：「郎卡被革布什咱土司咒死，現有咒經可證。」念誦經咒，可以詛咒仇人，是各土司地區十分普遍的信仰。郎卡身故後，其子索諾木等兄弟恃強劫掠，擾及內地，乾隆皇帝為求永靖邊圉，即命將統師進勦大小金川。

　　清軍進勦大小金川時，曾調用土兵，但土兵多畏懼神譴，他們相信大小金川喇嘛善用「札達」，都有呼風喚雨、下雪降雹的邪術，每當撲碉吃緊之際，疾風暴雨，雷電交作，倏來倏止，土兵俱怯而不進，必俟晴霽始肯進兵。四川總督桂林等皆稱其邪術在「番地」山中用之頗效，必以札達回阻。乾隆皇帝鑒於大小金川詭施札達，為破其邪術，即降諭旨令領兵大員阿桂等在各土司訪求能回風止雪的大喇嘛，隨營聽用，並祭山祈神，以求助順。大小金川喇嘛，不僅善用札達，尤善於念咒害人。堪布喇嘛色納木甲木燦供出大金川堪布喇嘛、都甲喇嘛都會咒語，官兵被擄去後，就交與都甲喇嘛問明領兵的大人名字，記下念咒，「所咒教人心裡迷惑，打仗不得勝。」又說「這念咒總要是仇人，有了他的頭髮、指甲，念了還能準些，空念是沒有的。」㉙據都甲喇嘛供稱：

　　　　我叫雍中澤旺，今年四十七歲了，原是金川人，從十歲上
　　　　在舍齊寺內出家，在藏裡去過，十三、四年回來，在思都
　　　　甲溝廟裡當喇嘛，有十三、四個徒弟。我學奔波的教，會
　　　　用藥材，並長流淨水，念著經求雨，有時靈也有時不靈，
　　　　不曾學過札達，求雪打雷我也不會，思都甲寺離著噶喇依
　　　　不遠。索諾木待我好，因我會念保護身子的經，常叫我跟
　　　　隨。就是溫將軍在木果木的時候，索諾木的兄弟同著僧格
　　　　桑都出來劫營，我也同在那裡，後來害了將軍回去。索諾
　　　　木給了我四十五兩銀子。到了阿將軍攻克小金川之後，索
　　　　諾木叫我在噶爾丹喇嘛寺念經，詛咒大兵。我原領著眾徒
　　　　弟在寺裡念的綽沃經，保佑他的兵得勝，要咒大兵不利，
　　　　還將五個牛角埋在地裡。彼時莎羅奔等打發來一個畫匠，
　　　　畫了一條蛇，一隻鵰，一匹馬，一個狐狸，一個豬。又打
　　　　發來一個寫字的人，寫了咒人的咒語，捲好一卷一起埋的
　　　　㉚。

各土司相信用五個牛角，每一個牛角配成五樣東西裝進去，埋在
噶爾丹等寺大門外四、五尺遠，二、三尺深的地裡，就可以做鎮
壓。大小金川蕩平後，乾隆皇帝降旨將所埋物件刨挖焚燬。

　　崇尚藏傳佛教，禮拜喇嘛，原屬川康等地舊俗，但因所奉是
奔布爾教，是一種法術宗教，並非正統佛宗。與清代律例取締師
巫降神書符咒水的規定相牴觸，各土司因咒詛殃人，彼此互相仇
殺，致勞興師進勦，公然咒詛領兵將領，使人打仗不勝，迷惑兵
心，影響士氣。因此，乾隆皇帝諭令各土司秉承黃教，誦習經典，
皈依西藏達賴喇嘛、班禪額爾德尼，修持行善，為眾生祈福。並
令章嘉呼圖克圖將諭旨譯成藏文，寄往各土司，放棄奔布爾教，
以統一宗教信仰。在大小金川境內以雍中喇嘛寺的規模最為可觀，

是邊外土司地區最大廟宇，極爲華麗，如概行燬棄，又覺可惜，所以乾隆皇帝諭令將軍阿桂將雍中喇嘛寺銅瓦及裝飾華美什物拆運京師，擇地照式建蓋，以紀武功盛績。乾隆皇帝又諭令四川總督文綬等在金川建造廣法寺，裝塑佛像，並派班第達堪布喇嘛桑載鄂特咱爾前往住持，以振興黃教。堪布喇嘛抵達廣法寺後，見寺內舊供塑像及畫像形狀詭異，即令撤毀，改奉黃教，當地盛行的奔布爾教，既被斥爲異端，嗣後信奉奔布爾教的人數越來越少，以致漸趨式微。

四、左道邪術的取締

民間秘密宗教在歷史上走上宗教叛亂的事實，是明清朝廷取締各民間教派的政治因素；民間教派夜聚曉散，男女不分，是官方指摘民間秘密宗教爲邪教的主要原因。佛道思想普及化以後，我國北方草原族群的薩滿信仰，亦深受其影響。尼山薩滿故事中的地獄刑罰條款內詳列道士姦淫婦女者，即以三股叉扎刺處刑，婦女身體不潔在江河裡沐浴及初一、十五日洗濯污穢者，令其飲食濁水㉛。順治十八年（1661），清朝律例中明白規定，「凡婦女不許私入寺廟燒香，違者治以姦罪。」清朝君臣認爲邪教蠱惑愚民，由來已久，善男信女受騙者，婦女居多，大抵入教者，男女不分，祇圖「便其奸淫」。因此，清朝律例中規定巫覡星士妄言吉凶蠱惑婦女，誘取財物者，必殺無赦。奎林在伊犁將軍任內，曾見伊犁外城商民添建娘娘廟三處，滿營兵丁及婦女往往入廟燒香作會，竟至夜間聚集念經，男女混雜，甚屬不成事體，因此將念經的人，令該管官鞭責，會中鑼鼓等項，全行毀碎，其經語亦令燒燬，佛像抬出，撩入河內，所有廟宇入官作爲公所㉜。奎林將佛像撩入河中，確實辦理過當，但婦女入廟燒香已經觸犯了清

朝律例的規定，夜間聚會念經，確屬不合當時的生活規範。

城隍之祀，由來很早，唐代以來，更加普遍，韓愈、杜牧、李商隱、張九齡等人都有祭城隍文，大率爲祈雨、求晴、禳災諸事而作。宋代以來，其祀幾遍全國，明清時期，城隍之祀，香火不替，但嚴禁婦女入廟燒香。現存檔案記載北京北城地方橫街城隍廟向有婦女入廟燒香還願之事，乾隆五十五年（1790）七月間，巡城給事中諾穆福到任之初，因城隍廟有婦女入廟燒香之事，即親赴城隍廟查看，出示禁止。翌年二月十八日，城隍廟道士袁洪亮、張喜貴具稟稱每年十月初一日及清明節日向例城隍出巡，請照舊准行，諾穆福雖准其出會，但仍不准婦女進廟燒香。二月二十九日，又與漢御史閻泰和聯銜出示，禁止婦女入廟燒香，在城隍廟門口張貼告示一張，又令坊官依樣寫出十數張，送漢御史閻泰和標發貼在各處。城隍廟住持道士袁洪亮因奉文禁止婦女燒香，以致廟內香火缺少，所以與幫辦廟事的道士張喜貴一同商酌打點門路，向諾穆福之子篤隆阿行賄，懇其轉求諾穆福准許婦女燒香。諾穆福雖然不知情，但糊塗昏憒，不能約束子弟，奉旨革職，篤隆阿革去膽錄，從重發伊犁充當苦差，道士袁洪亮等從重發極邊煙瘴充軍㉝。由此可知清代禁止婦女私自入廟燒香，早有明文規定。

清朝律例嚴禁各教派聚眾燒香，左道惑眾，因各教派，常以邪術迷人，最爲民害，因此，功令森嚴。乾隆三十九年（1774），山東白蓮教的教首王倫，傳授咒語邪術及坐功運氣，聚眾起事。據領兵將弁稱，民間相傳白蓮教徒眾往來行走，有忽見忽不見的隱身術。但乾隆皇帝認爲障眼隱身之法，本不足信，即或有之，亦不過一兩人邪術暫時迷惑眾人，斷不能使成群逐隊的「賊黨」，盡皆隱跡不見。他指出隱身邪術妖言，「信之即有，不信即無」，

即所謂「見怪不怪，其怪自敗」。因此，理本直而秉心覆正，軍行所至，必有神靈默爲衛護，亦爲邪魔外道所不能侵，正是所謂邪不勝正㉞。

　　隱身術是一種障眼法，民間秘密宗教爲吸引信徒，多傳習邪術，善男信女多墮其術中，邪術迷人的案件，亦時有所聞。例如乾隆四十八年（1783）十二月，廣東海豐縣審訊民人邪術迷人一案，查出民人鍾亞金等隱身輪姦婦女，並起出符書咒語及木印等物㉟。民間相信隱形邪術，可以姦人婦女。乾隆五十五年（1790）四月，直隸交河縣人張雲齊叩閣控告張廷貴等人使用邪術隱形姦佔其妻郭氏一案，軍機大臣遵旨訊問，錄有供詞如下：

> 叩閣民人張雲齊據供，我係交河縣人，白楊橋居住，現年四十歲，女人郭氏，與我同歲，有子一人，年八歲。我平日租種地畝爲活，有同村居住之張廷貴、張廷毓、俞正身、楊秀五，他們具有邪術，能隱形姦人婦女，只要心裡一轉，女人即便昏迷。上年臘月間，張廷毓要我入他的教，我不肯依從，就用邪術把我女人迷倒，身子不能動轉，似被姦淫之狀，卻不見有人進來。次日早上，他就在門口混罵我說：我已經姦了你的女人，你還不知道，裝糊塗麼？嗣後常把我女人迷倒，並勾引到他家裡去。我氣忿不過，要到官告狀，他說你若告狀，我們有法兒叫你動不得，你就要死了，所以我不曾告，直至此時纔來控告的㊱。

民間秘密宗教以邪術惑眾，更增加其神秘性，隱形姦淫，事屬荒唐，但民間卻深信不疑。

　　民間異能之士，俱被視爲左道異端。乾隆四十二年（1777）九月十四日，《上諭檔》記載直隸易州人高登順生而會看星象，能懂鳥獸語言的供詞。據高登順供稱：

> 我係易州窯頭村人，年三十七歲，父母亡故，並無兄弟妻
> 子，平日思想功名，今日聽見萬歲爺過，要想求個官做，
> 所以接駕的。若萬歲爺不用我，或是王爺們、大人們、老
> 爺們用我，也情願跟隨了去，也就有好東西吃，好衣服穿，
> 可以做官，頃刻就可以富貴起來了。至這紅紙上寫的四句
> 歌兒，第一句是要求官的意思；第二句是說我能看天上的
> 星星；第三、四句是說我能懂的鳥獸的言語。前日看星星，
> 這幾日內可得功名，又聽狗叫說這兩日必定得官，故此出
> 來接駕的。至我看天文，並不須人傳授，是我生來就會的。
> 數年前曾在易州城裡夜間獨自往來街上看天文，被堆子上
> 人拏去說我是瘋子，捆了一夜，打了一頓，纔把我放了，
> 我其實並不曾瘋，如今還是好好的裡㊲。

清初律例中已規定巫覡星士妄言吉凶，必殺無赦。軍機大臣具奏
時指出高登順會看星象，能懂鳥獸聲音語言，甚屬荒唐，詞語錯
亂，喜笑殊常，雖無謬妄之語，但形色舉動，似係瘋癲，因此，
奏准交地方官嚴行鎖禁。

　　念誦經咒，可以消災除禍，祈求福佑，但清廷認為念經祈福，
就是蠱惑群眾的開端，因此，民間秘密宗教的許多寶卷固然被禁
燬，即釋、道經本及民間流行的佛曲，亦遭查禁。乾隆四十四年
（1779）八月，乾隆皇帝從熱河回鑾途中，道士李賢廷在御道
旁跪獻經卷，經軍機大臣訊問，《上諭檔》記載其供詞甚詳。據
供，李賢廷年七十一歲，是山西陽曲縣人，在朝陽宮出家，後來
到關帝廟當住持。李賢廷從小讀過書，會行醫，常替人家治病。
其祖父李雲鳳的師傅牟還宗曾著有《正宗凡觀理宗直解》，共六
卷，其內容都是修仙了道，脫凡入聖的功課。乾隆三十七年（
1772），李賢廷見城中各處牆上貼有朝廷搜訪遺書諭旨。乾隆

四十二年（1777），李賢廷在山西省城香市上用大錢五百文買得該書第五卷。乾隆四十四年（1779）八月二十一日到熱河呈遞。經軍機大臣查明牟還宗於明季創立還宗教，吃齋化緣，建蓋牟尼菴一座，著有經卷。乾隆十八年（1753）、四十年（1775）兩次查辦，所著經卷銷燬，牟尼菴地基改作義倉。軍機大臣查閱李賢廷呈獻的《正宗凡觀理宗直解》第五卷一冊，「雖無悖逆不法字句，但荒唐鄙俚，妄誕不經，實與邪教經卷無異，應行燬禁，且既稱係牟還宗所著，當日必有聚集徒眾私相傳授情事，而該犯所呈刻本庵圖聖景稱牟氏所居為牟尼境，尤屬狂妄。」㊳即將李賢廷按例勒令還俗，照衝突儀仗例問擬充軍，雖年逾七十，仍不准收贖，其所獻經卷一併銷燬。

　　乾隆四十八年（1783），湖南安仁縣民萬興兆喫齋念經，查出《大乘大戒經》等勸世懺語，不過將佛家詞句隨意填寫，勸人受持戒律，並無悖逆字句，但乾隆皇帝於同年十月初九日頒諭時，仍令將《大乘大戒經》等件燒燬，不准仍前喫齋念誦，使其改教。明清時期，各民間教派，為了傳播其教義思想，多編有寶卷，或通習佛教經咒。其寶卷是屬於變文的形式，敷衍故事，雜揉儒釋道思想、各種詞曲及戲文的形式，通俗生動。各種寶卷的抄寫翻刻，流傳頗廣，容易為下層社會識字不多的善男信女所接受。但清廷認為既有一經，必有一教，教派林立，滋蔓難圖。各教派的寶卷多被指為「妖妄悖逆」，地方大吏奉旨嚴厲查禁各教派，所起出的各種寶卷書籍，亦多銷燬，以致後世所見寶卷，品類既少，數量亦有限。由此可以說明有清一代的禁燬書籍中，含有卷帙極多的民間信仰讀物。

　　雍正皇帝在藩邸時，於究心經史之餘，亦拈性宗，頗有所悟。御極以後，崇尚佛教尤殷，硃批奏摺亦多引佛家語。除佛教外，

亦頗信服道教，當怡親王胤祥抱恙期間，雍正皇帝訪問精於醫理
及通曉性宗道教之人，以為調攝頤養之助，域內高僧真人深受禮
敬。江西貴溪縣龍虎山，為漢代張道陵煉丹成道勝地。雍正皇帝
稱張道陵「嘗得秘書，通神變化」，能驅除妖異。京師白雲觀道
士曾奉召醫治胤祥病症，並蒙賞賜。雍正八年（1730）七月，
復化名賈士芳，由田文鏡差人護送入大內，《起居注冊》記載雍
正皇帝接受治病及懲辦賈士芳的經過頗詳，照錄一段如下：

> 昨七月間，田文鏡將伊送來，初到之時，朕令內侍問話，
> 並試以占卜之事。伊言語支離，有意啓人疑惑，因而說出
> 上年曾蒙召見，朕始知即白雲觀居住之人也。朕因諭之曰：
> 自爾上年入見之後，朕躬即覺違和，且吾弟之恙亦自此漸
> 增，想爾本係妖妄之人，挾其左道邪術，暗中播弄，至於
> 如此。今朕躬尚未全安，爾既來京，當惟爾是問。伊乃自
> 言長於療病之法，朕因令其調治朕躬，伊口誦經咒，並用
> 以手按摩之術，比時見效奏功，無不立應。其言則清靜無
> 為，含醇守寂之道，亦古人之所有者。一日，朕體中不適，
> 伊授以密咒之法，朕試行之，頓覺心神舒暢，肢體安和，
> 朕深為喜慰，加以隆禮。及此一月以來，朕躬雖已大愈，
> 然起居寢食之間，伊欲令安則安，伊欲令不安則果覺不適，
> 其致令安與不安之時，伊必先露意，且見伊心志奸回，言
> 語妄誕，竟謂天地聽我主持，鬼神供我驅使，有先天而天
> 弗違之意。其調治朕躬也，安與不安，伊竟欲手操其柄，
> 若不能出其範圍者。朕降旨切責云，爾若如此處心設念，
> 則赤族不足以蔽其辜。伊初聞之，亦覺惶懼，繼而故智復
> 萌，狂肆百出，公然以妖妄之技，謂可施於朕前矣。彼不
> 思邪不勝正，古今不易之理，況朕受命於天，為萬方之主，

豈容市井無賴之匹夫狗彘不如者，蓄不臣之心而行賊害之
術乎？前日京師地動，朕恐懼修省，誠心思過，引咎自責，
又復切頒諭旨，訓飭官員兵民人等，而地動之象久而不息，
因思前月之震動實在朕加禮賈士芳之次日，意者妖邪之人，
胸懷叵測，而朕未之覺察，仰蒙上天垂象以示儆乎？況伊
欺世惑眾，素行不端，曾經原任巡撫楊宗義訪聞查挐，伊
始稍稍斂跡，厥後仍復招搖。今則敢肆其無君無父之心，
甘犯大逆不道之罪，國法具在，難以姑容，且蠱毒壓魅，
律有明條，著挐交三法司會同大學士定擬具奏。若伊之邪
術果能操禍福之柄，貽患於朕躬，則伊父祖之墳塋悉行掘
發，其叔伯兄弟子孫族人等悉行誅戮，以爲異常大道之炯
戒。夫左道惑眾者，亦世所常有，若如賈士芳顯露悖逆妄
行於君上之前，則從來之所罕見，實不知其出於何心？其
治病之處，預先言之，莫不應驗，而伊遂欲以此脅制朕躬，
恣肆狂縱，待之以恩而不知感，惕之以威而不知畏，竟若
朕之禍福，惟伊立之，有不得不委曲順從者。朕若不明於
生死之理，而或有瞻顧游移之見，乞憐於此等無賴之妄人，
則必不免抱慚，而對天下臣民亦滋愧怍，朕豈如是之主哉！
夫貪生惡死者，人之常情，伊之脅制朕躬者在此，不知朕
之知天知命確乎不可惑者亦即在此，朕爲世道人心綱常名
教計，懲彼魑魅魍魎於光天化日之下一身之休咎所不計也，
並諭廷臣共知朕心㊴。

賈士芳擅長於療病，口誦經咒，以手按摩，立時見效。身體不適，
授以密咒之法，頓覺心神舒暢，肢體安和。雍正皇帝認爲賈士芳
以左道邪術，妖妄之技，欺世惑眾，妖邪之人，胸懷叵測，故令
挐交三法司，會同大學士按照左道惑眾蠱毒壓魅律從重治罪。

　　左道邪術，畫符治病，偶然痊癒，善男信女即拜師學習，惑
衆斂錢，人數衆多，遂成教派，因此，爲防範未然，清廷嚴禁左
道惑衆。例如四川府銅梁縣民唐幗興即李煉古，早年在陝西貿易
折本，到處遊蕩。嘉慶十八年（1813）夏間，唐幗興在陝西會
遇郭貴，兩人閒談，郭貴自言能畫符治病，屢有效驗。唐幗興央
求學習，郭貴即傳授符水，復令諷誦「稽首皈依疏揭諦頭面頂禮
七句止我今稱贊大準提惟願慈輩釋迦佛南無薩哆唎重句眞言咒語」。
唐幗興回川後，仍在各處遊蕩，後因貧難度，到巴州靈應山地方
憶及郭貴所傳治病符咒，起意藉畫符治病漁利，隨後在收荒攤上
購買鐵劍一把，以自用小刀刻成花押木戮二個，改名李煉古，開
始爲人畫符治病，有牟應昌等人先後相邀治病。唐幗興手執鐵劍，
在病人屋內跳舞，用黃紙畫符一張，口誦咒語數遍，在符上蓋用
木戮，燒化水內，給病人吞服，適值病有痊癒，各謝錢米。衆人
見唐幗興即李煉古治病靈驗，皆呼爲李神仙。唐幗興見鄉民易於
哄騙，又以靈應山上所供觀音靈驗，爲衆人所信奉，遂因地取名，
創立明靈教名目，即起意散佈邪說，捏稱靈應山內藏有兵書、寶
劍，只等暴風大雨，五雷開山，即可收取，保護劫數中人民。唐
幗興自稱能知過去未來，巴州不久有兵火瘟疫，其所念咒語，是
異人傳授，若肯跟隨諷誦，可以消災獲福，附近人民，紛紛傳播，
唐幗興畫符治病的民俗醫療活動，終於發展成爲一種民間秘密宗
教，明靈教以邪術治病，被認爲就是一種邪教，而遭到官方的取
締，四川總督常明審擬唐幗興後具摺奏明，原摺指出「此案唐幗
興即李煉古先以符咒治病，誆騙錢米，已屬大干法紀，該犯見人
易於誘哄，復敢捏稱明靈教名色，希圖廣爲煽惑，並以伊能知過
去未來，巴州不久有兵火瘟疫之言，肆口傳播，實屬邪言惑衆，
未便以訊無謀爲不軌情事，稍事寬縱，唐幗興即李煉古應請照妄

佈邪言煽惑人心爲首者斬立決例，應擬斬立決。查川省民情，素
稱浮動，巴州尤甚。現當查拏邪教之時，該犯膽敢捏造明靈教名
色，煽誘人心，幾至釀成大案，該犯現在患病，未便致稽顯戮，
奴才於審明後即恭請王命，令署臬司瞿曾輯、中軍阿洪阿將該犯
綁赴市曹斬首，仍將首級解至巴州梟示，以靖民心。」④原摺奉
硃批：「所辦甚是」。

　　畫符治病，功令甚嚴，但直省假降邪神傳習符水治病案件，
依然層出不窮。例如貴州永寧州民劉登學等畫符治病一案，原檔
保存完整，記載頗詳。道光二十一年（1841）五月間，劉登學
之父劉四海從藥擔上買得寫本符書一冊，內有畫符念咒治病各方，
父子一同學習，爲人治病。同寨申二妹之母申費氏患病，劉登學
念誦咒語，畫符燒灰，令其用水吞服，病即痊癒。申費氏、申二
妹及其夫申老五俱拜劉登學爲師，劉登學便與申二妹姦宿。道光
二十二年（1842）七月初間，陳興得之妻陳張氏及王在祥先後
患病，劉登學仍用符水醫治，俱各痊癒，陳興得、陳張氏及其女
大妹、二妹，均拜劉登學爲師。劉登學因獲錢無多，起意假降邪
神，教演拳棒，冀圖惑眾，多騙錢物，命申二妹幫同誘騙，向陳
興得等詭稱，劉登學能降神，每月朔望及逢九等日，吞服法水，
向神禮拜，可以祈福避災，演習拳棒，免致被人欺侮，陳興得等
信以爲實，先後拜投劉登學爲師。劉登學有舊存圓石一塊，及自
製竹笠一副，捏稱傳自異人，可以禱問吉凶，又令申二妹自稱仙
女轉世，每日降神禮拜，令陳興得吞飲符水，並聲言神靈附體，
可以增長氣力。陳興得服用符水後，頓覺昏迷，互相跳打，旋即
醒轉，眾人信服，共送給香錢數百文。七月二十七日，經鄰寨民
人王典樂等出首告官，劉登學等人被捕。貴州巡撫賀長齡將辦理
經過具摺奏聞，其原摺指出劉登學因畫符治病，獲利無多，輒敢

假降邪神書符咒水，教演拳棒，傳徒至二十八人之多，兵役往拏，
又逞兇拒捕，而將劉登學按照師巫假降邪神書符咒水及一應左道
異端之術煽惑人民爲首者絞監候律擬絞監候，秋後處決，先於左
面刺「左道惑人」四字；申二妹聽從劉登學自稱仙女轉世，幫同
煽惑，即與拜從劉登學爲師之陳興得等按照一切左道異端煽惑人
民爲從者改發回城給大小伯克及力能管束之回子爲奴例發遣爲奴；
申二妹雖屬婦女，不准收贖，照律免刺，其餘各犯左面刺「左道
惑人」四字，右面刺「外遣」二字㊶。

　　扶鸞是由來很早的一種迷信，明清時期，不僅流行於士大夫
間，下層社會亦極盛行。民間扶鸞多製丁字形木架，懸錐於直端，
狀如踏碓舂杵，承以沙盤，由兩人扶其橫兩端，作法請神，神至
後其錐即自動畫沙成字，或示人吉凶休咎，或爲人開藥方，或與
人唱和詩詞，因傳說神仙來時均駕風乘鸞，故稱扶鸞，亦名扶乩，
又作扶箕。事畢，神退，錐亦不動。民間秘密宗教卜問吉凶，請
求神諭，多取決於扶鸞。江寧人劉瑛，向在湖南貿易，常爲人扶
乩。道光二十三年（1843）二月，劉瑛至長沙販賣雜貨，與素
識的湖南人莫光點會遇，聽從糾邀，皈依青蓮教，並與教中彭超
凡等相見，其後轉往漢陽，向劉王氏租得空屋，設立乩壇，將無
生老母捏稱爲瑤池金母，倩人畫出神像二幅，懸掛供奉，稱爲雲
城，又名紫微堂。四川新都縣人陳汶海假託聖賢仙佛轉世，捏造
喫齋行善，可以獲福延年，不遭水火劫難，作爲乩筆判出，以達
摩爲初祖。陳汶海等人復興青蓮教，即藉設壇請乩，扶鸞禱聖，
先書寫無生老母降壇，假託鬼神之詞令人信服。青蓮教設壇扶鸞，
教中重要大事，多取決於鸞語或乩筆。教中重要信徒分派取名，
俱依照鸞語所定字號爲排行，其中專管乩壇的先天內五行，就是
聖賢仙佛轉世者，地位崇高，善男信女初次入教者稱爲眾生，乩

判准收的信徒始稱爲添恩，青蓮教充分運用扶鸞的民間信仰，從事傳教，在道光年間已被金丹教批評爲邪魔外道，在明清律例中也明白禁止扶鸞禱聖，因此，青蓮教的活動，遭受官方的嚴厲取締。

在民間流行的巫術中，含有各種避刑的邪術，相信神靈附體後，可以刀鎗不入。清朝律例中規定將各種避刑邪術私相傳習者，爲首教授之人，擬絞監候，爲從學習之人，杖一百，流三千里。刑罰雖重，但民間傳習避刑邪術者，仍極眾多，民間秘密宗教，更是藉其邪術招引信徒。乾隆四十三年（1778）正月，軍機大臣遵旨訊問元頓教即紅單教要犯黨曰清等人，《上諭檔》抄錄原供甚詳，據黨曰清供稱：

> 我今年五十四歲，是河州人，向來持齋念佛，與張志明原相交好。三十八年上，張志明向我說有個王伏林，是彌勒佛轉世，能點石成金，他的教名元頓教，又名紅單教，現在我家設教度人，若拜他爲師，可以消災延壽，我就於三十九年八月內拜王伏林爲師。四十一、二年間，陸續收了男女九十幾個徒弟，上年十月初九日，張志明叫我同石忠信、支文召、王丙信、楊伏龍們到羅聚洪家商議說，教主王伏林法力甚大，不怕刀兵水火，定於十一月初四日在白塔寺川王家坡豎幡念經，叫眾人傳說王伏林是活佛轉世，能點石成金，他的母親是五聖老母，妹子是觀音臨凡㊷。

王伏林假借彌勒佛轉世，法力強大，不怕刀兵水火，立教惑眾，鄉民相信活佛度世，於是紛紛聚會入教。河州人楊伏龍被解送軍機處後也供稱，教中傳說王伏林是彌勒佛轉世，他母親是五聖老母轉世，他妹子是觀音轉世。他母親有一件掃霞衣，凡投在他們下的，他把姓名寫在衣上，待天上星辰全時作起法來，將掃霞衣

輪轉，要那個星附在那個人身上，那星就會掉了下來，那人得了星宿，就勇猛無敵，一切不怕。當官兵到來時，王伏林令信徒手執三炷香，口裡叫天，就有神靈保護，都有法術，能避鎗砲，但都不靈驗。王伏林披髮仗劍，口中念咒，然而官兵鎗箭齊發，終於被射倒。其他教派，亦多藉彌勒佛轉世斂錢，例如三陽教就指河南鹿邑縣人劉松之子劉四兒爲彌勒佛轉世，入其教者，可免一切火水刀兵災厄㊸。各教派常藉彌勒信仰，勸化善男信女入教。

　　觀音信仰，在民間相當流行。四川秀山縣宋農場民人姚復乾父子傳習燈花教，每年二月十九、六月十九、九月十六等日，會集拜燈上表，巫師毛老司與姚復乾交好，借酬神爲名，常在家中演習法術，以符水飲人，能使癲狂笑舞，教中傳說能遣神附體，能避鎗砲。姚姓族人多飲法水，以致癲狂愈多。信徒發癲時，唱歌跳舞，執械喊殺，附近居民，群相疑駭，鄉民乃有「姚姓神返」之謠。酉陽州草壩場下里湖人劉廷玉，喫齋念經，所念爲《觀音經》，後來拜李逢春爲師入教門，畫符咒水，設有經堂。道士李得喜等拜劉廷玉爲師。光緒二十年（1894）正月間，劉廷玉造言大劫將臨。二月十五日，其女劉玉蓮忽言觀音附體，談人因果，每日晚間，焚香叩拜，分領符水，各執竹木刀械跳舞，同聲喊殺。保甲曾盛烈是團練首領，恨其借貸不遂，捏控劉廷玉爲燈花教，署理酉陽州知州宋學曾不問虛實，即差兵役團勇馳往捕殺，將劉廷玉、劉玉蓮二人格殺身死，砍斃燒死二十九人，將李逢春就地正法，劉紹枚等四人，繫桿監禁十年㊹。

　　四川鄉民，篤信鬼神，觀音信仰極爲普遍，其中廖九妹，本爲石皮灘一個十六歲柔弱女子，光緒二十八年（1902）六月間，聽從教主曾阿義習拳，後爲曾阿義強令充當觀音，號稱廖觀音，擁衆數千，名震一時，屢在石板灘、龍潭寺、蘇家灣、三水關等

處，與官兵接仗，官方雖懸賞千金，仍未購得。署四川總督岑春
煊具摺時指出「川省本年匪亂，實無梟雄大憝出其間，徒以川民
篤信鬼神，平日土匪、嘓匪、會匪及游惰之民最衆，是以今日擁
一柔弱女子爲觀音，便可聚衆數千，明日擁以駸稚童子爲孔明，
又可聚數百，皆由於失敎失養者多，民情復夙稱浮動，故易於倡
亂若此也。」宣統二年（1910）四月十六日，蕭觀音夫婦率領
敎徒圍攻四川秀山縣城⑯。四川鄉民迷信氣氛較濃厚，觀音信仰
成爲民間秘密宗敎起事時招引群衆的工具，雖迄淸末，其風未息。

　　下層社會裡，相信術士可以練陰兵陰將，其威力強大，非官
兵所能抗拒。民間秘密宗敎也因假借這種驅遣陰兵陰將的法術，
聚衆起事。淸代末年，江西地區仍破獲這種邪術案件。其中湖口
縣查辦窰門敎一案，頗受地方大吏所重視。湖口縣民張作濱、彭
澤縣民張廣潮等俱拜陳錫交爲師，入窰門敎，學習符咒，剪取人
髮、雞毛，由陳錫交轉交其師九龍山敎主萬老大收存，將人髮、
雞毛練成陰兵神馬。陳錫交等人也常畫符念咒，相信能使紙人化
成神勇無敵的陰兵神將。惟當陳錫交在湖口縣殷家山地方畫符念
咒施放紙人時，被官兵差役及保甲紳團圍捕時自投崖下水池內溺
死。高安縣拏獲敎犯朱烈官等人，供出先經冷性成傳授壓青邪術，
藉邪術姦淫婦女。朱烈官後來又拜喻學環爲師，入天水敎，學習
符咒剪人髮辮。瑞昌縣拏獲敎犯柯永淸等人，拜僧人柯顯靜爲師，
學習白水符法，曾施放紙人十三個，剪取髮辮，以練陰兵。各犯
俱按例審擬，喻學環等人被正法，朱烈官、柯永淸、張作濱等人
均綁赴市曹處斬，傳首懸竿示衆，陳錫交雖已溺斃，仍被戮屍梟
示⑰。

五、結　語

信仰不是宗教特有的現象，它是一種複雜而多面的現象，除宗教的信仰外，還存在著非宗教的信仰，宗教信仰和非宗教信仰之間的界限，很難加以嚴格區別[48]，所謂民間信仰，是指正統宗教思想以外的一般信仰，主要指以巫術爲主體和主流發展而來的萬有信仰，這類型的信仰多未具備構成各種教派的基本要素，是各種文化現象，而不是一個教派。

清初以來，歷朝君主基於鞏固政權的共同目的，將崇儒重道定爲基本國策，以儒家的綱常名教爲社會的生活規範，對於黜邪崇正、整齊民俗的執行，不遺餘力，同時制訂禁止師巫邪術律例，將巫覡假藉神靈附體，書符咒水，扶鸞占卜等活動，視爲怪力亂神，左道異端，而嚴加取締。即使民間的進香活動，亦遭禁止。清代教案，層見疊出，此伏彼起，到處創生，屢禁不絕，正是所謂野火燒不盡，春風吹又生。清廷認爲「各省邪教之起，其始止於燒香拜會，聚眾斂錢。」[49]有清一代，由於宗教叛亂的頻繁，及積極整理邊疆，查出許多民間信仰，或被指爲違悖朝廷正統思想，或被斥爲異端邪術，或被指爲傷風敗俗，或因惑眾誣民，與朝廷律例相牴觸，而遭取締。

薩滿信仰的觀念和活動，是以巫術爲主體和主流發展起來的文化現象，我國北方少數民族崇奉薩滿信仰，是草原社會的一種文化特質。但因薩滿使用巫術跳神治病，往往致人於死，所以制訂律例，治以重罪。白雲觀道士賈士芳長於療治疾病，口誦經咒，以手按摩，立時痊癒，但雍正皇帝認爲道士以左道邪術，欺世惑眾，妖妄叵測，而以左道惑眾律從重治罪。民間相信畫符念咒，燒化水內，吞服符水，可以治病。但朝廷認爲傳習符咒，惑眾斂

錢，是屬於左道異端，亦以左道惑衆律懲辦，其目的是在杜漸防
微，防止左道邪術，藉法術聚衆，形成秘密教派。

　　清廷保護黃教，但排斥巫術，吹忠假托降神作法，徇情妄指
呼畢勒罕，流弊叢生，乾隆皇帝特製金奔巴，永遠禁止吹忠指認，
其餘藏民患病，向吹忠推問吉凶，係其土俗，只可暫仍其舊。廓
爾喀入侵後藏，搶掠札什倫布，濟仲喇嘛羅卜藏丹巴在吉祥天母
前占卜不打杖，惑亂衆心，乾隆皇帝諭令將羅卜藏丹巴剝黃正法，
以示占卜不足信。

　　川康邊境各土司篤信奔布爾教，禮敬喇嘛。因奔布爾教是一
種以巫術爲主體的法術宗教，相信念經誦咒，可以咒詛仇人，致
人於死，也能使官兵心理迷惑，打仗失敗，影響士氣。札答又作
箚答，是突厥語系 "jada"的同音異譯，其原意爲「使之降雨或致
風雷的咒術」。大小金川等地喇嘛常用札答法術，下雪降雹，疾
風暴雨，雷電交作，土兵畏懼神譴，不敢進勦。所以當清軍平定
大小金川後，即諭令各土司皈依黃教正宗，放棄奔波爾教，撤燬
舊供神像。

　　夜聚曉散，男女雜處，是民間秘密宗教被指斥爲邪教的原因
之一。湖南學政劉彬士所撰擬的〈辨邪正之惑〉告示中開宗明義
就說「那邪教斂錢聚衆，男女不分，明明是個姦盜邪淫的人。」
⑩婦女入廟燒香還願是民間信仰中的常見活動，但清廷認爲違悖
倫常，往往爲邪教所誘惑，因此在律例中規定婦女不許私入寺廟
燒香，違者治以姦罪，雖然城隍廟，亦禁止婦女入廟燒香還願。
清代不准婦女入廟燒香的規定，包括所有寺院菴觀，亦即包括宗
教信仰及非宗教的信仰中心。嘉慶十七年（1812），因京城廟
宇叢多，命步軍統領、順天府五城出示曉諭，如有開設會場，招
搖婦女入寺者，一體查禁，其目的在維持風化。但因奉行日久，

視爲具文。光緒十年（1884）二月，山東道監察御史文海具摺指出各處開廟之時，男女不分，良莠混雜，宵小乘機擁擠，匪徒藉勢喧嘩，且有官方人員縱容妻妾，率領僕從，在廟中隨意遨遊，不成事體。文海認爲婦女逛廟，傷風敗俗，因此奏請飭禁，嚴加責懲，以端風化，而靖地方㉛。

障眼隱身的法術，常爲各教派所傳習，民間邪術迷人的案件，亦非罕見。民間法術中相傳畫符念咒，可以隱身姦人婦女，隱形施姦，事屬荒唐，但被左道異端所利用，則是屢見不鮮的案件。民間相信畫符燒灰，用水吞服，可以治病，患者偶因病痊，即拜師學習，乘間姦宿，傷風敗俗，蠱惑婦女，誘取財物，故嚴加禁止。

在民間流傳的法術中，有各種避刑的邪術，相信神靈附體後，可以刀鎗不入。善男信女吞飲符水，可以增長氣力。仙佛轉世的信仰極爲普遍，仙女、聖賢、佛祖、菩薩等都能轉世，民間秘密宗教常藉彌勒佛、觀世音轉世，法力強大，不怕刀兵水火，能避鎗砲等邪術，以吸引信徒，各教派往往假藉仙佛轉世，聚衆倡亂，對社會產生了嚴重的侵蝕作用，更加擴大社會的動亂。有清一代，提倡崇儒重道，對統治階層的思想教化，確實產生了相當大的作用，但清廷取締左道異端，整齊風俗的努力，並未達到預期的效果，統一信仰或取締民間迷信，決不能僅靠行政命令，在誘發民間迷信產生的各種因素尚未消除，以及生態環境並未改變之前，採取行政手段取締民間信仰的努力是無濟於事的。

【註　釋】

① 《讀例存疑重刊本》（臺北，成文出版社，1970），㈢，頁421。
② 《清世祖章皇帝實錄》，卷七四，頁13，順治十年四月甲寅，諭旨。

③　朱德宣著《康熙思想研究》（北京，中國社會科學出版社，1990.10），
　　頁299.

④　《清代全史》（瀋陽，遼寧人民出版社，1991.7），第二冊，頁
　　430。

⑤　《清聖祖仁皇帝實錄》，卷三四，頁10，康熙十年十月癸巳，諭旨。

⑥　《康熙起居注》（北京，中華書局，1984.8），㈠，頁125。

⑦　《康熙起居注》，㈠，頁127。

⑧　《宮中檔雍正朝奏摺》，第三輯（臺北，國立故宮博物院，民國六
　　十七年一月），頁253，雍正二年八月初十日，硃筆特諭。

⑨　清高宗撰《御製文三集》（臺北，國立故宮博物院，嘉慶間烏絲欄
　　寫本），卷四，〈卜筮說〉，頁8。

⑩　清仁宗撰《御製文餘集》（臺北，國立故宮博物院，道光間武英殿
　　刊本），卷上，頁4。

⑪　《欽定大清會典事例》（臺北，國立故宮博物院，光緒二十五年石
　　印本），卷一三二，頁11。

⑫　徐昌翰撰〈論薩滿文化現象──「薩滿教」非教芻議〉，《學習與
　　探索》，1987年，第五期，頁122。

⑬　滿都爾圖著《達斡爾族》（北京，民族出版社，1191.10），頁98。

⑭　《鄂溫克族簡史》（呼和浩特，內蒙古人民出版社，1983.6），頁
　　159。

⑮　孟慧英撰〈論「尼山薩滿」的歷史性質〉，《中央民族學院學報》，
　　1987年，第五期（北京，中央民族學院，1987.9），頁87。

⑯　莊吉發譯註《尼山薩蠻傳》（臺北，文史哲出版社，民國六十六年
　　三月），頁180。

⑰　《清史稿校註》（臺北，國史館，民國七十九年五月），第十冊，
　　頁8326。

⑱　《欽定廓爾喀紀略》（臺北，國立故宮博物院，乾隆年間內府朱絲
　　欄寫本），卷五二，頁5。

⑲　《欽定廓爾喀紀略》，卷五二，頁5。

⑳　《廓爾喀檔》（臺北，國立故宮博物院），乾隆五十七年四、閏四
　　月分，頁211。

㉑　《欽定廓爾喀紀略》，卷四一，頁1。

㉒　霍夫曼原著，李冀誠譯注〈西藏的本教〉，《世界宗教資料》，
　　1985年，第四期（北京，中國社會科學出版社，1985.12），頁29。

㉓　謝繼勝撰〈藏族薩滿教的三界宇宙結構與靈魂觀念的發展〉，《中
　　國藏學》，1988年，第四期（北京，中國藏學出版社，1988），頁
　　96。

㉔　《軍機處檔·月摺包》，第2764箱，107包，23357號，乾隆四十四
　　年四月初一日，文綬等奏摺錄副。

㉕　《金川檔》（臺北，國立故宮博物院），乾隆三十八年八月二十一
　　日，頁415。

㉖　《金川檔》，乾隆三十八年九月二十五日，頁542，薩克甲穆供詞。

㉗　《軍機處檔·月摺包》，第2765箱，94包，18337號，乾隆三十七
　　年九月初七日，小川土司澤旺稟詞。

㉘　《軍機處檔·月摺包》，第2765箱，88包，16269號，乾隆三十七
　　年二月十三日，大金川稟文。

㉙　《金川檔》，乾隆四十一年四月十七日，頁87。堪布喇嘛色納木甲
　　木燦供詞。

㉚　《金川檔》，乾隆四十一年四月十七日，頁101。都甲喇嘛供詞。

㉛　莊吉發譯註《尼山薩蠻傳》（臺北，文史哲出版社，民國六十六年
　　三月），頁1511。

㉜　《乾隆朝上諭檔》（北京，檔案出版社，1991.6），乾隆五十三年

二月初九日，軍機大臣奏稿。

㉝　《乾隆朝上諭檔》，乾隆五十六年三月初五日，軍機大臣奏稿。

㉞　《上諭檔》，乾隆三十九年九月十二日，頁79，寄信上諭。

㉟　《軍機處檔‧月摺包》，第2776箱，149包，35792號，乾隆四十九年六月，齊狲供詞。

㊱　《乾隆朝上諭檔》，乾隆五十五年四月初四日，軍機大臣奏稿。

㊲　《乾隆朝上諭檔》，乾隆四十二年九月十四日，高登順供詞。

㊳　《乾隆朝上諭檔》，乾隆四十四年九月初九日，軍機大臣奏稿。

㊴　《起居注冊》，雍正八年九月二十五日辛卯，內閣奉上諭。

㊵　《宮中檔》，第2723箱，90包，16687號，嘉慶十九年十月二十五日，四川總督常明奏摺。

㊶　《宮中檔》，第2719箱，39包，6973號，道光二十二年十月二十五日，貴州巡撫賀長齡奏摺。

㊷　《乾隆朝上諭檔》，乾隆四十三年正月十四日，黨日清供詞。

㊸　《乾隆朝上諭檔》，乾隆五十九年十月十三日，大學士阿桂等奏稿。

㊹　《月摺檔》（臺北，國立故宮博物院），光緒二十年九月三十日，裕德等奏摺抄件。

㊺　《辛亥革命前十年間民變檔案史料》，下冊（北京，中華書局，1985年2月），頁751。

㊻　《收電檔》（臺北，國立故宮博物院），宣統二年四月六日，收四川總督致軍機處電。

㊼　《月摺檔》（臺北，國立故宮博物院），光緒二年九月二十九日，劉秉璋附片。

㊽　烏格里諾維奇撰，柳雪峰譯〈非宗教信仰與宗教信仰〉，《世界宗教資料》，1986年，第一期（北京，中國社會科學出版社，1986.3），頁22。

㊾　《欽定平定教紀略》（臺北，國立故宮博物院，嘉慶間內府朱絲欄寫本），卷二二，頁23，嘉慶十八年十一月二十五日戊子，〈內閣奉上諭〉。

㊿　《軍機處檔．月摺包》，第2751箱，3包，4752號，嘉慶二十一年正月十七日，劉彬士撰擬〈辨惑論說稿〉。

(51)　《軍機處檔．月摺包》，第2722箱，23包，125119號，光緒十年二月初五日，山東道監察御史文海奏摺。

朝鮮與清朝天人感應思想的比較

一、前　言

　　朝鮮與中國，疆域毗鄰，唇齒相依，由於地緣關係的密切，中韓兩個，在思想觀念方面，頗相近似。天人感應的政治理念，就是中韓兩國源遠流長的共同傳統信仰，自三代以來，一直到明清時期，這種信仰，仍然盛行，朝鮮實錄、清朝起居注冊等，都有相當翔實的記載。

　　實錄是編年史的一種體裁，專記帝王一朝的大事。《隋書‧經籍志》著錄有梁周興嗣撰《梁皇帝實錄》三卷，專記梁武帝事蹟。謝吳撰《梁皇帝實錄》五卷，專記梁元帝事。至唐初溫大雅撰《大唐創業起居注》後，房玄齡、許敬宗等相與立編年體，號為實錄。自此每帝嗣位，都由史臣撰先帝實錄，成為定制，宋明清因之。《朝鮮王朝實錄》就是倣自中國歷代實錄體裁而修成的一種編年史，以漢字書寫，專記朝鮮李朝統治時期的大事，習稱李朝實錄。

　　起居注是官名，掌理帝王言行記注之事，起居注官所記載的檔冊，就稱為起居注冊，是一種類似日記體的史料，其體例起源很早，清代起居注冊的體例，與歷代相近，所不同的是除漢文本以外，還有滿文本，其內容與漢文本出入不大。清聖祖康熙十年（1671）八月，正式設置起居注館，清代起居注冊的記載，就是始於同年九月。是年九、十月合為一冊，滿漢各一冊，十一月起，每月滿漢文各一冊，全年各十二冊，閏月各增一冊。自雍正

朝以降，滿漢文起居注冊，每月各增爲二冊，全年各二十四冊，
閏月各增二冊。

中國歷代政治，是以儒家思想爲基礎的。孔子認爲「孝弟也
者，其爲仁之本。」在政治上主張德治，國君行仁政，以惠民、
養民。漢代以來的政治思想，受戰國末年陰陽學、五德終始論及
公羊春秋通三統學說的影響，大抵主張天人相應，政治教化，應
隨時變革，相信天是有意志的，天主宰著世上一切事物，天降祥
瑞或災異，都是一種徵兆，人君必須順從天命，遇災修德。高麗
末期，程朱學說傳入朝鮮後，儒家思想遂成爲朝鮮政治、社會、
文化等方面的指導原則。李氏政權建立後，朝鮮內部不振，外遇
強鄰，革新政治，求富圖強，就成爲朝鮮君臣共同的願望。李朝
實錄，多處記載朝鮮天人感應的政治理念，朝鮮君臣的談話內容，
多以中國古聖先賢遇災修省的故事爲例，尋求弭災之道。朝鮮君
臣以儒家思想爲標準來分辨賢君或昏主，以儒家政治理念來衡量
仁政或暴政。他們相信自然界的災變是一種天象示警的徵兆，君
臣必須反躬自省，修德禳災。朝鮮君臣接受中國古代天人感應思
想，就是儒家文化影響朝鮮政治理念的具體事實。滿族統治政權
鞏固以後，也相信自然界的災害和祥瑞，就是象徵上天對世人的
譴責和嘉獎。康熙朝起居注冊，多處記載君臣討論天人感應的文
字。朝鮮和清朝君臣相信自然界的災變，是一種上天示警的預兆，
人君必須反躬自省，修德弭災。本文撰寫的旨趣，主要爲就現存
李朝實錄及清朝起居注冊的記載，探討中韓天人感應思想盛行的
背景及其積極意義，透過這項研究分析，有助於認識東方文化的
共同特色。

二、兩漢時期天人感應學說的起源

　　中國古聖先賢多相信天象和人事，常有相互影響的關係。孔子和孟子都曾利用天文現象來解釋政事。孔子說：「爲政以德，譬如北辰，居其所而衆星拱之。」①孟子說：「天之高也，星辰之遠也，苟求其故，千歲之日至，可坐而致也。」②

　　古人不但相信天能干預人事，而且認爲人事也能感應上天。這種天人感應說，起源很早，《尚書·洪範》說：「八庶徵曰雨，曰暘，曰燠，曰寒，曰風，曰時，五者來備，各以其敍，庶草蕃廡，一極備凶，一極無凶。曰休徵，曰肅，時雨若，曰乂，時暘若，曰晢，時燠若，曰謀，時寒若，曰聖，時風若。曰咎徵，曰狂，恆雨若，曰僭，恆暘若，曰豫，恆燠若，曰急，恆寒若，曰蒙，恆風若。」③簡單地說，人事修，則天現休咎，人事失，則天現咎徵。休徵爲祥瑞，是美行之驗，天現祥瑞，以示嘉勉；咎徵爲災異，災即天災，異即反常之事，是惡行之驗，天現災異，以示警告。這種天人感應說，在中國古人的信仰方面，有它特殊的意義，利用自然規律，可以嚇阻背道傷義的統治者。

　　戰國時期，君權擴張，漸趨專制。齊國臨淄人鄒衍，深觀陰陽消息，以變化終始之說，闡明治亂興衰的道理，其主要用意是在使人君畏天之道，以約束自身。由於齊、梁、趙、燕等國君對鄒衍的尊禮，其學說頗爲盛行。

　　兩漢儒家雖然推崇孔子，但同時也受陰陽五行思想的影響，使儒家學說充滿了迷信色彩。陰陽家教人以天道爲依據而爲善，借以輔助政教，維繫世道人心，漢儒容納其說，與儒學相輔而行，而成爲兩漢學術思想的特色。《易繫辭》謂：「天垂象，見吉凶，聖人象之。」陰陽災異之說，本在勸導人君悔過修德，西漢今文經師鑒於秦代專制之失，多喜言天人感應，欲以災異符命戒懼人君，使之約束自身。廣川人董仲舒，治《春秋》，以春秋災異之

變推求陰陽所以錯行的道理，著《災異記》④，其主張，主要在
闡明以天權限制君權之意，企圖防止君主專制的流弊。

董仲舒指出為人君者，其法取象於天，垂象於日月星辰風雨，
示命於禽獸蟲魚草木。董仲舒在賢良對策開端即謂：「謹案春秋
之中，視世已行之事，以觀天人相與之際，甚可謂也。國家將有
失道之敗，而天乃先出災害以譴告之。不知自省，又出怪異以警
懼之。尚不知變，而傷敗乃至，以此見天心之仁愛人君，而欲止
其亂也。」天現災異，並非惡意，但欲人君速自警惕，覺悟其行，
修德止亂。「亦欲其省天譴，而畏天威，內動於心志，外見於事
情，修身審己，明善心以反道者也。」⑤《春秋繁露》也說：

> 天地之物，有不常之變者，謂之異，小者謂之災，災常先
> 至，而異乃隨之。災者，天之譴也，異者，天之威也，譴
> 之而不知，乃畏之以威。詩云，畏天之威，殆此謂也。凡
> 災異之本，盡生於國家之失，國家之失，乃始萌芽，而天
> 出災異以譴告之，譴告之而不知變，乃見怪異以驚駭之，
> 驚駭之尚不知畏恐，其殃咎乃至，以此見天意之仁，而不
> 欲陷人也。謹案災異以見天意，天意有欲也，有不欲也，
> 所欲所不欲者，人內以自省，宜有懲於心，外以觀其事，
> 宜有驗於國，故見天意者之於災異也，畏之而不惡也，以
> 為天欲振吾過，救吾失，故以此報我也。春秋之法，上變
> 古易常應是，而有天災者謂幸國。孔子曰，天之所幸，有
> 為不善而屢極，且楚莊王曰天不見災，地不見孽，則禱之
> 於山川曰，天其將亡予耶？不說吾過極吾罪也，以此觀之，
> 天災之應過而至也，異之顯明可畏也，此乃天之所欲救也，
> 春秋之所獨幸也，莊王所以禱而請也，聖主賢君尚樂受忠
> 臣之諫，而況受天譴也⑥。

　　天現災異，是所謂幸國，天不見災，地不見孽，則有亡國之虞。《後漢書・鄭興傳》亦謂：「天於賢聖之君，猶慈父之於孝子也，丁寧申戒，欲其反政，故災變仍見，此乃國之福也。」⑦災變屢見，是上天的丁寧申戒，也是國之福，賢君必能樂於接受天譴，修德弭災。

　　董仲舒以外，好言災異的儒者頗多。漢元帝時，劉向以宗室輔政，不滿於外戚宦官的弄柄，乃屢次上書言災變，以去讒遠邪爲平息天怒的要圖。漢成帝時，王鳳用事，劉向根據《尙書・洪範》箕子爲武王成五行陰陽休咎之應的說法，而集合上古以來歷春秋六國至秦漢符瑞災異的記載，取其占驗者爲十一篇，題爲《洪範五行傳》。

　　李尋，治《尙書》，好言洪範災異，又學天文月令陰陽。元成帝時，王根輔政，見漢室有中衰之象，又恐洪水爲患，李尋乃說王根求賢德，以圖自保。漢哀帝時，李尋以日月星辰之變，勸哀帝遠女謁，放佞人，順時令，抑外親，改元易號，以應天譴。

　　漢成帝時，長安人谷永，應詔言災異。谷永治《京氏易》，善言災異，可與董仲舒互相發明，前後所上四十餘事，言頗切直。谷永認爲人君在位，垂三統，列三正，去無道，開有德，不私一姓，則天下乃天下之天下，非一人之天下，王者躬行道德，承順天地。倘若失道妄行，逆天暴物，則上天震怒，災異屢降，而有亡國之懼⑧。大致而言，西漢末年的災異祥瑞說法，主要是由鄒衍系統衍生而來的天人感應思想。

　　陰陽學家常引據史事，以儆人君，伊洛竭，桀不知戒，而夏亡；黃河竭，紂不知戒，而商亡；岐山崩，幽王不知戒，竟卒於犬戎。西漢初年，崇尙黃老清靜的治術，其後又採用陰陽學說，君臣以修身自律，所以兩漢多賢君，官清吏廉，政治清明，災異

之說，在兩漢確曾發揮相當的功效⑨。

三、李朝統治時期天人感應思想的盛行

　　朝鮮與中國疆域毗鄰，兩國關係，源遠流長，在地理上，唇齒相依，在文化上，早已成為中國文化圈的重要成員，也是儒家文化的分支。《朝鮮王朝實錄》就是倣自中國歷代實錄體例而修成的一種編年史，以漢字書寫，所載內容，包括李朝太祖元年（1392）至哲宗十四年（1863）共四百七十二年間的政治、軍事、文化、社會、經濟以及對外關係等方面的活動，包羅萬象，內容廣泛，因其所載俱屬李朝事蹟，習稱李朝實錄。李朝實錄多處記載朝鮮君臣談論天人感應的文字，一方面可以了解朝鮮君臣的政治理念，一方面可以說明儒家文化對朝鮮政治深遠影響的具體事實。

　　朝鮮成宗十六年（1485）夏，朝鮮諸道大旱，慶尚道旱災尤甚，不僅禾穀蔬菜焦枯，甚至橡栗亦不結實，民無所食。成宗頒下御書給弘文館，令諸臣各陳所懷。是年七月，副提學安處良等上疏指陳得失，其原疏略謂：

　　　　臣等伏觀御書，其所以責躬修德，欲消天譴之意至矣，在
　　　　所當言，而況天語懇惻，臣伏讀數四，情激於中，不勝感
　　　　奮。臣聞天人之際，精禋有以相溢，善惡有以相推，事作
　　　　於下，變見於上，災祥之應，各以類至，故人君行肅乂哲
　　　　謀聖五善道，則雨暘燠寒風五氣時而為休徵；人君行狂僭
　　　　豫急蒙五惡道，則雨暘燠寒風五氣常而為咎徵。然則休咎
　　　　之徵，皆由人事之得失而致然也⑩。

副提學安處良等引《尚書・洪範》休徵及咎徵的說法，認為肅乂哲謀聖為五善道，狂僭豫急蒙為五惡道，人君行善道，則天現休

徵；人君行惡道，則天現咎徵，休咎之徵，都是人事得失的反應。

孝宗六年（1655）七月，副提學金益熙等應旨上箚時，亦引〈洪範〉災異之說，其原箚略謂：

> 洪範曰，曰僭恆暘若，曰豫恆燠若。說之者曰，乂之反爲
> 僭，政不治則僭差也，僭則旱，故恆暘若，哲之反則猶豫
> 不明，故爲豫，豫則解緩，故恆燠若。五行傳曰，君亢陽
> 而嚴刑，臣畏刑而箝口，則怨謗之氣，發於歌謠，其罰爲
> 常陽。京房傳曰，欲德不用，茲謂張厥災旱，其旱陰雲不
> 雨，上下皆蔽，茲謂隔。其旱天赤，庶位踰節，茲謂犯，
> 其旱澤物枯，即此論之，則今日之事，豈無可言者乎⑪？

副提學金益熙等引《尚書‧洪範》等篇指出人君失德致旱的道理。朝鮮仁祖在位期間，掌令李應蓍上疏時則引漢儒之言，以說明天人感應的道理，其原疏略謂：

> 人君父事天，母事地，子養人庶，不得於其父母，不得於
> 其子，則爲人君者，當作何如心也？近年以來，陰虹貫日，
> 太白守晝，今日之父怒矣，以地則震，以石則移。今日之
> 母怒矣，連歲飢儉，徵斂多色，流離載道，餓莩盈壑，則
> 今日之子怨矣，父母譴告，赤子顚連，則雖始兢兢如堯，
> 業業如舜，側身修省如周宣，猶恐不得上當天心，下塞民
> 望，況不恤人言，惡聞其過，歸時變於天數，置民怨於度
> 外⑫？

李應蓍認爲人君事天如父，事地如母，種種災異，乃是父母譴告其子的現象，人君當側身修省。禮曹正郎徐抃上疏時引《周詩》三后在天等語，以闡明三后之靈，與天爲一，作福作災於後王後民之意。徐抃認爲「仁祖大王在天之靈，與天爲一，天之怒，即先王之怒也，父之於子，匪怒伊教，則豈無轉怒爲慈之道乎？惟

在殿下潛心對越，以先王之心爲心，克敬克孝而已。」⑬孝宗是
朝鮮仁祖的第二子，徐抃以仁祖之靈與天爲一，天之怒，即父之
怒，天之於人君，猶如父之於子，人君克盡孝道，則上天可以轉
怒爲慈。掌令趙克善上疏亦曰：

> 人君之事天，有如臣子之事君父，君父有怒，不敢疾怨，
> 起敬起孝，負罪引慝，變變齊慄然後，可見君父之底豫，
> 若或徒自恐懼而已，不能改過悔罪，則爲君父者，其肯爲
> 之哀憐而悦豫之乎？殿下之臨群臣，有嘗喜而愛之者矣，
> 有嘗怒而譴之者矣。殿下自反而深思，必欲有以吾之一也，
> 仰體上天大公至正之道，則天怒之解，斯可得矣。古人曰，
> 應天以實，不以文者，此之謂也。竊觀前代帝王，同是遇
> 災也，而或災不爲災，或災遂爲災者，何也？明君謹之吉，
> 庸君忽之凶，謹之忽之，惟在人主之一心耳。董子之言曰，
> 國家將有失道之敗，而天出災異以譴告之，不知自省，又
> 出怪異而警懼之，尚不知變，而傷敗乃至，此見天心仁愛
> 人君而欲止其亂也。誠哉言乎，今天之所以譴告之警懼之
> 者，無異諄諄，安知不出於仁愛殿下之心者乎⑭？

掌令趙克善引董仲舒賢良對策闡明天現災異譴告人君側身修省的
道理。舒川邵守李袤應旨疏稱「民怨則天怒，天怒則降災，災多
則國亡。」⑮憲府大司憲蔡裕後等疏請人君遇災而懼，側身自省，以
答天譴，則災不爲災，君臣上下，協治無間，則人和氣和，可以
轉災爲祥⑯。副修撰金壽興疏稱，七情之中，易發而難制者，惟
怒爲甚，各種災異，都是天威發怒的現象⑰。朝鮮災異頻仍，常
見的如星文示異、太白晝見、白虹貫日、日月暈珥、流星黑氣、
熒惑入於太微、昏霧戾氣、冬雷地震、水旱風暴、雌雞化雄、巨
石自走、冰雹暴下、天火燒穀、雷吼窮陰之節、地震歲首之月等

等，不勝枚舉。

太白就是金星，又名啓明星，《史記索隱》謂「太白晨出東方，曰啓明。」傳說太白星主殺伐，中國詩文中多以太白比喻兵戎。太白晝見，是一種星變。朝鮮領敦寧府事金尙憲上箚說：

> 臣伏聞今月十有六日癸酉，太白見於日下，嘗聞太白，西方之氣，其出主兵喪星事，非人人所可知，亦非所敢言。但以前史所驗推之，實爲可懼。大行王之日，連歲有此變，凡在人心，莫不恐懼，至於今年，辛遇大感，舉國縞素，哭聲震野，上天示警，厥有明徵，不知今日，復有何咎而垂象至此也。老臣不死，幸霑新化，每聞德音，感動怵惕，思見德化之成，恐有一事一言之或拂於人情，以玷出震之明，耿耿此心，天實監臨。臣聞陰陽二德，寓在政刑，各以類應，星辰有變，則其所修之道，亦不外此，今此星變之應，似當允出於茲。夫罰不當罪，何事非尤，然而人臣之抱至冤，莫甚於正言獲罪，上天之怒人君，亦莫甚於罪正諫之臣，從古以來，指不勝屈⑱。

陰陽二德，寓在政刑，星象有變，上天示警，亦應於政刑，副修撰金壽興指出雷是「天之號令」、「天之威怒」⑲。雷也是人君之象，太宗六年（1406）七月，因雷震災異頻傳，太宗召見近臣，君臣談論雷震，《朝鮮王朝實錄》記載君臣談話內容如下：

> 上曰，雷震人是何理也，吾未之知也？左右對曰，世謂雷震曰天伐，人之罪惡貫盈，則又降之伐矣。上曰，吾嘗觀經史，歷代權姦，盜國脅君，尙得保全，不受天罰，何也？人或遭厄運，適觸邪氣而已，然予則心實懼焉。又曰，災異之變，古書皆曰，由人事之所感。中庸又曰，吾之氣順，則天地之氣亦順，蓋一人之氣，遂致天地之順，此理最妙

⑳。

災異的變化，皆由人事所感，雷震就是一種天伐，人君氣順，則天地之氣亦順，就不至於觸邪氣而遭天伐。

四、天人感應思想對朝鮮政治的積極作用

朝鮮太祖、定宗、太宗在位期間（1393—1418），因旱魃肆虐，亢陽不雨，赤地千里，諫官紛紛上書，引證中國古代聖君賢相故事，勸告朝鮮國王遇災修省。太宗三年（1403）正月，太宗御經筵，詢問近臣說：「有非常之事，則謂之災變，禹任皋陶，天雨金三日，謂之祥瑞，何也？」代言金科對以「傳有言曰：金，貴物也，久旱而雨，比之金，謂之雨金。」㉒禹與皋陶同德，舜把天下傳給皋陶，皋陶未接受，舜於是禪讓給禹，禹有天下，專任皋陶，禹用賢德，上天感應，久旱而雨，連降三日，其貴如金，這就是天雨金的故事。成湯因七年旱災，遇旱而懼，以六事反躬自責，告於山川，「政不節歟？使民疾歟？何以不雨，至此極也？」㉒上天見成湯自責若是其至，果然有感格之應，天乃大雨，方數千里，而終不為民害㉓。

孝宗初年，災異頻傳，工曹參議鄭斗卿上疏時，曾舉穀生湯庭的故事，以勸告孝宗悔過遷善，其原疏略謂：

> 近年變怪百出，若以為妖孽，無與興亡則已，不然則豈不懼哉，故無智愚，罔不憂天災。臣之所憂，在人不在天，何則？昔穀生湯庭，三日而大拱，湯問伊尹。伊尹曰，穀澤野之物，今生天子之庭，殆不吉也。湯曰，奈何？對曰，臣聞妖者禍之先，祥者福之先，見妖而為善，則禍不至，見祥而為不善，則福不臻。湯乃齋戒靜處，夙興夜寐，吊死問疾，赦過賑窮，七日穀亡。其後中宗高宗時，亦有桑

穀雉雛之變，由此觀之，賢聖之君，亦有妖孽，但禳之以
德，稽諸書，從諫不咈，先民是若，不邇聲色，不殖貨利，
克寬克仁，彰信兆民者，湯嚴恭寅畏，天命自度，治民祗
懼，不敢荒寧者，中宗嘉靖殷邦，不敢荒寧，小大無怨者
高宗，茲三君者，厥德如此，故災不敢為孽，豈偶然哉？
今我殿下，懋敬厥德如古人，則災可禳矣，不然，臣竊恐
亂亡之在朝暮也，臣所謂在人不在天者，此也㉔。

《尚書・咸乂序》謂「伊陟相太戊，亳有祥，桑穀生於朝。」太
戊修德，桑穀枯死。「尚書大傳・高宗肜日」謂「武丁之時，桑
穀俱生於朝，七日而大拱。祖己曰，桑穀，野草也，野草生於朝，
亡乎？武丁懼，側身脩行。」《漢書・五行志》載高宗「怠於政
事，國將危亡，故桑穀之異見。桑猶喪也，穀猶生也，殺生之秉
失而在下，近草妖也。一曰野木生朝而暴長，小人將暴在大臣之
位，危亡國家，象朝將為虛之應也。」㉕鄭斗卿以成湯等故事為
例，勸告朝鮮國王以成湯之心為心，敬天之怒，畏天之威，遇災
自省。

　　西周時代，天人感應的傳說，也受到朝鮮君臣的重視，其中
周公瘳瘤疾，成王起偃禾的故事，尤為朝鮮諫官所傳誦。傳說周
公為武王禱疾，翌日乃瘳。成王疑周公，「天大雷電以風，禾盡
偃，大木斯拔，成王乃出郊親迎周公，天乃雨反風，偃禾盡起。
周宣王時遇雲漢之災，宣王側身修行，以德勝妖。朝鮮諫官常引
周公、成王、宣王的故事，疏請朝鮮國王以至誠格天。

　　「宋景一言，熒惑三徙」的故事，也引起朝鮮諫官的興趣。
《史記・宋微子世家》記載宋國的南面，與陳國接壤，楚國滅了
陳國，宋國將有災難，但因宋景公愛民如子，火星終於離開了心
宿，宋國也解除了滅亡的命運㉖。正是所謂「為政以德，熒惑退

舍。」副提學安處良上疏分析朝鮮多旱災的原因,他說:

> 竊觀前世致旱之事非一矣,上下皆蒙則旱,近厥德不用則
> 旱,恩德不行則旱,刑罰妄加則旱,甲兵煩興則旱,然此
> 數者之應,未有如勞民興役之慘也。何者,魯莊公三築台
> 而致旱,漢惠帝城長安而致旱,魏明帝廣宮府而致旱,隋
> 文帝立宮室而致旱。蓋民者,可逸而不可勞也,可厚而不
> 可困也,若一朝驅諸板築之中,使寒者不得衣,飢者不得
> 食,怨氣旁騰,鬱結不伸,所以傷天地之和者,可勝言哉
> ㉗。

朝鮮君臣相信「天人感應,疾於影響」,為政以德,則禍不至。
朝鮮以德禳災的政治理念,主要就是受到中國儒家天人感應思想
的影響。朝鮮參議政府事權近上疏時,曾經指陳施政的原則,其
原疏略謂:

> 竊惟天人之際,未易言也,災異之生,亦非一致,或先事
> 而示警,或後事而示譴,不可指言某事之失而致是災也,
> 弭災之道,只在殿下一念之天然,其要不過四事,曰事天,
> 曰事親,曰責己,曰安民。事天在致其敬畏,事親在盡其
> 誠孝,責己在乎思怨,安民在乎省事而已,惟殿下留意焉,
> 凡勞民之力,駭民之聽,怨詈之事,無敢或行,以前四者,
> 日慎一日,兢業圖治,以消變異㉘。

在災異頻繁的朝鮮,天人感應思想的盛行,有它的特殊意義,姑
不論災異是先事示警,或事後示譴,但人君能在事天、事親、責
己、安民等方面兢業圖治,天人感應說,確實具有積極的作用。
　《左傳》莊公十一年記載「禹湯罪己,其興也浡焉;桀紂罪
人,其亡也忽焉。」三代賢君遇災難時,為收拾人心,改過以應
天道,往往以天子名義,下詔自責,昭告內外,稱為罪己詔。明

清時期，朝鮮災變層出不窮，天人感應思想盛行，朝鮮國王常常引咎責躬，下詔罪己，以示恐懼修省欲弭天譴之意。太宗三年（1403）八月，太宗下罪己詔，略謂：

> 予以否德，纘承丕緒，夙夜惟寅，莫敢或遑，期至於治，然而災異屢見，星辰失度，水旱相仍，矧茲海水變赤，其為譴告至矣，予甚恐懼，若隕於淵，欲知致災之由而去之，則未知其由，欲求弭災之道而行之，則未得其道，以予寡昧，何以堪之，德行有闕而不自知歟？政事有失而妄自行歟？詞訟不平而冤抑未伸歟？賦役不均而流亡未息歟？忠邪混處而讒諂行歟？紀綱不立而刑賞紊歟？邊將失於撫循而士卒嗟怨歟？奸吏巧於弄法而閭閻愁嘆歟？咨爾大小臣僚閑良耆老，其於致災之由，弭災之道，各以所見，陳之無隱，言之可用，即加採納，雖或不中，亦且優容，於戲，惟修德可消變異，固當躬行，然求言欲聰明，願聞讜議㉔。

朝鮮國王在罪己詔中所自責的項目很多，除了德行外，還包括政事、詞訟、賦役、人事、紀綱、刑賞、將士、吏治等項，太宗一方面修德以消弭災異，一方面飭令臣民直陳致災之由及弭災之道。太宗七年（1407）六月，因天久旱，遣議政府事成石璘禱雨於圓壇，其祭文云：

> 天之視聽，常自乎人，人之休咎，亦現於天，天人之際，感應甚速，不可誣也。若夫旱乾水溢之災，恆由君相，反道敗德，亂常失政，自以一身之罪而召之爾，然而無罪無辜蚩蚩之氓，林林之生，先被其害，以至飢饉盡瘁，而莫之恤。予以涼德，承天地之保佑，賴祖宗之積累，君臨一國，於茲有年，旱溢之災，無歲無之，是皆不穀敗德而致，其獲天譴誼矣，敢不自責，以謝罪咎於上天乎，歲在戊寅

㉚。

前引祭文，充分反映朝鮮天人感應思想的盛行，太宗相信水旱災變，都是天譴人君的現象，因此以反道敗德自責。天然災害，對國計民生造成極大的破壞，朝鮮國王下詔罪己，除了具有穩定民心的作用外，朝廷也推行多種措施，以改善民生。定宗元年（1399）八月，頒發宥旨，其原旨云：

> 人事感於下，則天變應於上，故古之王者，每遇災變，必修人事，或側身修行，或發政施仁，蓋反其本應天以實也。近者天變地怪，屢彰譴告，實由寡人否德之致，慄慄危懼，若涉淵冰，飭躬修省，思免厥愆，宜勤恤於民隱，庶小答於天心，自建文元年八月初九日昧爽以前，二罪以下，已發覺未發覺，已結正未結正，咸宥除之，雖干一罪，互相連逮，涉於疑似者，宜即申聞，取旨施行，敢以宥旨前事相告言者，以其罪罪之，所有事件，條列於後㉛。

前引宥旨所列條文，主要包括：獄囚淹滯，務須速斷；自戊辰至戊寅被誅人員奴婢，各還本主；中外公私宴飲，一律禁止；私自屠殺耕牛，嚴加禁斷。朝鮮國王遇災修省，以應天譴，並採取幾項措施，對改善民生，頗具意義。孝宗在位期間，災異頻傳，罪己詔也多次頒佈，例如孝宗二年（1651）正月，下罪己詔云：

> 自予忝位以來，天災地變，物怪人妖，綱常倫紀之變，式月斯生，靡有虛日，慄慄危懼，若墜淵谷。乃者又有金宿經天，與太陽爭光，是乃仁愛之天，不忘昏愚之君，垂誡之諄諄若此，而寡昧否德，不識脩省之道，為國之策，朝廷不正而不能正之，民生困苦而不能救之，烏在其為民父母，而正四方之責，亦安在哉！靜言思之，咎實在予，天怒民怨，固其宜也，益切戰兢，不敢怨尤，而豈可諉諸昏

愚，自暴自棄也，承旨代予草教，廣求直言，可以補予之
闕失，救民之困苦，得以弭災之道，實封以聞，雖有過，
予不罪之㉜。

天災地變是天怒民怨的反應，天象示警，故令諸臣直諫，條陳弭
災之道，以舒民困。孝宗六年（1655）七月，朝鮮數月不雨，
孝宗曾於一日之內，累下罪己之詔，廣求直言，同時避正殿、減
膳、禁酒，由於孝宗辭甚懇惻，改過遷善，以答天譴，上天爲至
誠所感，果然至夕，雨下如注，連夜大霈㉝。

　　朝鮮參贊崔閏德認爲火旱災變，主要是由於大臣未能變理陰
陽，陰陽失調所致，大臣心正，則民心和而天氣順，天氣順則無
風火之災㉞。因此，弭災之道，大小臣工亦不能辭其咎。副提學
安處良上疏時亦云：

> 殿下遇災而懼，歸罪於己，避殿減膳，若無所容，慮民之
> 窮蹙，而無以自存，則以蠲其供進焉；慮民之屈抑，而無
> 以自伸，則以蕩其瑕垢焉。凡所以裕民之令，恤下之政，
> 無不舉行，其於弭災之方，可謂盡矣。漢和帝幸洛陽理冤
> 囚，行未還而天乃大雨；宋仁宗親幸禱雨，而少時雨至，
> 以和帝、仁宗之爲君，一念之善，足以上徹窮昊，而玄貺
> 立臻，天人感應之妙，如此其昭昭，殿下悶雨之誠，雖湯
> 之六責，無以加矣。然天之所應殿下者，反不逮於二主何
> 也？蓋憂勤惕慮，欲銷災變，唯殿下一身，而今之所謂公
> 卿大夫，以至百僚庶士，奉公者少而曠職者多，如此而欲
> 致嘉應，不亦難乎㉟？

遇災自責，下詔罪己，並非人君一人即可致嘉應，凡百臣工，仍
不能辭其咎。朝鮮諸臣爲應天消災，多遇災自劾。天人感應思想
盛行的結果，反映在政治活動方面，便是引咎辭官的風氣，極爲

盛行。

　堯和舜是傳說中的兩位中國古代賢君，堯仁慈寬大，對一切都抱著寬容的態度，他在位期間，人民各自過著安樂的生活。舜才德謙讓，以孝悌聞名。堯舜的禪讓，更是傳誦千古的美談。堯和舜不僅是中國傳統政治思想中的理想君主，歷代帝王的楷模，同時也是朝鮮政治思想中的理想君主，朝鮮國王的楷模。前領敦寧府事李景奭有感於災異頻仍，即應旨上箚，《孝宗大王實錄》記載原箚全文，略謂：

　　嗚呼？殿下之心，即堯舜之心，行堯舜之政，則是亦爲堯舜。堯舜之道無他，孝悌而已；堯舜之政無他，仁義而已。推孝悌之行，教萬民而興於孝悌；修仁義之政，率萬民而興於仁義，則爲民者，平居可以按堵而奠枕，臨亂可以親上而死長，夫豈有逆理亂常之事，愁怨疾視之民哉！仁義之說，不行於世久矣，人有談仁義者則聽之者必以爲迂焉，孰能從而行之。然桓文假之而伯諸侯，唐太宗勉之而致太平，特患人君者不行耳，行之則必有效，爲之與不爲之，是在殿下，伏願殿下，必規規於近利，勿拘拘於常規，奮發大有爲之志，繼之以無倦，心堯舜之心，政堯舜之政，就所講之詩書，體認其最緊切處，聖帝明王之所以任賢安民，必務躬行，衰世亂代之所以基禍致亡，必務懲改。至於珍臺閒館之中，幽獨得肆之地，念念常存，勉勉不已，必以唐虞三代之治爲期焉㊱。

堯舜之道，只是孝悌而已，堯舜之政，只是仁義而已，以唐虞之治爲期，就是以堯舜爲理想君主，以堯舜爲楷模。

　獻納李袤指出孝宗即位以來，天災地異，人妖物怪，層見疊出，變不虛生，政或未修，所以上天示警。李袤疏請朝鮮國王應

天以實，災異雖多，修德可弭，聖人之德，莫如堯舜，堯舜之德，孝悌而已㉚。禮曹判書洪命夏上箚時亦指出孝宗「臨御以來，非常之災，可愕之變，無歲無之，無日無之，至於今日，冬春易令，木石逞妖，人心疑懼，氣象愁慘，未知有何禍機，伏於冥冥之中，而天之譴告我殿下，若是其汲汲哉，宜聖明之夙夜警懼，責己猶恐不及，求言猶恐不廣，此正轉災爲祥，易危爲安之日也。」洪命夏也認爲弭災之道，不外修堯之德，「堯舜之道無他，孝悌而已，推是心而爲政，堯舜之治，不難致也。」㉜

繕工副奉事魏伯珪疏陳時務時亦指出正宗御極初年，勵精圖治，屢下求言之旨，但教化未興，學校弛廢，軍情惰壞，國無控弦之卒，庫無應變之貯，民無恆產，人心浮亂，逆獄歲興，水旱疾疫，邑里殘敗。魏伯珪疏請朝鮮國主立聖志，以堯舜而自期，同時節錄中國古代賢君格言進獻朝鮮國王，其要點爲：「堯之允恭克讓，舜之舍己從人，禹之克勤克儉，湯之從諫弗咈，文武之明德慎罰。」㉝句中「允恭克讓，舍己從人，克勤克儉，從諫弗咈，明德慎罰」，就是所謂「帝王二十字符」，是中國三代賢君修身齊家治國平天下的座右銘，魏伯珪疏請朝鮮國王以堯舜等賢君相期許，以「帝王二十字符」爲座右銘，由此可以說明儒家規範在朝鮮的普及化，儒家的政治理念，已普遍爲朝鮮君臣所接受。

五、天人感應思想對清朝政治的影響

清聖祖康熙皇帝對「邪教」，固然深惡痛絕，他對佛道二氏的福果報應之說，亦頗不以爲然。當他年方十歲時，曾有一喇嘛入京覲見，提起西方佛法，康熙皇帝即面闢其謬，以致喇嘛語塞㊵。但他對天人感應的道理，卻深信不疑。康熙十二年（1673）三月間，因久旱不雨，康熙皇帝深切憂慮。三月十三日，康熙皇

帝在弘德殿召見學士熊賜履。起居注官傅達禮、楊正中把康熙皇
帝與熊賜履的談話內容詳盡的記錄下來。康熙皇帝詢問熊賜履說：
「雨澤衍〔愆〕期，朕心憂廑，何道可以感召天和，爲民請命？」
熊賜履回答說：「皇上敬天勤民，遇災修省，堯憂湯責，何以加
茲。但敬災一時之事，圖治萬世之事。總之，以實不以文，修意
必修事也。上下交而其志同，陰陽和而雨澤降。皇上銳意治理，
臣下奉行不力，未能宣布德意，俾膏澤下究於民。詔旨幾屬虛文，
政紀總成故套，臣恐雖堯、舜在上，難有昇平之望。必也君臣上
下一德，內外大小一心，有美意即有良法，有仁心必有仁政。六
合如一家，四海如一人，聯屬通貫，略無隔滯。下令如流水，德
澤不崇朝而遍天下，則一切災祲，無足爲慮。」康熙皇帝也認爲
「君臣果能一心圖治，豈憂天下哉！」㊶他們相信君臣上下，一
心一德，勵精圖治，就可以感召天和，使陰陽和而雨澤降，一切
災祲，就無足爲慮了。

　　康熙十八年（1679）七月二十八日巳時（上午九時至十一
時），京師大地震，倒壞城堞、衙署、民房，死傷衆多。同日未
時（下午一時至三時），奉旨傳內閣、九卿、詹事、科、道滿漢
各官齊集。召大學士明珠等入乾清宮，面奉上諭云：

　　　　茲者異常地震，爾九卿、大臣各官其意若何？朕每念及，
　　　　甚爲悚惕，豈非皆由朕躬料理機務未當，大小臣工所行不
　　　　公不法，科道各官不直行參奏，無以仰合天意，以致變生
　　　　耶！今朕躬力圖修省，務期挽回天意。爾各官亦各宜洗滌
　　　　肺腸，公忠自矢，痛改前非，存心愛民爲國。且爾等自被
　　　　任用以來，家計頗已饒裕，乃全無爲國報効之心。爾等所
　　　　善之人，即以爲善而奉聞；爾等所不合之人，即不行奏請。
　　　　此等不公事情，朕聞見最確。欲即行處分，猶望改過，雖

知之，不行議罪也。今見所行，愈加貪酷，習以爲常。且
從前遇此等災變之事，朕亦屢曾申飭，但在朕前云欽遵申
飭之旨，究竟全不奉行。前此大奸大惡之人，朕重加處分，
爾等亦所明知，此即榜樣也。再，科道各官，向來於大奸
大惡之人未見糾參，或因事體曖昧，未有憑據，難於舉發。
此後，科道各官，如有確見，即行據實參奏。若依然虛飾，
如前所行，奸惡巧爲遮蓋，不加省改，或事情發覺，或經
朕訪出，雖欲寬免，國法具在，決不饒恕！著即傳諭齊集
諸臣，咸令知悉㊷。

康熙皇帝相信京師大地震，是因爲君臣未能盡職，以致無以
仰合天意。地震災變後，康熙皇帝力圖修省，同時諭飭大小臣工
痛改前非，公忠自矢，存心愛民爲國，以期挽回天意。七月三十
日早，康熙皇帝命滿漢學士以下，副都御史以上各官，集左翼門
候旨。隨後遣侍衛，依都額眞費耀色等親捧諭旨出來，並口傳上
諭說：「頃者，地震示警，實因一切政事不協天心，故召此災變。
在朕固應受譴，爾諸臣亦無所辭責。然朕不敢諉過臣下，惟有力
圖修省，以冀消弭。茲朕於宮中勤思召災之由，精求弭災之道，
約舉大端，凡有六事，爾等可詳議舉行，勿得仍前以空文塞責。」㊸
康熙皇帝相信地震災變，是由於政事不協天心，天象示警，人君
理應受譴，惟有力圖修省，始能消弭災變。他列舉弭災措施，共
計六項，其要點如下：

一民生困苦已極，而大長吏之家日益富饒。民間情形雖未昭
　著，近因家無衣食，將子女入京賤鬻者，不可勝數，非其
　明驗乎！此皆地方官吏諂媚上官，苛派百姓。總督、巡撫、
　司道又轉而餽送在京大臣，以天生有限之物力，民間易盡
　之脂膏，盡歸貪吏私橐，小民愁怨之氣，上干天和，以致

召水旱、日食、星變、地震、泉涸之異。

二大臣朋比徇私者甚多。每遇會推選用時，皆舉其平素往來
　交好之人，但云辦事有能，並不問其操守清正。如此而謂
　不上干天和者未之有也！

三用兵地方諸王、將軍、大臣於攻城克敵之時，不思安民定
　難，以立功名，但志在肥己，多掠占小民子女。或借爲通
　賊，每將良民廬舍焚毀，子女俘獲，財物攘取。名雖救民
　於水火，實則陷民於水火之中也。如此有不上干天和者乎？

四外官於民生疾苦，不使上聞，朝廷一切爲民詔旨，亦不使
　下達。雖遇水旱災荒，奏聞部覆，或則蠲免錢糧分數，或
　則給散銀米賑濟，皆地方官吏苟且侵漁，捏報虛數，以致
　百姓不沾實惠，是使窮民而益窮也。如此有不上干天和者
　乎？

五大小問刑官，將刑獄供招不行速給〔結〕，使良民久羈囹
　圄。改造口供，草率定案，證據無憑，枉坐人罪。其間又
　有衙門蠹役，恐嚇索詐，致一事而破數家之產。如此有不
　上干天和者乎？

六包衣下人及諸王、貝勒、大臣家人，侵佔小民生理，所在
　指稱名色，以網市利。干預詞訟，肆行非法，有司不敢犯
　其鋒，反行財賄。甚且身爲奴僕，而鮮衣良馬，遠勝仕宦
　之人。如此貴賤倒置，爲害不淺。

康熙皇帝所列六款，事雖異而原則同，目的在盡除積弊，以
回應上天的警戒。大學士明珠指出，大小臣工對內外弊源，若不
實加修省，縱能逃避國法，亦不能免於天誅。大學士李霨表示自
今以往，惟有洗滌肺腸，共圖修省，冀回災變。

康熙皇帝與西方耶穌會士接觸較深，具備較豐富的天文學知

識，對二十八宿的道理，也能利用觀星臺儀器測量，他對傳統曆家所說五星聯珠、熒惑退舍的迷信，並不相信。五星有經緯度，聯珠之說，確實荒唐。他也指出，「如熒惑退舍之說，天象垂戒，理則有之。但若果已退舍，後來推曆者，以何積算乎？」㊹康熙皇帝通曉星象變化的知識，但他同時相信天象垂戒，確實有道理。漢代每當災異發生後，即誅殺宰相一人。康熙皇帝頗不以為然，他指出，「夫宰相者，佐君理事之人，倘有失誤，君臣共之，可竟諉之宰相乎？或有為君者，凡事俱付託宰相，此乃其君之過，不得獨咎宰相也！」㊺康熙十八年（1679）七月二十八日，京師大地震發生後，左都御史魏象樞曾進密本，向康熙皇帝密奏，「此非常之變，重處索額圖、明珠可以弭此災矣。」但康熙皇帝表示，「此皆朕身之過，與若輩何預？朕斷不以己之過移之他人也。」由此可見康熙皇帝是一位負責任的君主，天人感應的政治理念，確實具有積極的意義。

　　雍正年間（1723—1735），雍正皇帝喜言祥瑞，大小臣工，紛紛以地方祥瑞奏聞，舉凡河清海晏、珠聯璧合、慶雲呈祥、嘉禾滿穗、瑞穀登場、神鳳來儀、地湧醴泉、萬蠶織繭、瓊枝吐瑞等等，無非是表示皇帝心誠而昭格於天心，澤及草木昆蟲，所以天現祥瑞休徵，以示嘉勉，同時反映國家昇平有象，七政垂拱，並把祥瑞的出現，歸功於雍正皇帝。

　　清代後期，內憂外患，災變頻仍。例如光緒七年（1881）二月，湖北方雪而雷。三月，四川地震，兩雹作人物形。五月，河南新野暴風拔木，冰雹隨至，擊斃人畜，毀傷禾稼。五月二十九日，慧星夕見。六月初，太白晝見，慧星直入紫微垣等等，天象屢次示警。內閣學士寶廷具奏時指出：

　　　　再漢董仲舒曰國家將有失道之敗，而天迺先出災害，以譴

告之。不知自省，又出怪異，以警懼之。尚不知變，而傷
敗迺至，以此見天心之仁愛人君而欲止其亂也。由此觀之，
慧星示警，非必不可挽救，能自省而知變，可轉禍爲福⑭。

天象示警，能自省而知變，就可以轉禍爲福，挽回天意。寶廷於
是奏請諭軍機大臣任勞任怨，力矢公忠；有言責諸臣剴切指陳，
勿稍避忌；各部院堂官、各省督撫於應辦事件，認眞整頓。日講
起居注官陳寶琛認爲慧星示警，不在君上，而在臣下，諸臣玩愒，
必須斥退一二，以答上天譴告之心。軍機大臣大學士寶鋆，年齒
漸衰，暮氣太甚，諸事不理，屢次請假，皆在危疑擾攘之時，畏
難巧卸，不恤成敗，應許其休致；副都御史程祖誥性既昏庸，人
亦猥瑣，其志節風骨，均不足以表率臺僚，平日居官，實無一長
可錄，應即予休致；吏部尙書萬青藜頑鈍懷祿，背公營私，爲輿
論所最不平，不足以董正僚屬，甄別部臣，必自萬青藜始⑰。

光緒七年（1881）六月初九日，光緒皇帝頒諭，略謂「慧
星見於北方，我君臣惟有交相儆惕，以冀感召祥和，爾在廷諸臣
其各勉勤職守，封疆大吏務當實事求是，用副朝廷修省至意。」
日講起居注官周德潤具摺奏請修理政刑，盡人事，以回天意。他
列舉四項改革意見：

一請敕諭中外大臣和衷共濟，破除成見。

二直省酌裁壯勇，訓練綠營，認眞整頓。

三請飭各省郡縣清理訟獄，平反冤獄，酌定京控積案年限。

四請敕各省督撫愼選廉明之吏，禁止苛收釐稅⑱。

署掌貴州道江西道監察御史洪良品相信天時是人事之徵，天
象示警，應修實政，以弭災萌。包括：刑賞、理財、銓選、考課、
軍戎等實政，俱應覈實，其目的就在於「願人事修於下，天變弭
於上，庶幾其祥和克迓而福祚無疆也。」⑲內閣學士張之洞也奏

請修政弭災，其重要項目包括：用人、言路、武備、禁衛等，他
認爲「人事既修，天心自格。」⑩滿洲入關後，經過長期的統治，承
平日久，人習晏安，內外因循，藉天象示警，任賢去邪，戒頹振
靡，革新政治，以固邦本，而回應天譴，天人感應的政治理念，
確實具有積極的意義。

五、結　論

　　巫覡信仰是以巫術爲主體和核心而發展起來的複雜文化現象，
天人感應的政治理念，它的起源，與中國及朝鮮的巫覡信仰，有
著密切的關係，都是屬於古代巫覡文化的範疇，北亞漁獵社會的
薩滿信仰就是由古代的巫覡信仰脫胎而來。古代巫覡信仰或薩滿
信仰有一個共同的思想基礎，相信萬物有靈，是屬於多神的泛靈
崇拜，以大自然崇拜爲主體，對於自然界一切事物，都以爲有神
主司，同時相信靈魂不滅，靈魂可以互滲及相通。萬物有靈、靈
魂不滅和靈魂互滲的思想，是複雜靈魂概念的集中表現，古代巫
覡信仰或薩滿信仰的靈魂概念，就是以萬物有靈、靈魂不滅和靈
魂互滲爲思想基礎，這種靈魂概念同時形成了古代巫覡信仰或薩
滿信仰的原始宇宙觀，相信宇宙中各種事物都有靈魂及神祇，自
然界的種種變化，是由於各種靈魂及神祇的存在及其產生作用所
發生的現象，這些變化對人們所造成的吉凶禍福，就是靈魂及神
祇意志產生作用的結果。

　　在初民社會裡，人們不僅相信自己有靈魂，同時也相信一切
動植物都有靈魂，從這種萬物有靈的觀念出發，於是便將自然物
和自然力看作是具有生命、意志及能力的對象，而加以崇拜，他
們相信自然界都充滿著神靈，上自天空中的日、月、星辰，下至
山林草原上的鳥獸蟲魚，都被人們神化而成爲崇拜的對象。後來

又在自然崇拜的基礎上形成了圖騰崇拜和祖先崇拜，他們相信人
們與自然界的動植物存在著血緣關係，他們認爲自己的氏族祖先
是由某一特定的動植物轉化而來，祖先離開人世以後，他們的靈
魂仍然繼續存在，而成爲祖先神，好像在人世一樣，以其神威爲
後代子孫庇佑賜福及消災除禍。他們相信宇宙三界的神祇及魂靈
可以相通，不僅在空間方面上中下可以相通，而且在時間方面過
去、現在和未來之間也可以相通，天地互滲、天人感應和人神合
一的思想，就是北亞各民族古代巫覡信仰或薩滿信仰的核心㊿。

　　朝鮮與清朝天人感應的政治理念，非常近似，主要原因就是
由於天人感應思想是起源於古代的自然崇拜、圖騰崇拜及祖先崇
拜，也是古代北亞巫覡文化的遺痕。朝鮮仁祖在位期間，掌令李
應蓍上疏時就已指出人君事天如父，事地如母，種種災變咎徵，
都是父母譴告其子的現象。以天爲父，以地爲母，人君與天地存
在著血緣關係，天地是人君的祖先，崇拜天地，側身修省，這不
僅是自然崇拜，同時也是祖先崇拜。朝鮮禮曹正郎徐抃上疏時曾
引《周詩》三后在天等語，以闡明三后之靈，與天合而爲一，天
之怒，即父之怒，天之於人君，猶如父之於子，人君克盡孝道，
則上天可以轉怒爲慈，人君修省，就可以消弭天災。這種信仰，
就包含了天地互滲、天人感應和人神合一的思想內容。質言之，
分析北亞古代巫覡信仰是探討中韓天人感應政治理念的文化背景
所不可或缺的工作。

　　朝鮮與清朝的天人感應思想，雖然都含有濃厚的迷信色彩，
但天人感應思想的盛行，利用自然規律來嚇阻背道害義的人君，
諸臣每藉天象示警進行直諫，人君也藉以側身修省，下詔罪己，
革新政治，天人感應的政治理念，確實有它的正面作用，具有積
極的意義。朝鮮與清朝天人感應思想的盛行，一方面說明中韓都

有共同的文化背景及政治理念，一方面充分反映朝鮮及清朝君臣
確實把握了享國長久的施政原則。由此可以說明對朝鮮及清朝天
人感應政治理念的比較分析，是具有一定的學術價值及時代意義。

【註　釋】

① 《論語》，為政第二。

② 《孟子》，離婁章句下。

③ 《尚書孔傳》（臺北，中華書局，四部備要），卷七，頁5。

④ 《史記》，卷一二一，儒林列傳。

⑤ 蕭公權：〈董仲舒〉，《中國哲學思想論集》，第三冊（臺北，牧
童出版社，民國六十五年十月），頁70。

⑥ 《文淵閣四庫全書》（臺北，臺灣商務印書館，民國七十五年三月），《
春秋繁露》，必仁且智第三十。

⑦ 《後漢書》，卷三六，鄭興列傳。

⑧ 《中國哲學思想論集》，第三冊，頁75。

⑨ 周紹賢：《兩漢哲學》（臺北，文景出版社，民國六十一年八月），
頁73。

⑩ 《成宗大王實錄》，卷一八一，頁3，成宗十六年七月辛亥，據副
提學安處良疏。

⑪ 《孝宗大王實錄》，卷一五，頁4，孝宗六年七月癸未，據副提學
金益熙等箚。

⑫ 《仁祖大王實錄》，卷四七，頁39，仁祖二十四年四月丁巳，據掌
令李應著疏。

⑬ 《孝宗大王實錄》，卷八，頁62，孝宗三年四月戊辰，據禮曹正郎
徐抃疏。

⑭ 《孝宗大王實錄》，卷一九，頁45，孝宗八年十一月己亥，據掌令

趙克善上疏。

⑮ 《孝宗大王實錄》,卷九,頁66,孝宗三年十二月乙巳,據李袤疏。

⑯ 《孝宗大王實錄》,卷一七,頁14,孝宗三年九月丁卯,據大司憲蔡裕後疏。

⑰ 《孝宗大王實錄》,卷一九,頁41,孝宗八年十一月己亥,據副修撰金壽興疏。

⑱ 《孝宗大王實錄》,卷一,頁34,孝宗即位年己丑七月丙子,據領敦寧府事金尙憲箚。

⑲ 《孝宗大王實錄》,卷一九,頁41,孝宗八年十一月亥,據副修撰金壽興疏。

⑳ 《太宗大王實錄》,卷一二,頁1,太宗六年七月戊戌。

㉑ 《太宗大王實錄》,卷五,頁1,太宗三年正月乙酉。

㉒ 《太宗大王實錄》,卷一四,頁1,太宗七年五月己酉。

㉓ 《孝宗大王實錄》,卷二〇,頁4,孝宗九年正月壬子。

㉔ 《孝宗大王實錄》,卷一四,頁7,孝宗六年二月己未,據工曹參議鄭斗卿疏。

㉕ 《漢書》,卷二七,五行志中之下。

㉖ 《史記》,宋微子世家。

㉗ 《孝宗大王實錄》,卷一八,頁3,孝宗十六年七月辛亥,據副提學安處良疏。

㉘ 《太宗大王實錄》,卷六,頁6,太宗三年八月丙寅,據權近疏。

㉙ 《太宗大王實錄》,卷六,頁6,太宗三年八月丙寅,罪己詔。

㉚ 《太宗大王實錄》,卷一三,頁38,太宗七年六月庚戌,祭文。

㉛ 《定宗大王實錄》,卷二,頁6,定宗元年八月丁巳,宥旨。

㉜ 《孝宗大王實錄》,卷六,頁1,孝宗二年正月己卯,罪己詔。

㉝ 《孝宗大王實錄》,卷一五,頁,孝宗六年七月己亥,據承政院啓。

㉞ 《世宗大王實錄》，卷三一，頁22，世宗八年二月壬辰。

㉟ 《成宗大王實錄》，卷一八一，頁4，成宗十六年七月辛亥，據副提學安處良疏。

㊱ 《孝宗大王實錄》，卷一八，頁37，孝宗八年五月乙卯，李景奭箚。

㊲ 《孝宗大王實錄》，卷一八，頁49，孝宗八年六月丙子，李裘疏。

㊳ 《孝宗大王實錄》，卷二一，頁26，孝宗十年閏三月己巳，洪命夏箚。

㊴ 《正宗大王實錄》，卷四四，頁25，正宗二十年三月癸丑，魏伯珪疏。

㊵ 《康熙起居注》（北京，中華書局，1984年8月），第一冊，頁127。

㊶ 《康熙起居注》，第一冊，頁88。

㊷ 《康熙起居注》，第一冊，頁420。

㊸ 《康熙起居注》，第一冊，頁421。

㊹ 《康熙起居注》，第三冊，頁1843。

㊺ 《康熙起居注》，第三冊，頁1951。

㊻ 《月摺檔》（臺北，國立故宮博物院），光緒七年七月十四日，寶廷奏片。

㊼ 《月摺檔》，光緒七年六月十一日，陳寶琛奏摺。

㊾ 《月摺檔》，光緒七年六月十一日，周德潤奏摺。

㊿ 《月摺檔》，光緒七年六月初十日，內閣學士張之洞奏摺。

(51) 色音撰〈蒙古薩滿教巫祝傳說的歷史演變〉，《阿爾泰語系民族敍事文學與薩滿文化》（內蒙古，內蒙古大學出版社，1990年8月），頁95。

孝宗大王實錄卷之一

孝宗宣文章武章神聖顯仁大王。在位十年。壽四十一。

夏五月丙寅。仁祖大王薨于昌德宫之正寢越五日。世子即位。王諱淏。仁祖大王第二子也。毋曰仁烈王后韓氏。萬曆己未五月甲辰誕王于漢城慶幸坊之私第。是夕有白氣入寢室久而乃散。王自幼器度凝遠。然有巨人之志不喜嬉游。舉止異凡。至性出天雖桀黠之徒皆不喜。仁祖常於孝子錄之書倚前史見帝王骨肉之變輒掩卷而歎天啓癸亥。仁祖大王反正。丙子時昭顯世子及王皆封爲大君崇禎丁亥內之變輒。仁祖大王辛丙寅更封原林大君崇禎。仁烈王后愛哀慕至痛難處周旋内外勸中橫宜趙忼燕清入以金玉都曰夜瞻養饔食澄泣屢蒙死士起居。行在丁丑隨昭顯世子入質于瀋陽。王在江錄帛遺昭顯及王。王竊不受。願以我人之停搐者代之。王嘗在室忍有五彩纁璧龜出見其有相者見。王窺相語曰眞王者也。王於室圍堅靈龜出見許之以金玉。仁祖大王以國有長君社稷之福乃詢諸大臣

清初諸帝的北巡及其政治活動

一、前　言

　　避暑山莊又稱熱河行宮，是清代皇帝巡幸塞外的行宮，始建於康熙四十二年（1703），康熙五十年（1711），已經初具規模，乾隆五十七年（1792），全園告竣，歷時十九載，是一座規模宏大，風景秀麗的宮廷園囿。在避暑山莊以北一百多公里喀喇沁、翁牛特等部牧場一帶也被闢爲木蘭圍場。

　　避暑山莊的建造和木蘭圍場的開闢，都有一定的政治目的。這裡森林茂密，河流縱橫，氣候溫和，水土美好，很適合避暑、行圍練兵，康熙、乾隆諸帝常巡幸塞外，舉行秋獮活動，也在這裡處理國家政務，各行宮就是清室的夏宮。

　　我國歷代以來，就是一個多民族的國家，滿族入主中原，定都於北京後，一方面承襲漢族傳統的政治制度，一方面維護邊疆民族的文化特色，經過清朝長期的統治，邊疆與內地的政治，經濟及文化等各種關係，日益密切，使邊疆地區與內地各省形成打成一片的完整領土，也使漢滿蒙回藏以及其他兄弟民族都成爲中華民族的成員。中外一家，五族共和的觀念，主要就是奠定於清代前期。

　　對於那些懼怕內地燥熱而易患痘症的蒙古、回部、西藏王公伯克喇嘛等生身而言，避暑山莊和木蘭圍場都是最適宜於朝覲皇帝的地點。蒙古等部通過請安進貢，康熙、乾隆諸帝通過召見、

賞賜、行圍、較射等活動，以達到「合內外之心，懷遠之略，成
鞏固之業」的政治目的，避暑山莊就是清代北京以外第二個重要
的政治舞臺。避暑山莊及各處行宮是一門涉及歷史地理、民族關
係、古建築、園林、文物、宗教等領域的綜合性學問，本文僅就
現存《起居注冊》、《上諭檔》、《欽定熱河志》等資料，對康
熙皇帝和乾隆皇帝在避暑山莊及木蘭圍場的活動，進行初步的探
討，通過這項研究，似可說明山莊及圍場在清代前期的政治舞臺
上所扮演的重要角色。

二、從北京到避暑山莊

　　順治八年（1651）四月初九日，順治皇帝首次巡幸塞外，
出獨石口。五月初八日，駐蹕上都河，十一日，駐蹕喀喇河屯，
十三日，入古北口，十七日，迴鑾，前後歷時三十九天。康熙皇
帝在位期間，多次巡幸塞外，活動頻繁。可以根據《起居注冊》、
《欽定熱河志》等資料，將康熙皇帝歷次巡幸塞外的日程列出簡
表如下：

康熙年間巡幸避暑山莊統計表

年　　分	啓蹕日期	迴宮日期	巡幸日數	備　　註
16(1677)	9.10	10.10	30	
20(1681)	3.20	5. 3	43	
22(1683)	6.12	7.25	72	閏六月
23(1684)	5.19	8.15	85	
24(1685)	6.16	9. 2	75	
25(1686)	7.29	8.24	26	閏四月
26(1687)	8. 3	9. 4	31	
27(1688)	7.16	9.22	66	

28(1689)	8.10	9.10	31	閏三月
29(1690)	7.14	8. 7	23	
30(1691)	4.12	5.18	37	
30(1691)	閏 7.22	9.14	22	閏七月
31(1692)	7.28	9.13	45	
32(1693)	8.12	9.26	45	
33(1694)	7.24	9.14	50	閏五月
34(1695)	8. 3	9.22	49	
36(1697)	7.29	9.17	48	閏三月
38(1699)	閏 7.17	9.10	53	閏七月
39(1700)	7.26	9.12	45	
40(1701)	11.24	12.17	23	
41(1702)	6. 9	8.29	110	閏六月
42(1703)	5.25	9.21	116	
43(1704)	6. 7	9.26	109	
44(1705)	5.24	9.15	111	閏四月
45(1706)	5.21	9.24	122	
45(1706)	11.20	12.18	29	
46(1707)	6. 6	10.20	123	
47(1708)	5.11	9.16	124	閏三月
48(1709)	4.26	9.23	144	
49(1710)	5. 1	9.10	157	閏七月
49(1710)	11.15	12.18	34	
50(1711)	4.22	9.22	149	
50(1711)	11.16	12.19	33	
51(1712)	4.24	9.30	155	
51(1712)	11.25	12.25	31	
52(1713)	5.10	9.20	159	閏五月
52(1713)	11.13	12.19	36	
53(1714)	4.20	9.28	156	
53(1714)	11.18	12.21	34	
54(1715)	4.26	10.19	171	閏三月
55(1716)	4.14	9.28	162	
55(1716)	11.12	12.23	42	

56(1717)	4.17	10.20	180	
57(1718)	4.13	9.25	140	閏八月
58(1719)	4.11	10.8	175	
59(1720)	4.12	10.10	176	
60(1721)	4.16	9.27	190	閏六月
61(1722)	4.13	9.28	164	
合　　計			4240	

資料來源：《起居注冊》、《欽定熱河志》。

　　由前列簡表可知，康熙皇帝從康熙十六（1677）至六十一年（1722），共46年之間，前後巡幸塞外，共計48次，其中康熙三十、四十五、四十九、五十、五十一、五十二、五十三、五十五等年，每年各巡幸2次，實際巡幸年分爲41年。歷年巡幸塞外時間，最長達204天，約爲6個半月強，歷次巡幸邊外日數，超過100天者，計有21次。最短也有22天，合計共4240天，每月以30天計算，約有142個月，平均每年巡幸時間長達三個半月強。就每年第一次巡幸而言，其啓蹕月分，最早爲康熙二十年（1681）三月二十日，最遲爲康熙三十二年（1693）八月十二日。其迴宮月分，最早爲康熙二十年（1681）五月初三日，最遲爲康熙四十六年（1707）、五十六年（1717）十月二十日。每年第二次巡幸塞外，多在十一月和十二月內。遇閏月節氣變化，並未影響其啓蹕或迴宮行程。康熙年間啓蹕月分的分佈，四月分共13次，約佔百分之27；七月分共9次，約佔百分之19；十一月分共八次，約佔百分之17；五月分共7次，約佔百分之15；六月分共5次，約佔百分之10；八月分共4次，約佔百分之8；三月分、

九月份各1次，約各佔百分之2。其迴宮月分的分佈，九月分共
27次，約佔百分之56；十二月分共4次，約佔百分之百分之17；
十月分共5次，約佔百分之11；八月分共4次，約佔百分之8；五
月分共2次，約佔百分之4；七月分、十一月分各1次，約各佔百
分之2。概括地說，啓蹕巡幸，多在四月間，迴宮返京，多在九
月間。

我國幅員廣大，南北水土不同。康熙皇帝認為塞外水土較佳，
在冷地行走，飲食易消，大有益於身體，殘疾之人，容易復元。
吐喇河以北，氣候水土尤佳，當地蒙古人，一生少病。因此，每
當溽暑，常到口外避暑。康熙四十八年（1709）七月十三日，
直隸巡撫趙弘燮具摺時，奉硃批云：「朕避暑口外，六月三庚不
受暑熱，又因水土甚宜身體，所以飲食起居頗好。但氣血不能全
復，近日聞得各省秋成皆有十分，更覺寬慰，從此又好，亦未可
知。」康熙四十九年（1710）閏七月初十日，陝西肅州總兵官
路振聲奏摺內有「聖駕巡臨口外，溽暑馳勞。」原摺奉硃批：「
避暑之地，何嘗有溽暑馳勞，亦非朕之所為。」同年閏七月二十
四日，趙弘燮奏摺奉硃批：「朕口外無暑，所以責摛年（1711）
四月十九日，趙弘燮具摺班珠爾之子，亦出有呼圖自立夏以來，
因天氣旱，五內不安，所以比先清減些，總是年紀大了，少有些
須煩悶，必至心跳不寐，少不得口外水土好處養養。」康熙五十
一年（1712）五月二十一日，趙弘燮具摺請安時奏稱：「時當
仲夏，皇上駐蹕熱河避暑，將及一月，水土佳勝，聖躬舒泰，必
倍尋常，」原摺奉硃批：「自出口以來，飲食起居都好。」康熙
皇帝駐蹕熱河避暑，避暑山莊就是康熙皇帝的夏宮。耶穌會士白
晉（J.Bouvet）曾經指出康熙皇帝為了消除腐朽的惡習，而從事
各種身心鍛鍊，如旅行、打獵、捕魚、賽馬、練武、讀書和研究

科學等消遣方式。他特別喜歡長途旅行，而不帶任何妃嬪。

　　康熙皇帝巡幸塞外及行圍駐蹕的地點，主要包括：和爾和克
必喇、喀喇河屯、達什喇卜齊昂阿、必爾罕、烏蘭岡安、烏拉岱、
拜察、胡土克圖布拉克、阿里瑪台、蘇拜昂阿伯勒齊爾、庫克哈
達、額爾通色欽、額爾通阿拉、昆都倫拉克、僧機圖哈達、都呼
岱、錫布赫海塔哈、齊老圖、伊瑪圖、拜布哈昂阿、烏爾格蘇台、
博羅河屯、巴隆桑阿蘇台、伊遜必喇、喀爾必哈哈達、巴顏溝、
烏里雅蘇台達巴罕、富勒堅噶山、海拉蘇台、永安湃達巴罕、錫
伯必喇、巴達喇噶山、喇嘛洞、噶海圖、圖舍哩、汗特穆爾達巴
罕、哈喇托海、珠爾噶岱哈達、沙喇諾海等地，其中有許多座行
宮是康熙四十二年（1703）以後陸續設置的。為了進行比較，
也將乾隆皇帝巡幸避暑山莊啓蹕、迴宮時間列表如下：

乾隆年間巡幸避暑山莊統計表

年　　分	啓蹕日期	迴宮日期	巡幸日數	備　　註
6(1741)	7.26	9.20	55	
8(1743)	7. 8	10.25	107	閏四月
10(1745)	8. 6	10.14	68	
12(1747)	7.20	9.19	59	
14(1749)	7. 7	9.25	78	
16(1751)	7. 8	8.24	46	閏五月
17(1752)	7.19	9.22	63	
18(1753)	8.16	10. 5	49	閏四月
19(1754)	5. 6	10.11	153	
19(1754)	11.10	11.23	14	
20(1755)	8. 6	10.14	68	
21(1756)	8.17	閏 9.19	62	閏九月
22(1757)	7.18	9.22	64	
23(1758)	7.16	9.22	66	

24(1759)	7. 4	9.22	78	閏六月
25(1760)	8.18	10.20	63	
26(1761)	7.17	10. 6	79	
27(1762)	7. 8	9.17	69	閏五月
28(1763)	5.18	9.22	123	
29(1764)	7.17	10. 8	80	
30(1765)	7. 8	9.22	75	閏二月
31(1766)	7. 8	10. 3	84	
32(1767)	7.20	9.22	92	閏七月
33(1768)	7. 8	9.22	75	
34(1769)	7. 8	9.22	74	
35(1770)	8.16	10. 8	67	閏五月
36(1771)	7.10	10. 8	88	
37(1772)	5.25	9.22	116	
38(1773)	5. 8	9.22	133	閏三月
39(1774)	5.16	9.22	125	
40(1775)	5.26	9.22	116	閏十月
41(1776)	5.13	9.22	128	
44(1779)	5.12	9.19	126	
46(1781)	閏5. 8	9.22	132	閏五月
47(1782)	5.12	9.22	129	
48(1783)	5.24	9.22	142	
49(1784)	5. 8	9.22	133	閏三月
50(1785)	5.18	9.22	123	
51(1786)	5.29	9.22	142	閏七月
52(1787)	5. 8	9.22	133	
53(1788)	5.19	9.19	118	
54(1789)	閏5. 5	9.20	134	閏五月
55(1790)	5.10	7.30	79	
56(1791)	5.21	9.20	118	
57(1792)	5.10	9. 1	111	閏四月
58(1793)	5.16	8.26	100	
59(1794)	5.25	8.26	90	

60(1795)	5. 6	8.27	110	
合　　計			4654	

資料來源：《起居注冊》、《欽定熱河志》、《清高宗純皇帝實錄》。

　　由前列簡表可知乾隆皇帝從乾隆六年（1741）起至六十年
（1795）共55年之間，巡幸避暑山莊共49次，其中乾隆十九年
（1754）巡幸2次，巡幸年分，實際為48年。歷年巡幸時間，最
短55天，最長達167天，合計共　4654天，每月以30天計算，約
有155個月，以48個年分計算，每年平均約計3.5月弱，在塞外的
時間，較康熙年間稍短。乾隆年間，京師啓蹕月分的分佈，五月
分共24次，約佔百分之49；七月分共18次，約佔百分之37；八
月分共6次，約佔百分之12；十一月分1次，約佔百分之2。迴宮
返京月份的分佈，九月分共32次，約佔百分之65；十月分共11
次，約佔百分之23；八月分共4次，約佔百分之8；十月分、十一
月分各1次，約各佔百分之2。概括地說，乾隆皇帝啓蹕時間，多
在五月間，較康熙皇帝稍遲。康熙、乾隆兩朝迴宮返京都在九月
間，乾隆皇帝常在九月二十二日迴鑾。

　　康熙皇帝、乾隆皇帝由京師啓蹕到避暑山莊，有一定的行走
路線。例如康熙五十二年（1713）五月初十日卯時，康熙皇帝
自暢春園啓行，駐蹕南石槽。十一日，駐蹕密雲縣。十二日，駐
蹕腰亭子。十三日，駐蹕兩間房。十四日，駐蹕王家營。十五日，
駐蹕喀喇城。十六日，駐蹕熱河。十七日，駐蹕行宮。前後行走
八天。乾隆四十一年（1776）五月十三日。乾隆皇帝自圓明園
啓鑾，駐蹕南石槽。十四日，駐蹕密雲縣行宮。十五日，駐蹕遙
亭行宮。十六日，駐蹕兩間房行宮。十七日，駐蹕常山峪行宮。
十八日，駐蹕喀喇河屯行宮。十九日，駐蹕熱河行宮。前後行走

七天。

　　乾隆五十八年（1793）八月，英國使臣馬戛爾尼等到避暑山莊覲見乾隆皇帝。據馬戛爾尼等指出，從北京往熱河的全部路程，只不過120多英哩，但分作7日而行，所以在大熱天中還不覺得怎樣困苦。皇帝每年例往熱河避暑，行宮之築，就是為皇帝駐蹕之用。沿途所經，每相隔若干短距離，即有行宮一所。各行宮建造的式樣及建築作風，大致相同，正門必定向南，繞以圍牆，牆內有花園，布置雅潔，園外又一定是一片大草原，增加風景之美。馬戛爾尼等指出北京至熱河之間的公路，很是平坦，尤其是最後兩天所行的路途，更為完整可喜。但這條公路並不是御道，御道是和公路平行的，平時嚴禁人行，只在皇帝出巡之時，御道上才盛陳鹵簿。乾隆皇帝將於九月下旨自熱河回京，御道已開始修理，加敷黃土，黃土是御道的標識，使人一望便知。從熱河到北京的御道，共長136英哩，所用修路的兵丁有二萬三千人之多，每相隔10碼遠近，就有10人一隊在工作。故此御道附近，逐段都有營幕，每一營幕駐兵的人數，由6名至15名不等①。英國使臣馬戛爾尼所述路況及行程，應屬可信。

三、清朝的第二個政治中心

　　康熙皇帝駐蹕避暑山莊期間，仍然日理萬幾，一如在京師。例如康熙五十一年（1712）五月二十七日，康熙皇帝駐蹕熱河行宮，巳時，大學士溫達等以折本請旨，《起居注冊》詳載請旨事項及諭旨，摘錄折本事由如下：

　　一覆請九卿遵旨裁汰通政使司等衙門參議等官二十二員缺出
　　　停補一疏。
　　二覆請吏部所題鑲白旗都統阿爾納等咨稱奉旨額宜都巴圖魯

　　著給一等精奇尼哈番欽此，以二等侍衛兼佐領福保等職名
　　繕寫綠頭牌引見奉旨命殷德承襲此一等精奇尼哈番世襲不
　　替誥命之語，由臣衙門繕寫呈覽給與一疏。
三覆請吏部尚書吳一蜚員缺以戶部尚書張鵬翮等職名開列一
　　疏。
四覆請副都御史瓦爾達員缺以通政使司衙門通政使劉相等職
　　名開列一疏。
五覆請都察院左副都御史田從典員缺以宗人府衙門府丞李濤
　　等職名開列一疏。
六覆請浙江布政使員缺以四川按察使沙木哈等職名開列一疏。
七覆請總河趙世顯所題請給筆帖式齊噯主事衍仍食筆帖式俸
　　議不准行一疏。
八覆請戶部開列通州中南倉大西倉添廒修理捐納條款一疏。
九覆請禮部所題與海賊戰亡守備管遊擊事閻福玉既蒙特恩賜
　　恤其給葬遣官致祭相應停止一疏。
十覆請刑部所題寧古塔將軍孟俄洛題參副都統常關保為白都
　　納管官兵之大臣聽防禦常保私帶二百附丁不行查出溺職等
　　事應將常關保革職一疏。
十一覆請彙題案內鑲黃旗達巴爾漢佐領下閑散褚庫爾代應即行
　　正法遇赦免死一疏。
十二覆請陝西巡撫永泰題神木營副將許世隆員缺揀選補授一疏。
十三覆請山東總兵官李雄題膠州副將員缺揀員補授一疏。
十四覆請正紅旗漢軍副都統王臣為賞賜直隸綠旗兵丁一疏。
由前列折本摘由，可知康熙皇帝御行宮時裁奪的庶政，範圍很廣，
舉凡各衙門員缺補授、世職承襲、捐納條款、賜恤給葬、題參革
職、賞賜兵丁等項，真是所謂日理萬幾。

　　大學士溫達等隨駕至避暑山莊，京中部院文書仍遞至熱河，康熙皇帝並未因巡幸塞外遲誤公事。康熙皇帝聽理政事，孜孜不倦，對於各部所題案件，都慎重處理，裁示英明。例如康熙五十二年（1713）閏五月二十五日，康熙皇帝御熱河行宮。大學士溫達等以折本請旨，其中覆請刑部所題鑲黃旗賴文佐領下護軍校二格因罵祖母毆嫡母擬絞，其祖母年已七十餘，不忍殺其孫，具呈求免死罪，應將二格免絞枷號一月二十日，鞭一百一疏。《起居注冊》記載康熙皇帝裁奪內容云：

> 伊係海青一族，朕皆知之，二格乃彌哈納之子。彌哈納、薩哈納等兄弟三人俱健壯，善騎射。薩哈納在烏蘭布通戰時，先八旗前鋒首入。伊兄弟三人之子俱劣不孝，彌哈納欲殺其子二格，曾奏朕，朕止之。伊賭博飲酒，將其父產業蕩盡，彌哈納因憤而死。朕問佛倫岱豪此案為何爾等無名，奏稱我等係親隨皇上之人，凡事不預，皇上欲令我等署名則署之，聞刑部取供時，伊罵祖母毆嫡母之處，即自承認，此可輕易承認乎？二格出必殺其弟，此人甚屬兇頑，著依議，交伊族中永行鎖禁，嚴加看守。

如《起居注冊》所載，康熙皇帝對二格了如指掌，其裁奪定讞，確實情罪相當。康熙皇帝駐蹕熱河行宮，或秋獮木蘭期間，其御行宮，聽理政事的時刻，或在上午巳時，或在午刻，或在下午申時，或在夜晚酉刻。例如康熙四十七年（1708）七月初四日，駐蹕烏蘭布通南界行宮，聽理政事的時刻是在下午一時。同年十二月十二日，駐蹕陳家溝，聽政的時刻是在下午五時。清代皇帝聽理政事，其地點及時間的不固定，並非怠惰的現象，而是孜孜勤政的表現，這一事實，無疑地頗有助於清代成為一個穩定而長久的朝代。

　　我國歷代以來，有遠見的統治者，都非常重視民族問題，愼重處理民族事務。康熙皇帝、乾隆皇帝對多民族統一國家的形成和鞏固，都作出了極大的歷史貢獻。從康熙年間以來，開始以蒙古諸部爲屛藩，對北方的邊防概念，產生了很大的變化。對待少數民族，因俗而治。避暑山莊實際上已成爲康熙年間以來清廷在塞外從事政治活動的一個中心。避暑山莊有許多清朝皇帝接見少數民族王公首領及屬邦國君使臣的活動記錄。

　　康熙皇帝巡幸塞外期間，蒙古諸部，相繼來朝，絡繹不絕，喀喇沁、科爾沁、敖漢、翁牛特、巴林、土默特、奈曼、喀爾喀、克什克騰、阿霸垓、阿魯科爾沁、鄂爾多斯、厄魯特、蘇尼特、蒿齊特、扎魯特、烏朱穆秦、巴爾虎諸部落王、公、臺吉、額駙等，紛紛來朝，康熙皇帝均以禮接見。爲說明諸部來朝情形，特以康熙四十二年（1703）爲例，將《起居注冊》所載蒙古諸部來朝情形，列出簡表如下：

康熙四十二年蒙古諸部入朝簡表

月　　日	入覲部落名稱職銜名字	駐蹕地點
7月16日庚申		熱河上營
7月22日丙寅	喀喇沁多羅杜稜郡王扎西。	頭溝
7月23日丁卯	烏朱穆秦輔國公顧穆布札卜。	熱河上營
7月24日戊辰	喀喇沁公沙木巴喇錫旗分一品塔布囊格勒爾。	行宮
7月25日己巳	阿魯科爾沁原係額駙巴忒瑪之妻縣君；巴林多羅額駙納木松；喀喇沁公沙穆巴喇錫	行宮
7月28日壬申	科爾沁二品臺吉桑吉扎卜。	行宮
7月29日癸酉	蘇尼特多羅郡王垂幾公蘇隆。	青城
8月 1日甲戌	巴林多羅郡王納木答克之弟二等下伊拉古	

	克齊等；敖漢多羅額駙查木蘇等；喀爾喀扎薩克圖汗和碩親王策旺扎卜旗分輔國公克色克；巴林和碩榮憲公主，巴林多羅郡王納木答克之叔原係一品臺吉阿喇布坦之子三品臺吉七達克齊等；蘇尼特多羅郡王垂幾公蘇隆旗分多羅貝勒蘇代正藍旗察哈爾總管鄂爾垂等。	行宮
8月 7日庚辰	喀爾喀扎薩克默爾根濟農多羅郡王顧祿什希等。	黑灣口
8月 8日辛巳	賜喀喇沁多羅杜稜郡王扎西、和碩額駙噶爾藏、護國公沙木巴喇西、一品塔布囊格勒爾等絨纓涼帽綿莽袍等物。又賜二品塔布囊班第等帛及隨圍兵卒白金。	黑灣谷
8月 9日壬午	翁牛特多羅杜稜郡王班第等。	拜布哈谷
8月11日甲申	科爾沁和碩卓里克圖親王巴特瑪多羅秉圖郡王達達布、多羅郡王代布、護國公布尼、一品臺吉額爾黑圖等；喀喇齊立克護國公車旺多爾濟；住居歸化城之喀爾喀雅牙班第達庫圖克圖、多倫諾爾廟副喇嘛巴爾藏噶卜楚；喀喇沁護國公善巴喇錫阿霸哈納爾旗分貝子額林臣達西；土默特多羅達爾貝勒馬尼；翁牛特多羅達爾滿代青貝勒額爾德卜鄂齊爾；蘇尼特多羅郡王垂幾公蘇隆之兄原係二品臺吉多爾幾西希卜之妻；阿霸垓多羅卓里克圖郡王秉阿霸哈納爾多羅貝勒布詔。	紅川谷行宮
8月11日乙酉	奈曼多羅達爾漢郡王班第；喀爾喀多羅貝勒羅布臧；土默特附居之喀爾喀多羅卜臧，原係奈曼公二品臺吉格勒爾。	額勒蘇嶺下
8月13日丙戌	和託灰特多羅貝勒宋金僧格；科爾沁和碩達爾漢親王額駙班第旗分三品臺吉吳勒穆；扎魯特貝勒畢力克圖。	玲瓏谷
8月14日丁亥	厄魯特臺吉大顏等；喀爾喀土謝圖汗額爾德尼阿海多爾濟等。	行宮

8月15日戊子	喀爾喀土謝圖汗多爾濟之母福金，土謝圖汗及貝勒席地西里等來朝。賜諸大臣侍衛喀喇沁王扎西額駙噶爾臧食。	甕子谷
8月17日庚寅	科爾沁達爾漢親王額駙班第旗分一品臺吉阿齊圖等；科爾沁多羅郡王垂之旗分四品臺吉阿喇布坦。	九匯河
8月18日辛卯	賜喀爾喀默爾根濟農多羅郡王顧祿什希等鹿。	會嶺口
8月19日壬辰	科爾沁王鄂齊爾之妻郡君及其子未受品秩臺吉班第；克什克騰扎薩克一品臺吉七八克扎卜。	玲瓏山下
8月20日癸巳	敖漢多羅額駙扎木蘇之母及其第一品臺吉垂扎木蘇等；萬齊忒王達爾麻吉里地雅木披爾。	永安嶺南
8月22日乙未	烏朱穆秦和碩車臣親王色登敦多卜。	土城
8月23日丙申	烏朱穆秦多羅厄爾德尼貝勒博穆布。賜敖漢、喀喇沁行圍軍卒白金。	行宮
8月24日丁酉	賜蒙古行圍軍卒白金。	行宮
9月 7日庚戌	敖漢額駙扎木蘇；阿魯科爾沁多羅郡王垂之母福金。	野豬川
9月 8日辛亥	翁牛特一品臺吉鄂齊爾；喀喇沁多羅杜稜王扎西福金。	驊驑楊川
9月10日癸丑	賜隨圍之喀喇沁王扎西、公沙穆巴喇錫等蟒衣等物。	坡瀨村

資料來源：《起居注冊》（臺北故宮博物院）

　　由前表可知康熙皇帝巡幸塞外期間，來朝的少數民族多爲蒙古諸部，康熙皇帝駐蹕召見的地點包括：頭溝、熱河上營、行宮、青城、黑灣口、拜布哈哈、紅川谷、額勒蘇嶺、玲瓏谷、甕子谷、九匯河、會嶺口、永安嶺、土城、野豬川、驊驑楊川、坡瀨村等地。

　　科爾沁、喀喇沁、土默特、敖漢、奈曼、札魯特、喀爾喀左翼等部在喜峰口外，巴林、阿魯科爾沁、翁牛特、烏珠穆秦等部在古北口外，阿霸哈納、四子部落，喀爾喀右翼等部在張家口外，鄂爾多斯在河套地方。康熙皇帝駐蹕熱河行宮及秋獮木蘭期間，蒙古各部相繼請安進貢，各部請安進貢的次數及日期，可以根據《起居注冊》的記載，列成簡表。以下僅就康熙五十年（1711）、康熙五十一年（1712）、康熙五十二年（1713）等年爲例，列表如下：

蒙古各部請安進貢簡表㈠　　康熙五十年（1711）

年　　月　　日	駐蹕地點	部　　族　　名　　稱
五月初二日	熱河行宮	翁牛特
五月初三日	熱河行宮	翁牛特、喀喇沁
五月初七日	熱河行宮	喀喇沁
五月初九日	熱河行宮	科爾沁
五月初十日	熱河行宮	喀爾喀、翁牛特
五月十三日	熱河行宮	阿霸垓
五月十五日	熱河行宮	科爾沁
五月十七日	熱河行宮	厄魯特
五月十八日	熱河行宮	科爾沁、烏朱穆秦
五月二十二日	熱河行宮	科爾沁
五月二十三日	熱河行宮	阿霸垓
五月二十五日	熱河行宮	喀喇沁
五月二十九日	熱河行宮	烏珠穆秦
六月初三日	熱河行宮	巴林
六月初六日	熱河行宮	翁牛特
六月初七日	熱河行宮	烏珠穆秦
六月初九日	熱河行宮	蘇尼特
六月十一日	熱河行宮	阿霸哈納
六月十六日	熱河行宮	喀爾喀

六月十七日	熱河行宮	敖漢、喀爾喀、科爾沁
六月十九日	熱河行宮	烏朱穆秦
六月二十日	熱河行宮	喀喇沁
六月二十三日	熱河行宮	喀喇沁
六月二十四日	熱河行宮	翁牛特、科爾沁
六月二十五日	熱河行宮	科爾沁
六月二十八日	熱河行宮	扎魯特、土默特
七月初五日	熱河行宮	科爾沁
七月初九日	熱河行宮	喀喇沁
七月十二日	熱河行宮	鄂爾多斯
七月十五日	熱河行宮	鄂爾多斯
七月十六日	熱河行宮	蒿齊忒
七月二十二日	熱河行宮	喀爾喀
七月二十六日	熱河行宮	翁牛特、科爾沁
七月二十七日	熱河行宮	阿霸垓
七月二十八日	熱河行宮	科爾沁
七月二十九日	熱河行宮	喀爾喀
七月三十日	熱河行宮	阿霸垓、喀爾喀
八月初一日	青城	喀爾喀
八月初二日	行宮	鄂爾多斯、喀爾喀
八月初三日	張三營	科爾沁、奈曼
八月初四日	行宮	蘇尼特、阿魯科爾沁
八月初六日	可汗鐵嶺	烏朱穆秦
八月初七日	行宮	喀爾喀
八月初九日	驊騮楊川	喀爾喀
八月初十日	哈喇鄂佛羅	喀爾喀
八月十一日	西喇撓海谷	厄魯特
八月十二日	行宮	喀爾喀、科爾沁
八月十四日	行宮	阿霸哈納
八月十五日	行宮	厄魯特
八月十六日	行宮	喀爾喀
八月十九日	額爾滾梟	吳喇忒
八月二十四日	德爾吉惠漢	科爾沁
八月二十六日	行宮	四子部落、烏朱穆秦

九月初二日	納木僧邊	喀爾喀
十一月二十五日	蘭陽	土默特、奈曼
十一月二十七日	龍鬚門	科爾沁
十一月二十八日	大吉	科爾沁、喀喇沁
十一月二十九日	五十家	喀喇沁
十二月初二日	西喇烏素	科爾沁
十二月初六日	鄂倫特	科爾沁、喀喇沁
十二月初八日	行宮	科爾沁

資料來源：國立故宮博物院典藏《起居注冊》，康熙五十年分。

　　康熙五十年（1711），康熙皇帝兩次巡幸避暑山莊；第一次在是年四月二十二日，是日辰時，康熙皇帝詣澹泊爲德行宮問安後，自暢春園啓行，巡幸塞北，至九月二十二日迴宮，在塞北共計149天；第二次在是年十一月十六日啓蹕，十二月十九日迴宮，在塞北共計33天，兩次巡幸，合計182天。康熙皇帝駐蹕熱河各行宮或秋獮行圍期間，蒙古各部絡繹請安進貢。《起居注冊》記錄所見，多達 78次，其中科爾沁、阿魯科爾沁共19次，約佔百分之25。喀爾喀共14次，約佔百分之18。喀喇沁共9次，約佔百分之12，翁牛特、烏朱穆秦各6次，約各佔百分之8。阿霸垓共4次，約佔百分之6。厄魯特、鄂爾多斯各3次，約各佔百分之4。蘇尼特、土默特、奈曼、阿霸哈納各 2次，約各佔百分之3。其餘巴林、敖漢、札魯特、蒿齊特、吳喇忒、四子部落各1次，約各佔百分之2。由此可以看出科爾沁請安進貢次數最爲頻繁，其次是喀爾喀，喀喇沁又次之。

蒙古各部請安進貢簡表㈡　　　　康熙五十一年（1712）

年　　月　　日	駐蹕地點	部　族　名　稱
四月二十八日	王家營	喀喇沁
四月三十日	熱河	喀喇沁
五月初二日	行宮	喀喇沁
五月初四日	行宮	喀喇沁
五月初七日	行宮	翁牛特
五月初十日	溫泉	喀喇沁
五月十五日	熱河	巴林
五月十七日	行宮	喀喇沁
五月十九日	行宮	科爾沁
五月二十日	行宮	烏朱穆秦
五月二十三日	行宮	土默特、喀爾喀
五月二十六日	行宮	科爾沁
五月二十九日	行宮	烏朱穆秦
六月初三日	行宮	克西克騰
六月初五日	行宮	喀喇沁
六月初六日	行宮	科爾沁、阿霸垓
六月初八日	行宮	喀喇沁
六月初十日	行宮	烏朱穆秦
六月十二日	行宮	敖漢
六月十三日	行宮	科爾沁、翁牛特、喀喇沁
六月十四日	行宮	阿霸垓
六月十五日	行宮	翁牛特
六月十六日	行宮	巴林
六月十七日	行宮	鄂爾多斯、科爾沁
六月二十一日	行宮	科爾沁
六月二十四日	行宮	喀喇沁
六月二十六日	行宮	科爾沁
六月二十七日	行宮	蘇尼特
六月二十八日	行宮	阿霸垓、科爾沁
七月初一日	行宮	喀喇沁
七月初五日	行宮	烏朱穆秦
七月十二日	行宮	科爾沁

七月十三日	行宮	巴林、烏朱穆秦、科爾沁
七月十四日	行宮	鄂爾多斯
七月十五日	行宮	科爾沁
七月十六日	行宮	科爾沁
七月十七日	行宮	蒿齊忒
七月二十二日	行宮	喀爾喀、巴林
七月二十四日	行宮	科爾沁
七月二十五日	行宮	蘇尼特
七月二十七日	行宮	翁牛特
七月二十八日	行宮	喀爾喀
八月初一日	行宮	科爾沁
八月初二日	中關	喀爾喀、厄魯特
八月初六日	青城	巴林、翁牛特
八月初七日	行宮	喀爾喀、瑚祐諾爾
八月初八日	張三營	科爾沁
八月初九日	行宮	科爾沁
八月初十日	黑灣口	巴林
八月十一日	可汗鐵嶺	喀爾喀
八月十四日	行宮	喀爾喀
八月十七日	西喇腦海	喀爾喀
八月十八日	野豬川	喀爾喀、敖漢、科爾沁
八月二十二日	松林	科爾沁、土默特
八月二十三日	厄爾滾高	烏朱穆秦、扎魯特
八月二十四日	楊川柳林	阿魯科爾沁
八月二十六日	行宮	喀爾喀

資料來源：國立故宮博物院典藏《起居注冊》，康熙五十一年分。

　　康熙五十一年（1712），康熙皇帝兩次巡幸塞北：第一次在是年四月二十四日啓蹕，同年九月三十日迴宮，在塞北共計155天；第二次在是年十一月二十五日啓蹕，同年十二月二十五日迴宮，共計31天。以第一次巡幸塞北爲例，蒙古各部請安進貢，據《起居注冊》記載，共計74次，其中科爾沁、阿魯科爾沁共

20次，約佔百分之27。喀喇沁共11次，約佔百分之15。喀爾喀
共10次，約佔百分之14。巴林、烏朱穆秦各6次，約佔百分之9。
翁牛特共5次，約佔百分之7。其次阿霸垓、土默特、敖漢、蘇尼
特、鄂爾多斯、克西克騰、蒿齊特、厄魯特、瑚祐諾爾、扎魯特
等部次數較少。

蒙古各部請安進貢簡表㈢　　　康熙五十二年（1713）

年　　月　　日	駐蹕地點	部　族　名　稱
五月十九日	行宮	喀喇沁
五月二十三日	行宮	喀喇沁
五月二十九日	行宮	阿霸垓
閏五月初六日	行宮	翁牛特
閏五月初七日	行宮	喀喇沁
閏五月十二日	行宮	翁牛特
閏五月十五日	行宮	喀喇沁
閏五月十八日	熱河	科爾沁、喀喇沁
六月初二日	行宮	翁牛特
六月初三日	行宮	科爾沁
六月初四日	行宮	科爾沁
六月初八日	行宮	烏朱穆秦
六月十一日	行宮	敖漢
六月十三日	行宮	巴林、厄魯特
六月十八日	行宮	科爾沁、喀喇沁
六月二十一日	行宮	科爾沁
六月二十二日	行宮	奈曼
六月二十三日	行宮	喀喇沁
六月二十四日	行宮	科爾沁
六月二十六日	行宮	科爾沁
六月二十七日	行宮	克什克騰
七月十一日	行宮	土默特、喀爾喀
七月十二日	行宮	厄魯特

七月十九日	行宮	厄魯特
七月二十二日	青城	翁牛特、巴林
七月二十三日	青城	鄂爾多斯、喀爾喀
七月二十四日	張三營	蘇尼特、喀爾喀
七月二十五日	張三營	喀爾喀、科爾沁
七月二十六日	黑灣口	蘇尼特
七月二十八日	石幕	郭爾羅斯
八月初一日	哈達厄富羅	科爾沁
八月初二日	野豬川	喀爾喀
八月初五日	紅川灣	阿魯科爾沁
八月初五日	得爾濟灰汗	科爾沁
八月初七日	永安	科爾沁
八月初八日	永安	喀爾喀
八月二十三日	七溪廟	阿霸垓、蘇尼特、阿霸哈納
八月二十四日	七溪廟	厄魯特
九月十三日	喀喇城	喀爾喀

資料來源：國立故宮博物院典藏《起居注冊》，康熙五十二年分。

　　康熙五十二年（1713），康熙皇帝兩次巡幸塞北：第一次在是年五月初十日啓蹕，同年九月二十日迴宮，在塞北共計 159 天；第二次在是年十一月十三日啓蹕，同年十二月十九日迴宮，共計36天。以第一次巡幸塞北爲例，蒙古各部請安進貢，據《起居注冊》記載，共計46次，科爾沁、阿魯科爾沁共12次，約佔百分之26。喀喇沁、喀爾喀各 7次，約各佔百分之16。翁牛特共4次，約佔百分之9。此外還有巴林、烏朱穆秦、土默特、克西克騰、阿霸垓、敖漢、鄂爾多斯、蘇尼特、厄魯特、奈曼、阿霸納哈、郭爾羅斯等部，次數較少。歷年塞北請安進貢，次數較頻繁的，就是科爾沁，其次爲喀喇沁、喀爾喀等部，反映科爾沁等部與清廷關係的密切。乾隆年間，到避暑山莊及各行宮入覲的人數

更多，範圍更廣，可以根據《起居注冊》、《欽定熱河志》、《清高宗純皇帝實錄》等資料，將入覲部落國別、受朝地點、召見地點、賜宴地點分別列出簡表如下：

乾隆年間藩部屬邦入覲表

年 月 日	入 覲 部 落 國 別	受朝地點	召見地點	賜宴地點
19. 5.13	都爾伯特臺吉策凌等	澹伯敬誠殿		
19. 5.14	都爾伯特臺吉策凌等			延薰山館
19. 5.16	都爾伯特臺吉策凌等			萬樹園
19.11.13	輝特臺吉阿睦爾撒納等		避暑山莊	
19.11.14	輝特臺吉阿睦爾撒納等	澹伯敬誠殿		延薰山館
19.11.15	輝特臺吉阿睦爾撒納等			萬樹園
20. 9. 3	綽羅斯臺吉噶爾藏多爾濟等		扎克丹鄂佛洛大營行宮	
20. 9.12	綽羅斯臺吉噶爾藏多爾濟等	澹伯敬誠殿		澹伯敬誠殿
20. 9.13	綽羅斯臺吉噶爾藏多爾濟等			萬樹園
20. 9.24	和碩特臺吉塞布騰	澹伯敬誠殿		
20. 9.26	和碩特臺吉塞布騰			萬樹園
21. 8.26	都爾伯特臺吉伯什阿噶什烏巴什等		張三營行殿	張三營行殿
21. 9. 9	都爾伯特臺吉伯什阿噶什烏巴什等			鄂爾楚克大營
21. 9.12	土爾扈特使臣吹扎卜		按巴糾和洛行殿	
21. 9.22	伯什阿噶什、烏巴汁吹扎卜等			
21. 9.26	都爾伯特親王伯什阿			

	噶什、貝子烏巴什；土爾扈特使臣吹扎卜；吐魯番金莽阿里克之子白和卓等行禮。	澹伯敬誠殿	
22．9．5	左部哈薩克使臣根扎噶喇、阿布賚之弟阿比里斯使臣塔那錫白克奈行禮。	布祐圖大營	布祐圖大營
22．9．9	左部哈薩克使臣根扎噶喇等		張三營行宮
22．9.13	左部哈薩克使臣根扎噶喇等		避暑山莊
22．9.14	左部哈薩克使臣根扎噶喇等		萬樹園
22．9.16	左部哈薩克使臣根扎噶喇等		卷阿勝境
23．9．3	東布魯特使臣車里克齊等	布祐圖大營行殿	
23．9．6	東布魯特使臣舍爾伯克等	薩爾巴里哈達	薩爾巴里哈達
23．9．8	東布魯特使臣舒庫爾等	烏蘭哈達大營	烏蘭哈達大營
23．9．9	東布魯特使臣車里克齊等		阿貴圖大營
23．9.14	東布魯特使臣車里克齊等	澹泊敬誠殿	萬樹園
23．9.22	左部哈薩克使臣都勒特赫勒	木壘喀喇沁	
23．9.25	左部哈薩克使臣都勒特赫勒		張三營行宮
25.10．2	左部哈薩克使臣都勒特赫勒		避暑山莊
32．7.14	左部哈薩克使臣都勒特赫勒	避暑山莊	

32.8.20	左部哈薩克使臣都勒特赫勒		阿貴圖大營	
32.8.24	左部哈薩克使臣都勒特赫勒			都穆達烏拉岱
36.9.8	土爾扈特臺吉渥巴錫等		伊綿峪行殿	
36.9.9	土爾扈特臺吉渥巴錫等			薩爾巴里哈達
36.9.10	土爾扈特臺吉渥巴錫等			按巴糾和洛昂阿
36.9.14	土爾扈特臺吉渥巴錫等			張三營行宮
36.9.18	土爾扈特臺吉渥巴錫等	澹泊敬誠殿		
36.9.19	土爾扈特臺吉渥巴錫等			萬樹園
39.8.10	都爾伯特貝勒巴桑等		避暑山莊	
45.7.21	後藏班禪額爾德尼入覲		依清曠殿	
45.7.24	班禪額爾德尼；都爾伯特親王車凌烏巴什；土爾扈特貝子沙喇和肯；回部阿奇木伯克貝子色提巴爾第；喀什噶爾四品噶匝納齊伯克愛達爾之子烏魯克等；金川木坪宣慰司嘉勒燦囊康等。			萬樹園
45.9.2	土爾扈特汗策凌納木扎勒等；朝鮮使臣錦城尉等入覲。		避暑山莊	
45.9.3	班禪額爾德尼；都爾伯特汗瑪克蘇爾扎布等；土爾扈特汗策凌			

45．9．4	納木扎勒；烏梁海伊素特等；回部郡王霍霍集斯等；阿奇木伯克貝子色提巴爾第等；喀什噶爾四品噶匝納齊伯克愛達爾之子烏魯克等；金川木坪宣慰土司嘉勒燦囊康等；蒙古王公貝勒等都爾伯特汗瑪克蘇爾扎布等；土爾扈特汗策凌納木扎勒等；烏梁海散秩大臣伊素特等；回部郡王霍集斯等；阿奇木伯克貝子色提巴爾第等；喀什噶爾烏魯克等；朝鮮使錦城尉等；金川木坪宣慰司嘉勒燦囊等；蒙古王公貝勒額駙臺吉等行祝壽禮。			卷阿勝境
46．8．7	哲布尊丹巴胡土克圖	澹泊敬誠殿	依清曠殿	卷阿勝境
54．7.24	安南正使阮光顯等		卷阿勝境	
54．8．4	青海扎薩克郡王那敢達多爾濟等		卷阿勝境	
55．7.14	安南國王阮光平等；金川木坪宣慰司甲勒參納木喀等；哈薩克王罕和卓之弟卓勒齊等；緬甸國貢使便居末馳等；南掌國貢使叭整洪等；哈密郡王衛貝勒額爾德什爾；各回城阿奇木伯克等			

	；土爾扈特汗策凌諾木扎勒；都爾伯特郡王那旺索諾穆；和碩特貝勒德勒克渥巴什阿爾臺烏里洋海；臺灣生番頭目懷目懷等			澹泊敬誠殿
58. 8.10	英吉利國正使馬戛爾尼，副使斯當東等入覲；緬甸國使臣。			萬樹園
58. 8.12	都爾伯特鎮國公諤勒羅什瑚等入覲			卷阿勝境
58. 8.13	是日萬壽節，蒙古王公貝勒貝子額駙臺吉；緬甸國使臣；英吉利國使臣等行慶賀禮			卷阿勝境

資料來源：《起居注冊》、《欽定熱河志》、《清高宗純皇帝實錄》。

　　由前列簡表可知乾隆年間，到達避暑山莊及各行宮覲的人員，除蒙古諸部外，還包括準噶爾都爾伯特、輝特、綽羅斯、和碩特、土爾扈特臺吉；吐魯番、回部、喀什噶爾郡王、阿奇木伯克；青海扎薩克郡王；哈薩克、布魯特、朝鮮、緬甸、南掌、英吉利等國使臣；安南國王及使臣；金川木坪宣慰司；臺灣生番頭目等。乾隆皇帝受朝的地點，多在澹泊敬誠殿；召見的地點，多在避暑山莊、依清曠殿、卷阿勝境，此外也在張三營等處行宮召見；賜宴觀戲等活動，多在延薰山館、萬樹園、卷阿勝境、避暑山莊，此外也在張三營、鄂爾楚克大營、布祜圖大營、薩爾巴里哈達大營、烏蘭哈達大營、阿貴圖大營等處行宮舉行賜宴等活動。

　　《起居注冊》等資料，記載乾隆皇帝受朝召見賜宴等活動，

頗爲詳細。例如乾隆十九年（1754）五月，準噶爾都爾伯特臺吉策凌、策凌烏巴什、策凌孟克等入覲，抵達熱河。五月十三日，乾隆皇帝御澹泊敬誠殿受朝，策凌等行禮後，詔封策凌爲親王，策凌烏巴什爲郡王，策凌孟克等爲貝勒，並賜冠服。五月十四日，乾隆皇帝御延薰山館賜宴。十六日，復御萬樹園賜宴。十七日，再御萬樹園，賜宴、賜觀火戲。爲了記錄這件事重大的政治活動，西洋畫家法國耶穌會士王致誠（J.Denis Attiret）奉命前赴避暑山莊爲策凌等油畫肖像，在50天中，共畫了油畫12幅②。乾隆十九年（1754）八月，準噶爾輝特臺吉阿睦爾撒納等率衆內投，乾隆皇帝命侍郎玉保帶赴熱河朝謁。西洋畫家王致誠、郎世寧（Giuseppe Castiglione）、艾啓蒙（Ignatius Sichelbart）等奉命前往熱河行宮，爲阿睦爾撒納等降將油畫臉像。在熱河搭蓋大蒙古包，並安設轉雲游、西洋千秋，以接待降將③。入覲人員都受到乾隆皇帝熱烈的款待，除賜宴、賜茶果外，還舉行許多民族傳統遊藝表演，例如觀火戲、觀燈、立馬技、觀馬戲及各種雜技表演，如步踏、騎生駒、布庫、射箭等。乾隆五十五年（1790）七月，安南國王阮光平等至避暑山莊瞻覲，臺北故宮博物院典藏軍機處《上諭檔》，記錄了七月分避暑山莊的活動資料，可列出簡表如下：

乾隆五十五年七月分避暑山莊活動紀要表

日　期	活　　　動　　　項　　　目
初 7日	早膳後哲木尊丹巴呼圖克圖、噶爾丹錫哷圖呼圖克圖等瞻覲，在依清曠。
初 8日	

初 9日	安南國王阮光平、各蒙古回子王公等瞻覲，演大慶戲。
初10日	早膳後在依清曠遞丹書畢，吏兵二部帶領引見。
11日	朝鮮、南掌、緬甸三國使臣瞻覲。
12日	拜廟拈香，念萬壽經，及哈薩克在惠迪吉門外瞻覲。
13日	兩金川土司、甘肅土司、臺灣生番等瞻覲，演大戲。
14日	早在澹泊敬誠殿筵宴，賞項即分設兩配殿下，晚在萬樹園蒙古包看煙火。
15日	河燈。
16日	演大戲。
17日	演大戲。
18日	演大戲。
19日	演大慶戲畢，即令南府人等起身。
20日	安南國王等起身進京。
21日	各使臣等分起進京。
22日	土司生番等分起進京。
23日	呼爾克圖等及都爾伯特、土爾扈特、和碩特、烏梁海、哈薩克等分起各回游牧，在文廟迤西，萬壽亭處送，駕喀喇河屯。
24日	常山峪。
25日	兩間房。
26日	瑤享子。
27日	密雲縣。
28日	南石槽。
29日	圓明園。

資料來源：《上諭檔》，方本（臺北，故宮博物院）乾隆五十五年
　　　　　六月初五日，頁261—262。

　　由前列簡表可知依清曠殿是乾隆皇帝召見瞻覲人員的地點，澹泊敬誠殿除了受朝外，也是筵宴瞻覲人員的場所，晚間在萬樹園蒙古包觀看煙火。此外，還有觀河燈、演大戲等活動。

　　乾隆五十八年八月十三日（1792年9月17日），是乾隆皇帝八十三歲誕辰，許多藩部屬邦君主部長及外國使節都雲集避暑山

莊祝壽。乾隆皇帝指定八月初十日（9月14日）召見英國、緬甸
等國使臣。英國使節團的館舍在熱河鎮的南頂端，位於行宮和熱
河鎮的中間，從館舍到避暑山莊大約三英哩，行程約一小時。《
英使謁見乾隆記實》記載英國正使馬戛爾尼、副使斯當東入覲的
活動，頗為詳盡，可信度極高。原書記載八月初十日清晨四時，
英國正副使等人啟程，經過一個多小時，到了避暑山莊園門，下
馬降輿，步行入內，到達乾隆皇帝駐蹕的大幄幄之前，等候約一
小時，鐘鼓之音，由遠而近，聖駕已到，使臣等人立刻出幄外，
沿著地面所鋪的綠色地毯前行，迎接聖駕。乾隆皇帝坐在一頂沒
有蓋子的十六人抬的肩輿上，皇帝降輿入御幄後，升上寶座，使
臣們也進入御幄，英使敬呈英王親筆書函。乾隆皇帝贈送給英王
的第一件禮物是長約一英呎半的玉雕如意。正使獻給乾隆皇帝的
是鑲嵌鑽石的金錶二枚，副使進獻的是兩支美麗的氣鎗，以為壽
禮。乾隆皇帝賞給正副使的都是綠玉如意各一柄。覲見後，在御
幄賜宴。御幄是圓形的，據馬戛爾尼的估計，其圓周直徑約有24.
5碼，用圓柱多根支撐著，柱身有鍍金的，有繪著各種花紋的，
陳設物件，都是精品，金碧輝煌。幄外有雜技表演，包括翻筋斗、
摔跤、走繩、戲劇等，宴會為時五個多小時。

　　八月十一日（9月15日），英吉利等國使臣游萬樹園。英使
馬戛爾尼指出萬樹園地方太大了，騎馬入園，曲曲折折的行了三
英哩。整個園中沒有沙石走道，沒有成簇的樹木。他們盡量使這
個花園具有一種天然風景，園內的自然景物，好像天造地設地使
它生在那裡點綴風趣，不用人工加以改造，馬戛爾尼指出萬樹園
是世界上最美的森林之一，荒野而多樹木、群山四繞，岩石叢出。
而園中各處都養有各種麋鹿，不可勝計。至於其他不傷人的野獸，
並不怕人。很多地方種著松樹、栗樹、橡樹。向遠處望去，看見

許多美麗的宮殿和寺廟，朝著這個方向，所經路徑，十分坦蕩平穩，馬匹的蹄不用釘鐵。英使也遊覽了幾個大廟，有的建在平地，有的建在半山，有的建在高山頂，而布達拉廟爲其中的大廟，中央爲寶塔，塔中供養著佛的化身布達拉。布達拉廟最高一層的屋頂，據說是用純金打成的瓦片鋪砌的。這一天，英使足足遊了十四個鐘頭。八月十四日（9月18日），避暑山莊表演各種戲劇及娛樂節目，爲乾隆皇帝祝壽。放煙花是最後一項節目，光怪陸離，顏色千變萬化，悅人心目，十分有趣，充分反映了乾隆年間的盛世景象④。

四、從避暑山莊到木蘭圍場

　　避暑山莊和木蘭圍場的建造，對中國的鞏固和統一，起了聯合的作用。山莊是處理國家政務的第二個政治中心；圍場是行圍較射的最大習武場所。康熙皇帝、乾隆皇帝出口行圍，不是爲了打獵尋樂，而是練習騎射，不忘武備，聯誼蒙古及其他少數民族，木蘭圍場的建造也是出於一種政治上的考慮，開闢木蘭圍場就是清廷肄武綏藩的戰略決策。康熙二十二年（1683）規定，每年行圍派兵一萬二千名，分爲三班，一次行獵，撥兵四千，並令宗室及各部院大臣隨行。分班隨圍的還有青海蒙古、喀爾喀蒙古、內扎薩克四十九旗王公貴族、察哈爾八旗的蒙古官兵⑤。通過木蘭秋獮活動，逐步成爲清廷加強對蒙古行政管理的一項重要措施⑥。由於口外貧民衆多，爲視察蒙古生計，巡幸邊外，就是恩養「赤子」的重要政務之一。《起居注冊》康熙二十八年（1689）八月初十日記載，是日辰時，康熙皇帝巡幸邊外，啓行時傳集大學士等，令奏事敦柱傳諭說：「前諸王大臣以朕躬積勞致病，宜往外調攝，再三惓惓叩請。朕允其言，今往邊外養病，恐不知者

謂朕借此嬉遊。且今歲亢旱，穀食不登，朕沿途省觀田畝，愈增
煩悶耳。」⑦康熙皇帝到邊外養病，同時省觀田畝，確非借此嬉
遊。是月十三日，駐蹕鞍匠屯，夜晚，傳集內大臣等，令侍衛馬
武傳諭說：「前諸王大臣以朕為歲旱，抑鬱靡寧，兼遇喪事，體
加勞瘁，再三懇請行幸郊外，以養朕躬，朕允所請而行。前以內
地田禾被旱致荒，遣官往察。今觀口外田畝，亦因旱無收，故朕
於此處人民皆賞以銀兩。又聞此間馬斃甚多。恐無知者不識朕來
養病，謂來此嬉遊，朕是以旋迴口內，行數日即還矣。」⑧口外
田畝，因旱無收，災民皆賞以銀兩，以補助貧民。八月十四日，
駐蹕正紅旗營。為賑濟貧苦蒙古各部落，康熙皇帝親撰諭旨，選
擇賢能官員，分遣蒙古諸處，察其實不能存活，極其窮困者，一
面令帶人夫車輛駱駝而來，何旗於何口相近，即以就近口上所收
糧食酌量發給，「則所需之糧不至萬斛，而眾蒙古之感戴無窮矣。」
⑨康熙皇帝賑濟口外貧民，使蒙古不致饑餓流離，使眾蒙古感恩
無盡。為說明康熙皇帝秋獮木蘭的情形，可以根據《起居注冊》、
《欽定熱河志》等資料，列出行程統計表如下：

康熙年間秋獮木蘭統計表

年　分	啓鑾日期	迴鑾日期	日　期	備　註
16(1677)	9.18	9.28	11	
20(1681)	4. 5	5.24	49	
22(1683)	6.24	7.20	55	閏六月
23(1684)	6. 9	8.12	63	
24(1685)	6.21	8.29	68	
25(1686)	8. 3	8.21	19	閏四月
26(1687)	8. 7	9. 1	24	
27(1688)	8. 3	9.18	45	
28(1689)	8.15	9. 7	23	閏三月

29(1690)	7.20	7.23	4	
30(1691)	4.29	5. 6	8	閏七月
30(1691)	8.13	9. 6	23	
31(1692)	8.16	8.26	11	
32(1693)	8.28	9.12	15	
33(1694)	7.29	9. 8	39	閏五月
34(1695)	8. 9	8.26	18	
36(1697)	8.28	9. 7	10	閏三月
38(1699)	閏 7.23	8.30	37	閏七月
39(1700)	8. 3	9. 2	29	
40(1701)	12. 7	12.13	7	
41(1702)	7. 3	8. 9	37	閏六月
42(1703)	7.27	8.24	27	
43(1704)	8. 8	9.14	27	
44(1705)	7.18	8.28	41	閏四月
45(1706)	7.25	9.14	20	
45(1706)	12. 4	12.14	11	
46(1707)	7. 2	7.17	16	
47(1708)	7.21	9. 9	48	閏三月
48(1709)	7.29	9.11	12	
49(1710)	閏 7.21	8.24	33	閏七月
49(1710)	11.28	12.12	15	
50(1711)	7.29	9. 3	34	
51(1712)	8. 2	9.13	41	
51(1712)	12. 3	12.19	7	
52(1713)	7.21	9. 7	17	閏五月
53(1714)	8. 6	9.14	38	
53(1714)	12. 5	12.15	11	
54(1715)	8.10	9.16	35	閏三月
55(1716)	7.26	9. 3	8	
56(1717)	8. 1	9.12	42	
57(1718)	8.12	9. 2	21	閏八月
58(1719)	8.10	9.14	34	
59(1720)	8. 4	9.14	41	
60(1721)	7.20	9. 3	43	
61(1722)	8. 3	9. 2	29	

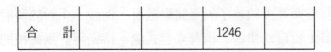

合　　計			1246	

資來來源：《起居注冊》、《欽定熱河志》。

　　康熙皇帝到木蘭圍場行圍，除扈從大臣官兵外，蒙古各部亦隨行圍獵，木蘭圍場就是滿洲、蒙古的共同獵場，每次行圍，無不豐收。《起居注冊》、《欽定熱河志》等含有豐富的行圍記錄。如前列簡表可知康熙年間，共有45次行圍，合計日數爲1246天，每次平均爲27天強，有秋圍和冬圍之分，秋圍多在七、八月間啓行，九月間返回避暑山莊。冬圍多在十一、十二月間舉行。《起居注冊》詳細記錄獵獲虎、豹、熊、野豬的數目。例如康熙二十二年（1683）六月二十四日，在荆谿南山行獵，殪1虎。七月十九日，在鞍匠屯東北偏嶺行獵，殪1虎。次日，獵於多巒嶺，殪1虎。二十六年（1687）八月初七日，駐蹕青城，是日行圍，射殪2虎。二十七年（1688）九月初九日，射殪野豬1隻，分賜扈從內大臣、都統、尚書、前鋒統領等。三十九年（1700）八月初三日，駐蹕喇嘛洞，是日行圍，殪熊1隻。四十五年（1706）十二月初四日，駐三道河，是日行圍，手殪1虎，初五日，駐蹕中六溝，是日行圍，手殪1虎。初六日，駐蹕二，手殪1虎。初八日，駐蹕黃土坎，手殪1虎。初九日，駐蹕熱河上營，手殪1豹。初十日，駐蹕喀喇和屯，手殪 1虎。十三日，駐蹕鞍匠屯，手殪2豹。十四日，駐蹕三岔口，手殪1虎1豹。半個月內，手殪虎6隻，豹4隻⑩。

　　康熙五十八年（1719）四月十一日，康熙皇帝啓蹕巡幸塞外，十九日，出古北口，二十五日，至熱河行宮。八月初十日，康熙皇帝從熱河避暑山莊啓鑾行圍，十九日，駐蹕青城。康熙皇

帝對御前侍衛等人敘述了射獵諸獸數目，他說：「朕於騎射哨鹿
行獵等事，皆自幼學習，稍有未合式處，侍衛阿舒默爾根即直奏
無隱。朕於諸事諳練者，皆阿舒默爾根之功，迄今猶念其誠實忠
直，未嘗忘。朕自幼至今，凡用鳥槍弓矢獲虎135，熊20，豹25，
猞猁猻10，麋鹿14，狼96，野豬132，哨獲之鹿，凡數百。其餘
圍場內隨便射獲諸獸不勝記矣。朕曾於一日內射兔318，若庸常
人，畢世亦不能及此一日之數也。」⑪康熙皇帝長於騎射，所以
獵獲諸獸，不可勝記。為便於比較，可根據《起居注冊》、《欽
定熱河志》、《清高宗純皇帝實錄》等資料，將乾隆皇帝秋獮木
蘭行程列出簡表如下：

乾隆年間秋獮木蘭統計表

年　分	啓鑾日期	迴鑾日期	日　期	備　註
6(1741)	8. 6	9. 2	27	
8(1743)	7.19	9.11	52	閏四月
10(1745)	8.16	9. 9	24	
12(1747)	8. 3	9. 5	32	
14(1749)	7.21	9. 1	40	
16(1751)	7.16	9.10	24	閏五月
17(1752)	8.16	9.13	27	
18(1753)	8.25	9.21	26	閏四月
20(1755)	8.16	9.11	26	
21(1756)	8.24	9.25	31	閏九月
22(1757)	8.16	9.12	27	
23(1758)	8.16	9.13	28	
24(1759)	8.16	9.13	28	閏六月
25(1760)	8.27	9.28	32	
26(1761)	8.25	9.25	30	
27(1762)	7.16	8.10	25	閏五月

28(1763)	8.17	9.11	25	
29(1764)	9. 2	9.20	19	
30(1765)	8.16	9.11	26	閏二月
31(1766)	8.16	9.12	27	
32(1767)	8.16	9.10	25	閏七月
33(1768)	8.16	9.10	25	
34(1769)	8.16	9.10	25	
35(1770)	8.26	9.15	19	閏五月
36(1771)	8.25	9.17	22	
37(1772)	8.16	9. 9	24	
38(1773)	8.16	9. 8	23	閏三月
39(1774)	8.16	9. 8	22	
40(1775)	8.16	9. 8	23	閏十月
41(1776)	8.16	9. 8	22	
44(1779)	8.17	9.13	27	
46(1781)	8.16	9. 6	20	閏五月
47(1782)	8.19	9. 8	20	
49(1784)	8.16	9. 7	21	閏三月
50(1785)	8. 6	9. 7	31	
51(1786)	8.16	9. 7	32	閏七月
52(1787)	8.16	9. 7	21	
53(1788)	8.17	8.29	42	
54(1789)	8.16	9. 6	31	閏七月
56(1791)	8.16	9. 3	18	
合　　計			1069	

資料來源：《起居注冊》、《欽定熱河志》、《清高宗純皇帝實錄》。

　　乾隆年間，從避暑山莊到木蘭行圍，共計40次，合計 1069
天，每次平均26天強，其啟蹕月分的分佈，八月分共35次，佔
百分之88；七月分共4次，佔百分之10；九月分1次，佔百分之2。
行圍後迴蹕月分的分佈，九月分共37次，佔百分之93；八月分

共3次，佔百分之7。行圍獵獲的熊、虎、豹等獸的數量，《起居注冊》都逐日記錄。例如乾隆二十六年（1761）八、九月間獵獲虎 4隻，豹1隻；乾隆三十八年（1773）八、九月間，殪虎4隻，熊1隻。乾隆皇帝行圍的範圍很廣，每年行圍駐蹕的地點，也並非相同，爲說明乾隆皇帝的行程，特以乾隆二十五年（1760）爲例，列出行圍駐蹕表如下：

乾隆二十五年秋獮木蘭駐蹕表

月　日	駐　　蹕　　地　　點	備　註
8.27	中關行宮	
8.28	波羅和屯行宮	
8.29	濟爾哈郎圖行宮	
8.30	舒隆哈達大營	
9. 1	布克大營	
9. 2	巴顏拖羅海大營	
9. 3	哈哩呀爾大營	
9. 4	哈哩呀爾大營	
9. 5	吉蘭烏里呀蘇大營	
9. 6	齊爾百庫昂阿大營	
9. 7	森吉圖博爾齊大營	
9. 8	阿穆巴究和洛昂阿大營	
9. 9	薩爾巴里哈達大營	
9.10	伊綿峪大營	
9.11	查克丹鄂佛洛大營	
9.12	達顏達巴漢北昂阿東大營	
9.13	鄂爾楚克哈達大營	
9.14	鄂爾楚克哈達大營	
9.15	英圖昂阿大營	
9.16	畢簍哈爾巴濟達巴漢北昂阿大營	
9.17	巴顏布爾哈蘇台南大營	
9.18	都穆達烏拉岱大營	

9.19	準烏拉岱博爾齊爾大營	
9.20	胡魯蘇台大營	
9.21	海拉蘇台大營	
9.22	木壘喀拉沁大營	
9.23	又漢扎布口大營	
9.24	韓忒莫爾嶺南口西大營	
9.25	張三營行宮	
9.26	波羅和屯行宮	
9.27	中關行宮	

資料來源：《起居注冊》，乾隆二十五年八、九月分。

　　由前表可知從八月二十七日至九月二十七日，共計31天中，駐蹕27個不同地點。

　　乾隆六年（1741）二月初八日，監察御史叢洞具摺指出「皇上念切武備，巡幸圍城，安不忘危之至意。第恐侍從以狩獵為樂，臣工或以違遠天顏，漸生怠安，所關匪細。方今紀綱整肅，營務罔弛。」因此奏請乾隆皇帝暫息行圍。乾隆皇帝覽奏後頒諭稱，「所奏知道了，古者春蒐夏苗，秋獮冬狩，皆因田獵以講武事。我朝武備超越前代，當皇祖時屢次出師，所向無敵，皆由平日訓肄嫻熟，是以有勇知方，人思敵愾。若平時將狩獵之事廢而不講，則滿洲兵弁習於宴安，騎射漸致生疏矣。皇祖每年出口行圍，於軍伍最為有益，而紀綱整飭，政事悉舉，原與在京無異。至巡行口外，按歷蒙古諸藩，加之恩意，因以寓懷遠之略，所關甚鉅。皇考因兩路出兵，現在徵發，是以暫停圍獵。若在撤兵之後，亦必舉行。況今昇平日久，弓馬漸不如前，人情狃於安逸，亦不可不加振厲，朕之降旨行圍，所以遵循祖制，整飭戎兵，懷柔屬國，非馳騁畋遊之謂。至啟行時，朕尚欲另降諭旨，加恩賞

賫，令其從容行走，亦不至苦累兵弁。朕性耽經史，至今手不釋卷，遊逸二字，時加警省。若使逸樂是娛，則在禁中縱所欲爲，罔恤國事，何所不可，豈必行圍遠出耶？朕廣開言路，叢洞胸有所見，即行陳奏，意亦可嘉，但識見未廣，將此曉諭知之。」⑫康熙皇帝出口行圍，有益於軍伍。巡行口外，賑濟蒙古，以寓懷遠之意。乾隆皇帝遵循祖制，秋獮木蘭，就是整飭戎兵，懷柔諸藩屬國的重要措施，並非畋遊逸樂的表現。清朝制度，行圍與行師，紀律無異，在圍中失律者，俱從重治罪。巡幸口外期間，整飭紀綱，政事悉舉，與在京師無異。從京師至避暑山莊，沿途設立台站共三十處，以郵遞章奏。乾隆八年（1743），規定章奏三日一發，隨時批發。嗣後俱照定例，自起鑾之日爲始，各省督撫提鎭等奏摺，俱齎赴在京總理事務王大臣處，加封交內閣，隨本呈送行在，批示後即隨本發回⑬，並不因巡幸口外而影響例行政務的處理。皇帝行圍駐蹕行宮，仍然日理萬幾，康熙、雍正、乾隆諸帝，勤於政事，清代前期盛運的開創，絕非偶然的。

五、結　語

康熙皇帝、乾隆皇帝在位期間，屢次巡行各地，啓鑾時，大學士、學士等多員隨行，仍然日理萬幾。例如康熙四十一年（1702）二月十二日，康熙皇帝駐蹕菩薩頂，是日辰刻聽理政事。閏六月十五日，駐蹕熱河行宮，是日聽理政事的時刻是在當天午刻。是月十八日，在熱河行宮聽政的時刻是在上午巳刻。康熙四十七年（1708）七月初四日，駐蹕烏蘭布通南界行宮，聽政的時刻是在下午未刻。十二月十二日，駐蹕陳家溝，聽政的時刻是在下午申刻。清朝皇帝視朝聽政時間的不固定，並非怠惰的現象，而是孜孜勤政的表現，這一事實，在避暑山莊及木蘭圍場的政治

活動中，表現得最爲具體，康熙皇帝、雍正皇帝、乾隆皇帝的勤政，頗有助於清代成爲一個穩定而長久的朝代。

由於康熙皇帝和乾隆皇帝屢次巡幸避暑山莊，並舉行秋獮大典，而促進熱河地方社會、經濟及文化的發展。乾隆四十三年（1778）正月十四日，乾隆皇帝頒降《明發上諭》，在諭旨中述及熱河的進步情形，茲引一段諭旨如下：

> 我朝定鼎以來，光宅函夏，幅員日廓，中外一家。京畿東北四百里熱河地方，在古北口以北。其境於禹貢爲冀州邊末；而虞及殷周，幽州之盡境也；秦漢以來，越在絕徼，未於版圖；元魏建安營二州；唐時有營州都督府，然不過僑治於内地；遼金及元始鍚其名，而歷服未久，故址旋荒；明棄大寧，視爲外域。我國家撫臨寰宇，薄海内外，咸登版籍。況熱河密邇畿輔，自皇祖康熙四十二年肇建山莊，秋獮經行，往還駐蹕。皇考率修前典，設立熱河廳，尋改承德州。朕臨御之七年，地方大吏建議此地究爲關外，仍設爲廳，八溝等六處悉如之。蓋以其時士民稀少，風俗椎魯，立學建郡之制，有未遑焉。嗣後獮獵木蘭，每歲駐蹕於茲，日見黎庶殷闐，戶口繁富，里巷絃誦，人文漸起，此實國家積洽累仁休養生息，涵濡百餘年之久，方克臻斯⑭。

熱河戶口繁富，人文漸起，於是改名承德府。乾隆四十四年（1779）五月二十四日，《内閣奉上諭》指出：

> 熱河自皇祖建立山莊以來，迄今六十餘年，戶口日滋，耕桑益闢，儼然一大都會，禮樂百年而後興，此正其時，曾於丙申秋降旨添設學校書院，加廣庠額，以教育而振興之，並相地鳩工，建立文廟。茲鑾輅來巡，適屆落成，親詣行

釋奠禮，宮牆泮水間，青袍環列，彬雅可觀，從此文化益
當蒸蒸日盛⑮。

丙申即乾隆四十一年（1776），是年熱河添設學校書院，並建
文廟。次年丁酉科鄉試中式一人。乾隆四十四年（1779），文
廟落成，庠生五十餘人，即照宣化府成例，另編承字號，每科鄉
試取中一名舉人，以示嘉惠上塞士林，承德府至此遂與內地打成
了一片。乾隆五十八年（1793）八月十一日，英使馬戛爾尼等
暢遊萬樹園時曾對和珅說過，「熱河本是一個荒僻地區，現在開
闢得這樣美好，使我們很幸運的能夠在這裡盡量欣賞，就不能不
佩服康熙皇帝經營的功績了。」⑯

【注　釋】

① 秦仲龢譯《英使謁見乾隆記實》（香港，大華出版社，1972年6月），
頁125。

② 楊伯達，《郎世寧在清內廷的創作活動及其藝術成就》，《故宮博
物院院刊》，1988年，第二期（北京，紫禁城出版社，1988年5月），
頁16。

③ 〈清廷畫家郎世寧年譜——兼在華耶穌會士史事稽年〉，《故宮博
物院院刊》，1988年，第二期，頁62。

④ 秦仲龢譯《英使謁見乾隆記實》，頁137—204。

⑤ 成常福等：〈木蘭圍場〉，《故宮博物院院刊》，1986年，第二期
（北京，紫禁城出版社，1986年5月），頁28。

⑥ 張羽新：《避暑山莊的造園藝術》（北京，文物出版社，1991年1
月），頁42。

⑦ 《康熙起居注》（北京，中華書局，1984年8月），第三冊，頁
1890。

⑧　《康熙起居注》，第三冊，頁1891。

⑨　《康熙起居注》，第三冊，頁1892。

⑩　《康熙起居注》，第三冊，頁2050—2054。鞍匠屯，實錄作「恩格木噶山」。

⑪　《欽定熱河志》，卷一四，頁24，見《欽定四庫全書》（臺北，故宮博物院），史部地理類，文淵閣。

⑫　《起居注冊》（臺北，故宮博物院），乾隆六年二月初八日。

⑬　《起居注冊》，乾隆十年六月二十四日。

⑭　《上諭檔》（臺北，故宮博物院），乾隆四十三年正月十四日，內閣奉上諭。

⑮　《上諭檔》，乾隆四十四年五月二十四日，內閣奉上諭。

⑯　《英使謁見乾隆記實》，頁167。

乾隆皇帝秋獮木蘭圖